Jonathan Cahn
Der Vorbote

"Außergewöhnlich" "Verblüffend" "Umwerfend"
PAT ROBERTSON   JOSEPH FARAH   SID ROTH

New York Times Bestseller

DER VORBOTE

IE ZUKUNFT AMERIKAS UND DER WELT. VERBORGEN IN EINER ALTEN PROPHEZEIUNG.

JONATHAN CAHN

Amerikanische Originalausgabe
THE HARBINGER
The Ancient Mystery That Holds the Secret of America's Future
Copyright © 2011 by Jonathan Cahn

erschienen bei:
Charisma Media/Charisma House Book Group
600 Rinehart Road · Lake Mary, Florida 32746
www.charismahouse.com

Webseite des Autors: www.hopeoftheworld.org

1. Auflage 2013
2. Auflage 2014
© media!worldwidewings
Bücher, Musik und NetTravel
Kurstraße 2/III
61231 Bad Nauheim
www.worldwidewings.de
E-Mail: office@worldwidewings.de

Bestellungen sind an die oben stehende Adresse zu richten. Jede Wiedergabe oder Vervielfältigung des Textes, auch auszugsweise, bedarf der vorherigen schriftlichen Genehmigung durch den Verlag und Autor.

Übersetzung: Marco Röder und Dorothea Appel
Redaktionelle Mitarbeit: Petra Schnelzer
Lektorat: Christiane Mann
Cover: Justin Evans
Satz: type & print, Nürnberg
Druck: ARKA, Cieszyn, Polen

ISBN: 978-3-9814649-4-8
Bestellnummer: 899774

Was Sie im Folgenden lesen, wird Ihnen in der Form einer Geschichte erzählt.
Aber es ist weit mehr als das: Es ist wahr!

Inhalt

את

1 Eine alte Prophezeiung 9
2 Der Prophet 16
3 Das Ende des Königreichs und die neun Vorboten 25
4 Der erste Vorbote: Der Riss in der Mauer 37
5 Der zweite Vorbote: Die Terroristen 47
6 Der Schlüssel 57
7 Der dritte Vorbote: Die gefallenen Ziegelsteine 66
8 Der vierte Vorbote: Der Turm 73
9 Der fünfte Vorbote: Der Gazit-Stein 85
10 Der sechste Vorbote: Der Maulbeerbaum 96
11 Der siebte Vorbote: Der Erez-Baum 106
12 Der achte Vorbote: Die öffentliche Ansprache 119
13 Der neunte Vorbote: Die Prophezeiung 135
14 Eine zweite Warnung 147
15 Der Jesaja 9,9-Effekt 154
16 Die Entwurzelung 170
17 Das Geheimnis der Schmitta 178
18 Der dritte Zeuge 205
19 Der Grund und Boden des Geheimnisses 219
20 Zukünftiges 247
21 Die Ewigkeit 258
22 Das letzte Siegel 272
   Anmerkungen 290
   Über den Autor 296

Kapitel 1

Eine alte Prophezeiung

ת א

„Eine alte Prophezeiung, in der das Geheimnis von Amerikas Zukunft verborgen liegt?"
„Ja."
„Woran ich denken würde?"
„Ja, woran würden Sie denken, wenn Sie das hören?"
„Ich würde an die Handlung für einen Film denken. Ist es das? Wollen Sie mir so etwas präsentieren? Ein Drehbuch?"
„Nein."
„Das Manuskript für einen Roman?"
„Nein."
„Was dann?"
Er schwieg.
„Was dann?", wiederholte sie.
Er hielt inne und überlegte eine Weile, was und wie er es sagen wollte. Sie hatte in der Medienbranche den Ruf, weder ihre Zeit zu verschwenden, noch nachsichtig gegenüber jenen zu sein, die dies taten.
Darüber hinaus war sie nicht gerade dafür bekannt, tolerant gegenüber Dummköpfen zu sein. Das Gespräch konnte jederzeit ein schnelles Ende finden und es würde sicherlich kein zweites geben. Dass er überhaupt einen Termin bekommen hatte, dass dieser sogar von ihr bestätigt worden war und er jetzt in ihrem Büro saß, hoch über den Straßen Manhattans, war nichts weniger als ein Wunder. Und das war ihm auch klar. Er hatte nur dies eine Anliegen: Die Botschaft. Er hatte nicht einmal seinen schwarzen Ledermantel abgelegt. Es hatte ihn aber auch niemand dazu aufgefordert.

Der Vorbote

Auf seinem Stuhl sitzend, lehnte er sich nach vorne und antwortete ihr langsam, bedächtig, sich jedes Wort reiflich überlegend.

„Eine alte Prophezeiung, in der das Geheimnis von Amerikas Zukunft verborgen liegt und an der seine Zukunft hängt. Und dabei handelt es sich *nicht* um *Fiktion*. Es ist real!"

Sie schwieg. Er deutete dieses Schweigen als ein positives Signal, als Zeichen dafür, dass er zu ihr durchdrang. Doch ihre Antwort machte seine Einschätzung schnell zunichte.

„Ein Film wie Indiana-Jones", sagte sie. „Eine alte Prophezeiung, jahrtausendelang unter dem Sand des Nahen Ostens versteckt, wird jetzt enthüllt und an ihr hängt das Schicksal der ganzen Welt!"

Ihre Ironie machte ihn nur entschlossener.

„Aber es handelt sich nicht um Fiktion!", wiederholte er. „Es ist real!"

„Was ich dazu sagen würde?", fragte sie.

„Ja, was würden Sie sagen?"

„Ich würde sagen, Sie sind verrückt."

„Vielleicht bin ich das", sagte er und lächelte. „Trotzdem, es ist real."

„Wenn Sie nicht verrückt sind, dann machen Sie Witze oder Sie wollen einen dramatischen Eindruck hinterlassen, mir etwas vorspielen. Sie können das doch nicht ernst meinen."

„Doch. Ich meine es ernst!"

Sie hielt einen Moment inne und starrte ihrem Gast in die Augen, während sie versuchte herauszufinden, ob er aufrichtig war oder nicht.

„Das tun Sie tatsächlich", sagte sie.

„Das tue ich", erwiderte er. „Und Sie haben keine Ahnung, wie ernst es mir ist."

Ihr Gesichtsausdruck änderte sich. Von einem amüsiertem Interesse ins totale Gegenteil.

„Nein, ich schätze, das habe ich nicht. Hören Sie, ich glaube Ihnen, dass Sie ein aufrichtiger Mann sind. Aber ich bin wirklich sehr beschäftigt und habe keine Zeit für ..."

Eine alte Prophezeiung

„Mrs. Goren."

„Go*ren*. Die Betonung liegt auf der letzten Silbe. Aber nennen Sie mich Ana."

„Ana, Sie haben nichts zu verlieren, wenn Sie mir zuhören. Lassen Sie doch einfach mal die Möglichkeit zu …"

„Dass Sie nicht verrückt sind?"

„Das auch", sagte er. „Ich meine die Möglichkeit, dass das, was ich Ihnen sagen will, tatsächlich wahr sein könnte. Und selbst wenn auch nur eine geringe Wahrscheinlichkeit dafür spräche, dass etwas dran ist, selbst dann ist es wichtig genug, Ihre Zeit zu beanspruchen. Sie sollten mir bis zum Ende zuhören!"

Sie lehnte sich zurück und sah ihn an. Sie versuchte noch nicht einmal, ihre Skepsis zu verbergen.

„Sie denken immer noch, ich sei verrückt."

„Völlig", sagte sie.

„Lassen Sie uns einfach mal annehmen, Sie hätten recht. Ich *bin* verrückt. Seien Sie nachsichtig mit mir, wie es eine Mitarbeiterin der Wohlfahrtspflege wäre."

Sie lächelte.

„Ich werde Sie mit Nachsicht behandeln, Mr. Kaplan. Aber meine Nachsicht ist begrenzt."

„Nouriel. Sie können mich Nouriel nennen."

Sie stand von ihrem Schreibtisch auf und führte ihn mit einer auffordernden Geste an einen kleinen runden Konferenztisch, an dem sie beide Platz nahmen. Der Tisch stand vor einer riesigen Fensterscheibe, durch die man auf das gewaltige Panorama der Wolkenkratzer sehen konnte. Gleichförmige Fensterfassaden, in denen sich das Licht der Nachmittagssonne spiegelte.

„Also gut, Nouriel. Erzählen Sie mir von Ihrer Prophezeiung!"

„Es ist nicht *meine* Prophezeiung. Es ist alles viel größer als ich. Sie haben keine Ahnung welche Ausmaße es hat, oder worum es tatsächlich geht."

„Und worum geht es tatsächlich?"

„Um alles. Es geht um alles. Diese Prophezeiung erklärt alles. Alles, was geschah, geschieht und noch geschehen wird."

„Was meinen Sie damit?"

„Ich meine damit, was hinter dem 11. September steckt."

„Was hat eine alte Prophezeiung mit dem 11. September zu tun?"

„Eine alte Prophezeiung, die hinter all dem steckt: von 9/11 über die Wirtschaft, den Immobilienboom, den Irakkrieg bis zum Zusammenbruch der Wall Street. Hinter allem, bis ins kleinste Detail."

„Wie? Wie kann eine Prophezeiung ..."

„Ihr Leben beeinflussen? Ihr Bankkonto? Ihre Zukunft? Sie tut es! Und in ihr liegt der Schlüssel zu Amerikas Zukunft, zum Aufstieg und Fall von Nationen, zur Weltgeschichte! Es ist nicht nur irgendeine Prophetie. Es ist eine Botschaft. Ein Zeichen!"

„Ein Zeichen?", fragte sie. „Was für ein Zeichen?"

„Ein Zeichen der Warnung."

„Für wen?"

„Für Amerika."

„Warum?"

„Wenn Sie es hören", erwiderte er, „werden Sie verstehen, warum."

„Und wir sprechen von einer Prophezeiung, die wie lange, sagten Sie, zurückliegt?"

„Das habe ich nicht gesagt."

„Also, wie alt ist sie?"

„Zweieinhalbtausend Jahre."

„Eine zweieinhalbtausend Jahre alte Prophezeiung, die hinter allen Ereignissen des 21. Jahrhunderts steht. Von der Politik über die Ökonomie bis hin zur Außenpolitik. Hinter allem. Und Sie als Einziger wissen davon?"

„Ich bin nicht der Einzige."

„Wer weiß noch davon?", fragte sie.

„Es gibt mindestens noch eine Person."

„Nicht die Regierung? Die Regierung hat keine Ahnung, obwohl sie hinter all dem steht?"

„Soweit mir bekannt ist, weiß keine Regierung, kein Geheimdienst davon. Niemand."

Eine alte Prophezeiung

„Niemand außer Ihnen?"
„Und mindestens noch Einem."
„Und wie sind Sie darauf gestoßen?"
„Ich bin nicht darauf gestoßen", antwortete er. „Es wurde mir anvertraut."
„Anvertraut? Von wem?"
„Von einem Mann."
„Und wer war dieser Mann?"
„Das lässt sich schwer erklären."
Sie lehnte sich vor und sagte gespannt und leicht sarkastisch: „Versuchen Sie es!"
„Sie würden es nicht verstehen."
„Wie heißt er?"
„Ich weiß es nicht."
„Sie wissen es nicht", gab sie zurück, mit einer Spur Belustigung in der Stimme.
„Nein, er hat es mir nie gesagt."
„Das heißt, diese weltbewegende Prophezeiung ist nur Ihnen und diesem einen Mann bekannt, der sie Ihnen anvertraute, der aber keinen Namen hat?"
„Ich habe nicht gesagt, dass er keinen Namen hat. Er hat ihn mir nur nie verraten."
„Und Sie haben ihn nie danach gefragt?"
„Das habe ich, aber er hat ihn mir nie gesagt."
„Keine Telefonnummer?"
„Er hat mir nie eine gegeben."
„Keine Visitenkarte?"
„Nein."
„Nicht einmal eine E-Mail-Adresse?"
„Ich erwarte nicht, dass Sie mir jetzt schon glauben."
„Warum nicht?" Sie verbarg ihre Skepsis nicht. „Es klingt so glaubwürdig."
„Aber hören Sie mir bis zum Schluss zu!"
„Also, dieser Mann ohne Namen vertraut Ihnen diese Prophezeiung an."
„Das ist richtig."

„Und warum Ihnen?"
„Ich nehme an, ich war der Richtige."
„Also wurden Sie ausgewählt?"
„Ich denke schon", antwortete er leise.
„Und wo hat *er* die Prophezeiung her?"
„Ich weiß es nicht."
„Eine Prophetie, von der die Zukunft des Landes abhängt und niemand weiß, wo sie herkommt?"
„Woher bekommen Propheten ihre Botschaften?"
„Propheten?", fragte sie. „Nun sprechen wir also von Propheten?"
„Ich denke, das tun wir."
„Wie bei Jesaja und Jeremia?"
„Ja, so ähnlich."
„Von Propheten habe ich zum letzten Mal in der Sonntagsschule gehört, Nouriel. Es gibt keine Propheten mehr. Sie sind ausgestorben."
„Woher wissen Sie das?"
„Sie wollen mir also erzählen, dass der Mann, der Ihnen diese sensationelle Enthüllung machte, ein Prophet war?"
„So etwas in der Art."
„Hat er Ihnen gesagt, dass er ein Prophet sei?"
„Nein, das hat er nie so gesagt."
„Weil es von einem Propheten kam, glauben Sie das alles?"
„Nein!", antwortete er. „Und es spielt auch keine Rolle, wer es sagte. Es geht nicht um den Boten. Es geht um die Botschaft."
„Und warum erzählen Sie *mir* all das? Warum sind Sie damit zu mir gekommen? Ich bin nicht wirklich dafür bekannt, mit so vagen Geschichten wie die Ihre Geschäfte zu machen."
„Weil es um sehr viel geht. Weil die Zukunft davon abhängt. Weil es Millionen von Menschen betrifft."
„Und Sie glauben, ich spiele dabei eine Rolle?"
„Das glaube ich."
„Wirklich?"
„Ja."

Eine alte Prophezeiung

   Sie lehnte sich in ihren Stuhl zurück und starrte ihn für einen Moment lang fasziniert und amüsiert an. Sie versuchte immer noch, ihn zu durchschauen.
   „Nun, Nouriel, erzählen Sie mir, wie alles begann!"
   Er griff in seine Manteltasche und legte dann seine geschlossene Hand auf den Tisch. Als er sie öffnete, lag auf ihrer Innenseite ein kreisrunder, etwa fünf Zentimeter großer Gegenstand aus rötlichem, goldbraunem Ton.
   „Damit fing alles an."
   Er gab ihr das runde Tonstück. Sie sah es sich genau an und je länger sie es betrachtete, desto faszinierter war sie. Es war voller, wie es schien, uralter Schriftzeichen.
   „Damit fing alles an", wiederholte er.
   „Was ist das?"
   „Ein Siegel. Es ist das erste Siegel."

Kapitel 2

Der Prophet

א ת

„Ein Siegel", wiederholte sie und betrachtete eingehend das Stück Ton in ihrer Hand. „Was genau ist ein Siegel?"
„In der Antike bekamen Dokumente durch ein Siegel glaubwürdigen und offiziellen Charakter."
Sie legte es auf den Tisch.
„Und die Zeichen?"
„Schriftzeichen", sagte er. „Paläohebräische Schriftzeichen."
„Paläohebräisch. Davon habe ich noch nie gehört."
„Es handelt sich um eine antike Form der hebräischen Schrift."
„Sind Sie Archäologe?"
„Nein", antwortete er. „Ich bin Journalist, freier Journalist."
„Moment mal. Kaplan, Nouriel Kaplan. Der Name kommt mir irgendwie bekannt vor. Sie haben Artikel in Magazinen und im Internet veröffentlicht."
„Volltreffer."
„Warum ist mir das nicht gleich eingefallen?" Sie schüttelte den Kopf, erstaunt darüber, dass sie nicht sofort auf den Namen gekommen war.
„Also sind Sie ja gar nicht verrückt", sagte sie, fast entschuldigend.
„Da würde Ihnen nicht jeder Recht geben", entgegnete er.
Er konnte spüren, wie sie allmählich lockerer wurde.
„Aber das muss Sie doch völlig aus der Bahn geworfen haben. Wie sind Sie da überhaupt hineingeraten?"
„Hiermit", sagte er und nahm das Tonsiegel vom Tisch. „Damit hat alles angefangen."

Der Prophet

„Wo haben Sie das her?"
„Glauben Sie es oder nicht, es kam mit der Post."
„Sie haben es bestellt?"
„Nein, weder bestellt noch erwartet. Es kam einfach. Ein kleines braunes Paket ohne Absender, mit meinem Namen und meiner Adresse. Und in dem Paket war nur dieses altertümlich aussehende Siegel, mehr nicht. Kein Brief, keine Erklärung. Nichts."
„Und was haben Sie sich gedacht?"
„Ich wusste nicht, was ich denken sollte. Was sollte ich damit anfangen? Es gab keine Verbindung zu irgendeinem Teil meines Lebens. Wer würde mir so etwas ohne eine Erklärung schicken? Ich legte es weg, aber es ging mir nicht mehr aus dem Kopf. Eines Tages, es war ein später Nachmittag, als ich wieder nicht aufhören konnte, ständig darüber nachzudenken, beschloss ich, an die frische Luft zu gehen. Ich steckte das Siegel in meine Manteltasche und ging am Hudson River spazieren. Es war ein windiger Tag. Der Himmel war dunkel, und die Wolken hatten etwas Unheil Verkündendes. Ich setzte ich mich auf eine der Bänke, von denen aus man einen Blick auf das Wasser hat. Ich zog das Siegel aus meiner Tasche und betrachtete es. Ich war nicht allein auf der Bank, ein Mann saß links neben mir."

„Es sieht nach Sturm aus", meinte er, ohne mich anzusehen. Sein Blick war auf den Himmel über dem Wasser gerichtet.
„Sieht so aus", antwortete ich.
Dann blickte er zu mir herüber, sah zuerst mich an, dann das Siegel in meiner Hand. Mir fiel auf, wie intensiv er es anstarrte.
„Was ist das?", fragte er.
„Ein archäologisches Artefakt."
„Darf ich es mal sehen?", sagte er. „Ich verspreche Ihnen auch, vorsichtig zu sein."

17

Ich zögerte, aber aus irgendeinem Grund ging ich auf seine Bitte ein. Wenn ich zurückdenke, kann ich nicht einmal genau sagen, warum. Er sah sich das Siegel und alles, was darauf war, genau an.

„Haben Sie eine Ahnung, was das sein könnte?", wollte ich wissen.

„Wo haben Sie das her?"

„Warum?"

„Das ist etwas sehr Interessantes, ein antikes Siegel."

„Es ist was?"

Er fuhr fort: „In der Antike hat man mit einem solchen Siegel wichtige Dokumente gekennzeichnet. Erlasse, Urteile, Mitteilungen von Königen, Herrschern, Prinzen, Priestern und Gelehrten. Das Siegel bewies die Echtheit und man wusste, dass die Botschaft glaubwürdig war, von jemand Wichtigem stammte und ernst zu nehmen war."

„Was ist mit den Schriftzeichen?"

„Das ist Paläohebräisch. Ich würde sagen, aus dem sechsten bis siebten Jahrhundert vor Christus. Wo haben Sie es her?"

„Es hat mir jemand geschickt."

„Wer?"

„Ich weiß es nicht."

Er hob kurz den Blick, gerade lange genug, um mir in die Augen zu sehen, so als wäre er von meiner Antwort überrascht.

„Sie wissen nicht, wer es Ihnen geschickt hat?"

„Nein."

„Irgendjemand hat es Ihnen einfach mit der Post geschickt?"

„Woher wissen Sie so viel darüber?"

„Über Siegel?"

„Ja."

„Altertümer sind mein Hobby. Es ist judäisch."

„Judäisch?"

„Das Siegel ist aus dem Königreich Juda."

„Ist das von Bedeutung?"

„Sehr. Der größte Teil der Bibel wurde im Königreich Juda verfasst, was das Südreich Israels war. Keinem anderen Volk

Der Prophet

bedeutete die Echtheit des geschriebenen Wortes so viel wie ihm. Diese entschied praktisch über Leben und Tod. Wissen Sie, Gott redete mit ihnen. Er ließ ihnen prophetische Botschaften zukommen, durch die er sie ermahnte. Botschaften, um sie vor Elend zu bewahren. Es konnte katastrophale Folgen haben, eine solche Botschaft zu ignorieren."

„Und wie sandte Gott diese Worte?"

„Durch seine Botschafter. Durch seine Diener, die Propheten."

„Und wie genau *sandte* er diese Botschaften?"

„Der Prophet bekam sie auf verschiedene Weise. Durch eine Vision, einen Traum, eine Äußerung, ein Zeichen. Und seine Verantwortung war es dann, diese Worte zu verkünden, sie aufzuzeichnen oder sie dem Volk in Form einer prophetischen Handlung weiterzugeben."

„Und woher wusste das Volk, ob eine Mitteilung von Gott kam oder nicht, ob sie wahr war? Woran konnte man einen echten Propheten erkennen?"

„Es war nicht sein Äußeres", sagte er, „falls Sie das meinen. Er sah nicht anders aus als jeder Andere. Er unterschied sich nur durch seine *Berufung*. Er konnte ein Prinz sein, ein Bauer, ein Hirte oder ein Zimmermann. Er hätte direkt neben Ihnen sitzen können und Sie hätten keine Ahnung gehabt, dass ein Prophet neben Ihnen gesessen hätte. Es ging nie um den Propheten selbst, sondern um den, der ihn gesandt hatte."

„Und woran hat das Volk dann erkannt, dass eine Botschaft von Gott war?"

„Sie trug Sein Zeichen, Seinen Fingerabdruck."

„Wie ein Siegel."

„Ja, wie ein Siegel. Und diese Botschaft kam genau zum richtigen Zeitpunkt, dann, wenn das Volk sie hören sollte. Sie kam in ernsten Zeiten und in Zeiten von Abtrünnigkeit und Gefahr."

„Gefahr?"

„Wenn Gericht drohte", erwiderte er.

„Und hörten die Menschen auf das, was die Propheten ihnen sagten?"

„Einige schon, die meisten nicht. Sie hörten lieber angenehme Botschaften. Aber die Botschaften der Propheten waren nicht angenehm. Also wurden die Propheten verfolgt. Und dann kam Gericht, Elend, Zerstörung."

Er gab mir das Siegel zurück.

„Er war es", sagte Ana und brach ihr Schweigen. „Der Mann auf der Bank, er war der Prophet."
„Ja."
„Er hat es Ihnen verraten, als er sagte: ‚Er hätte direkt neben Ihnen sitzen können.'"
„Ganz genau."
„Wie sah er aus?"
„Mager, dunkles Haar, getrimmter Bart. Er sah südländisch oder wie Einer aus dem Nahen Osten aus."
„Und was hatte er an?"
„Einen langen, dunklen Mantel. Immer, wenn ich ihn sah, trug er diesen Mantel."
„Er gab ihnen also das Siegel zurück."
„Ja, und ich fragte ihn: ‚Warum sollte mir jemand ein antikes Siegel zuschicken wollen?'"
„‚Ein Siegel', sagte er, ‚bezeugt, dass eine Botschaft echt und sehr wichtig ist.'"
„‚Aber was hat das mit mir zu tun?', fragte ich ihn. ‚Ich habe nichts mit wichtigen Botschaften zu tun!'"
„‚Vielleicht doch und Sie wissen es nur nicht.'"
„‚Sie sprechen in Rätseln', sagte ich zu ihm."
„‚... oder Sie werden noch eine Botschaft bekommen.'"
„‚Wie meinen Sie das?', fragte ich."
„‚Eine weitere Nachricht von großer Wichtigkeit', gab er zurück. Während der ganzen Zeit, in der wir miteinander redeten, hatte seine linke Hand in seinem Schoß gelegen. Als er sie nun öffnete, lag ein Siegel in seiner Hand."
„Nein!", sagte Ana und beugte sich vor. „Wie kann das sein?"

Der Prophet

„Es war einfach so."
„Ein Siegel wie Ihres?"
„Ja, nur mit anderen Einkerbungen."
„Aber wie hat er ...?"
„Ganz genau. Das wollte ich auch wissen."

Ich konnte nicht mehr klar denken. Ich begriff das alles nicht. Das Herz schlug mir bis zum Hals und ich war kaum fähig zu reden.

„Was ist das?", fragte ich. Ich wusste genau, was es war, aber ich hatte keine Ahnung, was ich sonst sagen sollte.

„Ein Siegel", entgegnete er.

„Was ich meine ist: Was machen *Sie* mit einem Siegel."

„Was *ich* damit mache? Die Frage ist: Was machen *Sie* mit einem Siegel?"

„Wie sind Sie an das Siegel gekommen?"

„Wie gesagt, es ist mein Hobby. Ich sammle sie."

„Sie sammeln Siegel?"

„Ja."

„*Sie* sind derjenige!", rief ich und wurde lauter. „Sie stecken hinter dem Ganzen. Sie haben mir das Siegel zugeschickt. Was geht hier eigentlich vor?"

„Genau das gilt es, herauszufinden."

„Wie haben Sie das gemacht? Wie haben Sie es geschafft? Haben Sie mich verfolgt?"

„*Sie* verfolgt? Ich saß bereits auf der Bank. *Sie* haben sich neben mich gesetzt. Sind Sie sicher, dass nicht eher *Sie* es waren, der *mir* folgte?"

„Ich kenne Sie nicht einmal."

„Trotzdem waren Sie derjenige, der zu mir kam."

Natürlich hatte er recht. Er konnte mir nicht gefolgt sein. Er saß ja bereits schon dort. *Ich* war derjenige, der sich neben ihn gesetzt hatte. Und nun hatte er in seiner Hand ein Siegel, das so ähnlich aussah wie meines. Als ob er gewusst hatte, dass ich komme, und als ob er auf mich gewartet hatte. Aber ich ging selten dort spazieren. Ich hatte es nicht geplant. Und es war ja auch *meine* Entscheidung gewesen, mich gerade auf diese Bank zu setzen und das Siegel in diesem Moment hervorzuholen. Ich fragte ihn noch einmal: „Was geht hier eigentlich vor?"

„Sie haben ein Siegel bekommen", sagte er. „Wo ein Siegel ist, muss es auch eine Botschaft geben. Haben Sie eine Botschaft?"

„Nein", erwiderte ich und es klang fast schon wie eine Verteidigung. „Ich habe keine Botschaft."

Er hielt inne und starrte eine Weile in die Ferne. Dann wandte er sich zu mir, sah mir direkt in die Augen und sagte: „Aber *ich*!"

„Wie meinen Sie das?", fragte ich.

„Ich habe eine Botschaft."

„Was für eine Botschaft?"

„Ich habe eine Botschaft. Für Sie."

Zitternd stand ich auf. „Das glaube ich nicht", sagte ich und hörte selbst die Angst in meiner Stimme. „Ich habe keine Ahnung, wie Sie das hinbekommen haben, aber das hat alles nichts mit mir zu tun!"

„Es ist der richtige Zeitpunkt", antwortete er.

Ich wollte weglaufen, aber ich konnte nicht. Ich war hin- und hergerissen. Sollte ich gehen oder bleiben und mir anhören, was er zu sagen hatte? Ich war wie erstarrt.

Und dann sagte er wieder: „Es ist genau der richtige Zeitpunkt, Nouriel."

„Nouriel!", ich schrie ihn fast an. „Wie haben Sie ...?"

„Woher wusste er Ihren Namen?", warf Ana ein.

„Gute Frage. Ich bekam nie eine Antwort darauf. Stattdessen starrte er wieder in die Ferne und redete dann weiter: ‚Der richtige Zeitpunkt ist gekommen. Aber es geht nicht um ein Volk aus dem Altertum. Es ist an der Zeit, das Wort zu verkün-

Der Prophet

den, das Geheimnis zu offenbaren, die Botschaft zu verbreiten. Jetzt ist der richtige Zeitpunkt, – jedoch nicht für ein altes Volk.'"

―――♦♦♦―――

„Das hat nichts mit mir zu tun", sagte ich wieder.
„Warum haben Sie dann das Siegel bekommen?", fragte er.
„Wer sind Sie eigentlich?", gab ich zurück.
Er gab keine Antwort, sah mich nur an. Das Schweigen war so intensiv wie alles andere, was an diesem Tag passierte und ich hielt es nicht mehr länger aus.

―――♦♦♦―――

„Sie sind gegangen?", fragte sie.
„Ja."
„Und was tat er, als Sie von ihm weggingen?"
„Ich weiß es nicht. Ich sah nicht zurück."
„Welchen Sinn ergab das Ganze für Sie?"
„Keinen. Ich ging nach Hause, aber ich konnte an nichts anderes mehr denken. Nachts konnte ich kaum schlafen. Ich suchte in der Bibel, um irgendetwas über die Propheten und ihre Botschaften herauszufinden. Tage vergingen, Wochen, in denen ich an kaum etwas anderes denken konnte als an diese Begegnung. Und schließlich ging ich erneut hin."
„Zu der Bank am Hudson?"
„Ja, aber nicht direkt zu dieser Bank. Ich beobachtete sie aus einiger Entfernung."
„Warum?"
„Weil ich nicht sicher war, ob ich ihn wirklich wiedersehen wollte."
„Aber Sie wollten ihn doch wiedersehen."
„Wie gesagt, ich war hin- und hergerissen. Mir war klar: Wenn ich ihn nicht wiedersehen würde, bekäme ich nie eine Antwort. Andererseits hatte ich Angst vor den Konsequenzen.

Und trotzdem zog es mich hin. Ich musste einfach wieder hin."

„Und?"

„Er war nicht da. Auch beim zweiten Mal nicht. Ich ging ein drittes Mal hin."

„Und?"

„Beim dritten Mal war er da, genau wie bei unserer ersten Begegnung. Er saß auf derselben Bank, auf demselben Platz und trug denselben langen dunklen Mantel."

„Und?"

„Und dann fing es an."

Kapitel 3

Das Ende des Königreichs und die neun Vorboten

אֵ ת

Ich näherte mich der Bank von hinten.

„Da sind Sie ja wieder", sagte der Prophet, den Blick in die Ferne gerichtet, und ohne sich umzudrehen. Ich stand rechts hinter ihm. Er hatte mich auf keinen Fall sehen können, aber er wusste, dass ich da war. Ich konnte mich nie daran gewöhnen, mit jemandem zusammen zu sein, der mir das Gefühl gab, mich jederzeit zu durchschauen.

„Warum?", fragte er, während er auf das Wasser starrte, „warum sind Sie zurückgekommen?"

„Weil Sie der Einzige sind, der mir eine Antwort geben kann", erwiderte ich.

„Eine Antwort worauf?"

„Auf dieses Rätsel."

„Was für ein Rätsel?"

„Das Rätsel, das Sie mir sind."

„Ich bin der Einzige, der Ihnen erklären kann, warum ich Ihnen ein Rätsel bin?", stellte er scherzhaft fest. „Ich weiß nicht Nouriel, aber das hört sich ziemlich widersinnig an."

„Liege ich falsch?", wollte ich wissen.

„Nein", antwortete er. „Sie liegen nicht falsch."

Ich setzte mich zu ihm auf die Bank. Für einen kurzen Moment wandte er seinen Blick vom Wasser ab und sah mich an. „Sind Sie überhaupt bereit dafür?", fragte er.

„Wofür?"

„Für die Antwort."

„Ich hoffe es."

„Dann lassen Sie uns anfangen. Sie sind Journalist. Haben Sie einen Notizblock oder ein Diktiergerät dabei?"
„Ein Diktiergerät."
„Gut", sagte er. „Ich dachte mir, dass Sie eins dabei haben würden. Schalten Sie es ein."
Ich zog das Gerät aus der Manteltasche und drückte den Aufnahmeknopf. Von jetzt an war ich stets darauf bedacht, es immer bei mir zu tragen. Für alle Fälle.

„Sie haben also alles aufgenommen, was der Prophet Ihnen mitteilte?", fragte Ana.
„So gut wie alles."
„*Aufzeichnungen eines Propheten*. Kein schlechter Buchtitel."
„Er wandte sich wieder dem Wasser zu, kaum dass ich das Aufnahmegerät eingeschaltet hatte, aber ich hätte nicht genau sagen können, ob er seinen Blick auf etwas Bestimmtes gerichtet hielt. Dann begann er, und während er redete, wirkte es so, als würde er sich an weit zurückliegende Ereignisse erinnern."

„Jene Menschen hatten keine Ahnung von dem, was auf sie zukam. Sie dachten, es gehe immer so weiter, nichts würde sich jemals verändern. Sie rechneten nicht mit dem, was sich ihnen näherte und wohin es führen würde. Alles würde verschwinden, alles, was sie bis dahin gekannt hatten, ihre gesamte Welt."
„Über wen reden Sie?"
„Über ein altes Volk, ein altes Königreich. Über das Nordreich Israel im achten Jahrhundert vor Christus. Es hätte den Israeliten von Anfang an klar sein müssen. Aber sie hatten es verdrängt."
„Was haben sie verdrängt?"
„Ihre Bestimmung, ihr Fundament, das, was sie so einzigartig machte.

Das Ende des Königreichs und die neun Vorboten

Es gab keine andere Nation, die ihre Bestimmung teilte, den Willen Gottes auszuführen und auch keine andere, die von Anfang an Seinen Plänen geweiht war. Mit keinem anderen Volk war ein Bund geschlossen worden, ein Bund, an den aber auch eine Bedingung geknüpft war: Folgten sie dem Willen Gottes, würden sie die gesegneteste Nation sein. Würden sie ihn verlassen und von Seinem Weg abkommen, würde Gott den Segen in Unheil verwandeln. Und genau so kam es, denn sie fielen von ihm ab."

„Aber warum, wenn sie doch so gesegnet waren?"

„Schwer zu sagen", erwiderte der Prophet. „Es war wie ein geistlicher Gedächtnisschwund. Sicher, zu Anfang gebrauchten sie noch den Namen Gottes, aber was er beinhaltete, das trat mehr und mehr in den Hintergrund. Dann vermischten sie ihn mit heidnischen Göttern. Schließlich wandten sie sich gegen ihn. Zunächst noch geschickt, dann offenkundig und am Ende schamlos. Sie verbannten ihn aus dem öffentlichen Leben und ließen Götzen an Seine Stelle treten. Überall im Land standen Götzenbilder und Altäre fremder Götter. Sie brachen den Bund, verwarfen die bisherigen Regeln und Werte, und wandten sich anderen zu. Sinnlichkeit statt Geistlichkeit, Gottlosigkeit statt Heiligkeit und Selbstsucht statt Rechtschaffenheit. Sie trennten sich von dem Glaubensfundament, auf dem ihr Reich gegründet worden war und entfremdeten sich von Gott. Sie gingen so weit, dass sie sogar ihre eigenen Kinder opferten."

„Im wahrsten Sinne des Wortes?", fragte ich. „Sie töteten wirklich ihre Kinder?"

„Auf den Altären ihrer neuen Götter, Baal und Moloch. So sehr waren sie abgefallen. Alles war auf den Kopf gestellt. Was sie früher als gerecht empfunden hatten, erschien ihnen nun überholt, intolerant und unmoralisch. Und nun beschützten sie und hielten das für heilig, was bislang als unmoralisch gegolten hatte. Sie wurden zu Feinden jenes Gottes, den sie einst angebetet hatten, zu Feinden eines Glaubens, dem sie gefolgt waren. Am Ende war es sogar verboten, Seinen Namen öffentlich zu nennen. Und trotz allem war Gott gnädig und rief sie zur Umkehr auf. Immer wieder."

„Durch die Propheten?"

„Durch Propheten wie Elia, Elisa, Hosea und Amos appellierte er an ihr Gewissen. Er warnte sie, rief sie zurück. Aber sie verachteten Sein Rufen und erklärten denen, die ihm treu blieben, den Krieg. Sie beschimpften sie als Unruhestifter, Nervensägen, als gefährlich und schließlich als Staatsfeinde. Sie wurden ausgegrenzt, verleumdet, verfolgt und sogar getötet. So machte sich das Volk taub gegenüber denjenigen, die alles versuchten, um es vor dem Gericht zu bewahren. Also musste der Weckruf lauter und die Warnung ernster werden."

„Ernster?"

„Sie hatten die nächste Stufe erreicht. Die Worte der Propheten wurden nun von Katastrophen begleitet. Gott nahm den Schutz weg."

„Welchen Schutz?"

„Mit dem er sie umgeben hatte. Der Schutz, der sie abgeschirmt und ihre nationale Sicherheit garantiert hatte. Solange es ihn gab, waren sie sicher. Kein feindliches Königreich, kein Imperium, keine Macht der Welt konnte ihnen etwas anhaben. Doch war er erst einmal weg, würde sich alles ändern. Nun konnten ihre Feinde in ihr Land einfallen, ihre Grenzen übertreten und durch ihre Tore eindringen. Das war eine neue Phase und es war gefährlicher als je zuvor. Dann folgten Tage von Not und Trübsal, Tage der letzten Warnung."

„Und wann passierte das alles? Wann wurde dieser Schutz weggenommen?"

„732 vor Christus."

„Vielleicht habe ich nicht alles mitbekommen", sagte ich, „aber das ist zweieinhalbtausend Jahre her. Was hat das mit uns zu tun? Was hat es damit zu tun, dass Sie hier sind und ich Ihnen zuhöre? Bei unserer ersten Begegnung sagten Sie, es gehe nicht um ein altes Volk. Aber die ganze Zeit reden Sie nur über ein altes Volk."

Das Ende des Königreichs und die neun Vorboten

„Ich sagte: ‚Jetzt ist der richtige Zeitpunkt, – jedoch nicht für ein altes Volk.'" Das ist ein Unterschied."

„Warum erzählen Sie mir dann von diesem alten Volk?"

„Solange Sie nicht verstehen, was damals geschah, werden Sie auch nicht begreifen, was jetzt geschieht."

„Jetzt? Es ist also eine Art Schlüssel?"

„Es ist der Schlüssel für eine festgesetzte Zeit, in der das Wort verkündet und die Botschaft verbreitet werden soll. Sie richtet sich nicht an ein altes Volk."

„An wen dann? An welches Volk?"

Er schwieg.

Ich fragte noch einmal: „An welches Volk?"

Was jetzt kam, sagte er nur dieses eine Mal.

„Amerika", sagte er. „Sie richtet sich nun an Amerika."

Er stand auf und ging ans Wasser.

Das konnte ich nicht einfach so stehen lassen. Ich ging ihm nach.

„Das hat alles mit Amerika zu tun?"

„Ja."

„Das heißt, es ist Zeit für Amerika? Zeit, ein Geheimnis zu offenbaren und die Botschaft in Amerika zu verbreiten?"

„Ja."

„Aber was hat Amerika mit dem alten Israel zu tun?"

„Israel war einzigartig unter allen Nationen. Es war dazu gegründet worden und bestimmt, Gottes Pläne in die Tat umzusetzen."

„Gut."

„Aber da gab es noch eine andere Nation. Einen Kulturkreis, der von Anfang an für den Willen Gottes erdacht und ihm gewidmet war. Amerika. Tatsächlich waren die, die den Grund zu diesem Land legten ..."

„Die Gründerväter?"

„Nein, lange vor den Gründervätern. Diejenigen, die das Fundament für Amerika legten, sahen in ihm ein neues Israel, das Israel der Neuen Welt. Und sie hielten es für im Bund mit Gott stehend, so wie das alte Israel."

„Und *war* Amerika das neue Israel?"
„Amerika ist Amerika. Und Israel ist Israel. Das Eine ersetzt nicht das Andere. Aber Amerikas Gründerväter bauten das Gemeinwesen nach dem Muster des alten Israels auf. Sie weihten es Gott und sahen es im Bund mit ihm."
„Also *stand* Amerika im Bund mit Gott?"
„Die Bibel nennt nur ein Volk, mit dem Gott in einen Bund eingetreten ist."
„Israel. Aber Amerika war nach dem Vorbild Israels aufgebaut."
„Genau."
„Und die Amerikaner sahen sich selbst im Bund mit Gott."
„Ja."
„Aber was bedeutet das?"
„Sie glaubten, dass Amerika die gesegneteste, die wohlhabendste und mächtigste Nation der Welt werden würde, wenn es Gott folgte. Das sagten seine Gründer ganz zu Anfang vorher. Und es bewahrheitete sich. Amerika erlebte eine Blüte wie keine andere Nation. Es war nicht ohne Fehl und Tadel, aber es war bestrebt, die Berufung, die seine Gründer vorausgesehen hatten, zu erfüllen."
„Und die wäre?"
„Ein Rettungsanker zu sein, ein Werkzeug für die Pläne Gottes, ein Licht für die Welt. Eine Zuflucht für die Armen und Bedürftigen und eine Hoffnung für alle Unterdrückten dieser Welt. Es würde sich gegen Tyrannei stellen. Mehr als einmal würde es gegen die dunklen Machenschaften der modernen Welt aufstehen, die drohten, die Erde in den Abgrund zu ziehen. Millionen Menschen würden befreit werden. Und wenn Amerika seine Berufung erfüllte oder zumindest danach strebte, so wäre es die gesegneteste, die reichste, mächtigste und angesehenste Nation der Erde. So hatten es seine Gründer prophezeit."
„Gott belohnte es also dafür, dass sie sich seinen Zielen geweiht hatten?"
„Alles in allem bleibt am Ende die Tatsache, dass sie Amerika Gott geweiht hatten und alle ihre Vorhersagen Realität

Das Ende des Königreichs und die neun Vorboten

wurden. Amerika war von allen Nationen die gesegneteste. Genau so, wie es die Bibel sagt: ‚Gerechtigkeit erhöht ein Volk.'"
Der Prophet machte eine kurze Pause, wie um anzudeuten, dass er noch nicht fertig war.
„Da kommt noch ein Aber, stimmt's?"
„Ja", antwortete er. „Auch im alten Israel gab es die andere Seite der Medaille."
„Wenn sie Seinen Wegen nicht mehr folgten?"
„Wenn Israel sich von Gott abwandte und gegen ihn rebellierte, nahm er ihnen die Segnungen weg und an ihre Stelle traten Flüche."
„Waren die Nachbarvölker Israels nicht noch viel schlimmer?", fragte ich. „Diese Völker hatten kein klares Gottesbild, keine Moral. Warum zog ausgerechnet Israel das Gericht auf sich?"
„Wem viel anvertraut ist, von dem wird auch viel erwartet. Und keinem Volk wurde jemals so viel anvertraut. Kein Volk war in geistlicher Hinsicht jemals so gesegnet worden. Die Erwartungen an Israel waren höher. Es stand mehr auf dem Spiel, und das Gericht war heftiger, als es kam."
„Und Amerika", sagte ich.
„Amerika hat viel Gutes getan, und es gibt durchaus viele Nationen, deren Sünden und Übertretungen die der Amerikaner übertreffen. Aber keiner Nation der modernen Welt wurde jemals so viel anvertraut. Keine war so gesegnet. Wem viel anvertraut ist, von dem wird auch viel erwartet werden. *‚Gerechtigkeit erhöht ein Volk, die Sünde aber ist die Schande der Völker.'* Wenn eine Nation, die so gesegnet ist, sich von Gott abwendet, was dann?"
„Dann verwandelt sich Segen in Fluch?"
„Ja."
„Und hat sich Amerika denn von Gott abgewandt?", fragte ich.
„Amerika hat sich abgewandt und tut es immer noch."
„Wie?"
„Auf die gleiche Weise wie Israel. Es begann mit einer Art geistlicher Selbstgefälligkeit. Es gab viel Durcheinander. Sie

31

vermischten Gott mit anderen Göttern und am Ende verwarfen sie Seine Wege ganz. Genau wie im alten Israel wurde Gott in Amerika zusehends aus dem öffentlichen Leben verbannt. Schritt für Schritt wandte sich das Land gegen ihn, – zuerst unterschwellig, dann immer schamloser."
„Wann?", fragte ich. „Wann fing das an?"
„Darauf gibt es keine einfache Antwort. Zwar hatte es auch zu Amerikas besten Zeiten immer Sünde gegeben, so wie es in ihren schlechtesten stets Momente echter Größe gab, doch es lässt sich durchaus ein roter Faden erkennen. Es war Mitte des zwanzigsten Jahrhunderts, als man begann, Gott ganz offiziell aus dem nationalen Leben auszuschließen. In den öffentlichen Schulen wurden Bibel und Gebet abgeschafft. Nun verdrängte Amerika, so wie einst Israel, die Zehn Gebote aus der Öffentlichkeit und dem gesellschaftlichen Bewusstsein. Sie wurden auf Anordnung der Regierung von allen öffentlichen Plätzen und Hauswänden entfernt. Wie im alten Israel, so geschah es auch in Amerika: Gott wurde zunehmend aus dem gesellschaftlichen Leben verdrängt. Die Namen *Gott* oder *Jesus* in einem ernsthaften Zusammenhang zu erwähnen wurde immer mehr zu einem Tabu. Es sei denn, man machte sich über etwas lustig oder beschimpfte jemanden. Was einst als heilig verehrt worden war, darüber wurde nun gelästert. Und während Gott ausgestoßen wurde, nahmen Götzen Seinen Platz ein."
„Amerikaner beten doch keine Götzen an."
„Das stimmt nicht", sagte der Prophet. „Sie würden sie nur nicht als *Götzen* bezeichnen. Kaum war Gott aus dem Leben der Amerikaner ausgelöscht, füllten Götzen diese Lücke aus. Sinnlichkeit, Gier, Geld, Erfolg, Bequemlichkeit, Materialismus, Vergnügen, sexuelle Unmoral, Selbstvergötterung, Ichbezogenheit. Mehr und mehr trat das, was heilig war, in den Hintergrund. Ersetzt wurde es durch Weltlichkeit. Es war eine neue Art von geistlichem Erinnerungsverlust, denn die Nation vergaß schlichtweg ihre Basis, ihren Zweck, ihre Berufung. Werte und Normen, die sie einst hochgehalten hatten, wurden aufgegeben. Längst war akzeptiert, was vorher noch als

Das Ende des Königreichs und die neun Vorboten

unmoralisch gegolten hatte. Die zunehmend geschmacklose und vulgäre sexuelle Zügellosigkeit übte eine zerstörerische Wirkung aus und verdarb nach und nach die amerikanische Kultur. Eine Welle der Pornografie schwappte auf die Medien über. Diese Nation, die einst dazu geweiht wurde, ein Leuchtturm Gottes unter den Nationen zu sein, überschüttet die Welt nun mit Pornografie und Unzucht."

„Einige würden das *Toleranz* nennen", warf ich ein.

„Ja", erwiderte er, „dieselbe Toleranz, die auch Israel eingeholt hatte. Eine Toleranz gegenüber allem, was Gott entgegenstand. Eine wachsende Toleranz gegenüber Unmoral und eine wachsende Intoleranz gegenüber dem, was rein ist. Eine Toleranz, die diejenigen verachtete, verdrängte und verurteilte, die den ausrangierten Werten treu geblieben waren. Unschuld wurde verhöhnt und Rechtschaffenheit geschmäht. In der Schule lernten die Kinder Sittenlosigkeit, während gleichzeitig das Wort Gottes verboten wurde. Es war eine Toleranz, die das Weltliche ins öffentliche Blickfeld rückte, während zum Beispiel Krippenspiele verschwanden. Sie wurden verboten, als ob sie irgendwie zu einer Bedrohung geworden wären. Eine seltsam intolerante Toleranz."

„Bleibt immer noch die Frage", konterte ich, „wo sich die Parallelen zum alten Israel ziehen lassen? Amerika opfert seine Kinder nicht auf heidnischen Altären."

„Tut es nicht?", sagte er. „Zehn Jahre, nachdem Gebet und Bibel aus den öffentlichen Schulen verschwunden waren, wurde die Tötung ungeborener Kinder legalisiert. Unschuldiges Blut klebte an den Händen der Nation. In Israel waren tausende Kinder auf den Altären von Baal und Moloch geopfert worden. Amerika aber hatte bis zum Beginn des einundzwanzigsten Jahrhunderts *Millionen* geopfert. Tausende brachten Israel Gericht. Was ist mit Amerika?"

„Was wollen Sie damit sagen?"

Er antwortete nicht.

„Droht Amerika Gericht?", fragte ich.

Wieder schwieg er.

„Antworten Sie mir. Droht Amerika Gericht?"
„Sind Sie sicher, dass Sie die Antwort wissen wollen?"
„Ich bin mir sicher."
„Die Antwort auf Ihre Frage lautet *Ja*. Ja, Amerika droht Gericht."
Ich zögerte mit meiner Antwort. Ich überlegte, was ich zur Verteidigung vorbringen könnte. Schließlich sagte ich: „Es kann nicht so schlimm sein, wie es im alten Israel war. Sie verfolgten die Propheten. Wenn Gott jedoch heute eine Botschaft an Amerika sendete, um es zurückzurufen, würden die Menschen auf sie hören."
„Würden sie?"
„Würden sie nicht?"
„Nein."
„Woher wollen Sie das wissen?"
„Weil ihre Ohren taub dafür sind. Es ist wie im alten Israel: Der Weckruf muss lauter und die Warnung ernster werden."
„Was heißt das?"
„Das heißt, dass Amerika in die nächste Phase eintritt."
„Was für eine Phase?"
„Eine Phase, in die auch Israel eintrat", antwortete er.
„Sprechen Sie über den Schutz?"
„Er wird weggenommen werden. Der Schutz, der der Nation Sicherheit gibt."
„Und welche Konsequenzen hätte das?"
Er machte eine lange Pause, bevor er antwortete: „Es ist schon passiert."
„Wie meinen Sie das?"
„Amerikas Schutz ist bereits seit Längerem verschwunden und Zeichen der Warnung sind in der Form von neun Vorboten erschienen."
„Neun Vorboten?"
„Ja, die gleichen neun Vorboten, die auch das alte Israel in seinen letzten Tagen erlebte. Jeder einzelne von ihnen war ein Hinweis, eine Warnung vor dem Gericht und vor ihrem Ende. Das Gericht hatte neun Vorboten."

Das Ende des Königreichs und die neun Vorboten

„Ich verstehe überhaupt nichts."
„Es läuft alles nach demselben Muster ab, wie damals bei Israel. Amerika erlebt die gleichen neun Zeichen der Warnung, die auch Israels letzte Tage markierten."
„Amerika erlebt das Gleiche?"
„Jeder einzelne Vorbote wird sich auf amerikanischem Boden offenbaren. Jeder einzelne enthält eine prophetische Botschaft. Und an ihnen hängt die Zukunft der Nation."
„Ich verstehe das nicht."
„Das müssen Sie nicht verstehen. Es wird Ihnen alles offenbart werden."

―――――― ♦♦♦ ――――――

Er fragte mich, ob ich das Siegel dabei hätte. Ich zog es aus meiner Tasche und gab es ihm. Er nahm es und als er die andere Hand öffnete, lag darin dasselbe Siegel, das er bei unserer ersten Begegnung bei sich hatte. Er legte es in meine Hand. „Neun Siegel. Jedes Siegel steht für einen Vorboten, für ein Rätsel."
„Und dieses hier?", fragte ich.
„Es ist das Siegel des ersten Vorboten."
„Und das, welches ich Ihnen gab?"
„Das war *Ihr* Siegel. Was die Siegel der Vorboten angeht, gibt es noch weitere acht. Sie werden jedes Siegel behalten, bis wir uns wieder treffen. Dann geben Sie es mir im Tausch gegen das nächste Siegel und die nächste Offenbarung. Sie werden immer nur ein Siegel haben, welches Ihnen das Lüften eines weiteren Geheimnisses zusichert."
„Und Sie vertrauen mir, dass ich es Ihnen zurückgebe?", erkundigte ich mich.
„Ja."
„Aber woher wissen Sie, dass wir uns jemals wiedersehen werden?"
„Sie sind ein Mensch, der so lange sucht, bis er fündig geworden ist. Und auf jeden Fall habe ich Ihr eigenes Siegel als Unterpfand, oder?"

Der Vorbote

Er hielt inne, nickte leicht mit dem Kopf und sagte: „Bis dann, Nouriel." Und dann ging er.

„Und *mein* Siegel?", rief ich ihm nach.

„Sie werden es zurückbekommen, wenn wir fertig sind", erwiderte er und ging weiter, ohne sich umzudrehen.

„Wann werden wir uns wiedersehen?", fragte ich.

„Wenn es an der Zeit ist, über den ersten Vorboten zu sprechen."

„Werden wir uns hier treffen?"

„Am festgesetzten Ort", entgegnete er.

„Wie erfahre ich davon?"

„Wie haben Sie den Ort unserer ersten Begegnung erfahren?", fragte er.

„Überhaupt nicht."

„So wird es wieder geschehen, und doch werden Sie da sein."

Und dann war er fort.

Kapitel 4

Der erste Vorbote:
Der Riss in der Mauer

את

„Aber Sie haben den Propheten doch später wiedergesehen, oder?"
„Ja."
„Und in der Zwischenzeit hatten Sie keinen Kontakt zu ihm?"
„Richtig."
„Ich verstehe das nicht", sagte sie. „Wenn er sich nie vorher ankündigte, woher wussten Sie denn dann, wo und wann Sie ihn erneut treffen würden?"
„Ich wusste nie, wo oder wann", erklärte er. „Wir trafen uns einfach."
„Ich begreife es immer noch nicht."
„Es passierte immer irgendwie. Manchmal brachten mich Hinweise auf die richtige Spur und dann wieder kam es vor, dass ich sie falsch interpretierte und wir uns trotzdem am richtigen Ort begegneten. Ein andermal hatte ich weder eine Spur, noch war ich innerlich darauf vorbereitet. Trotzdem trafen wir uns. Vielleicht war es *Vorbestimmung.* Ich habe keine Ahnung wie, aber es klappte einfach immer."
„Der Prophet legte nicht gleich die ganze Wahrheit auf den Tisch. Er gab Ihnen immer nur Hinweise, die Sie zu einem Gesamtbild zusammenfügen mussten. Was glauben Sie, warum ging er so vor?"
„Ich weiß es nicht. Vielleicht sollten mich meine Bemühungen, mir auf alles einen Reim zu machen, zur nächsten Begegnung führen. Ich denke auch, dass sich dadurch jeder dieser Vorboten tief in mein Bewusstsein einprägte."

„Sie trafen ihn also wieder. Und was geschah dann? Nein, warten Sie einen Moment!"

Sie stand auf, ging zu ihrem Schreibtisch und drückte den Knopf ihrer Telefonanlage. „Bitte keine Anrufe durchstellen", sagte sie. „Ich möchte jetzt nicht gestört werden."

„Auch nicht von denen, die auf Ihrem Terminplan stehen?" Aus dem Lautsprecher klang eine weibliche Stimme.

„Ja. Sagen Sie, mir sei etwas dazwischengekommen und ich werde sobald wie möglich zurück sein! Bitten Sie sie freundlich um Verständnis."

„Wie lange möchten Sie nicht gestört werden?"

„Ich weiß es nicht", entgegnete sie. „Für den Rest des Tages." Sie kam zurück zu ihm und widmete sich wieder ganz dem Gespräch. „Okay, Sie sahen ihn also wieder. Wann und wo?"

„Das war Wochen nach unserer letzten Begegnung. In der Zwischenzeit untersuchte ich das Siegel immer wieder. Vielleicht hielt sich darauf irgendein Hinweis auf das Geheimnis des ersten Vorboten, jenes ersten Warnsignals, verborgen."

„Was war denn auf dem Siegel zu sehen?"

„Es sah aus wie Schriftzeichen und Formen. Eine von ihnen, die größte, fiel mir sofort auf. Sie stellte eine horizontale Linie dar, die alles, was darunterlag, zu begrenzen schien. In der Mitte des Siegels brach die Linie nach unten ein, führte dann wieder nach oben zurück, um die horizontale Linie fortzusetzen, so dass ein V entstand. Ich konnte absolut nichts damit anfangen."

„Wie ging es weiter?"

„Ich ging oft zu dieser Bank am Fluss, aber er war nie da. Wochen vergingen, Monate, in denen ich mich fragte, ob ich ihn überhaupt jemals wiedersehen würde. Das Ganze war so absurd und wenn das Siegel nicht gewesen wäre, ich hätte an meiner eigenen Erinnerung gezweifelt. Eines Tages, es war ein Dienstagmorgen, war ich in Lower Manhattan im Battery Park spazieren. Während ich zur Freiheitsstatue hinüber sah, kreisten die Worte des Propheten in meinem Kopf.

───◆◆◆───

Der erste Vorbote: Der Riss in der Mauer

Nach einer Weile fiel mir eine dunkle Gestalt auf, die in einiger Entfernung von mir stand. Er war es. Er hatte sich dem Wasser zugewandt, so dass ich ihn nur von hinten sehen konnte. Ich weiß nicht, ob er auf das Wasser, auf die Statue oder auf was auch immer schaute. Als er sich für einen Moment zur Seite drehte, erkannte ich ihn. Ich wollte auf keinen Fall, dass er mir entwischte und lief, so schnell ich konnte, zu ihm. Ohne sich umzudrehen sprach er mich an.

„Nouriel", sagte er.

„In Person", erwiderte ich.

„Und genau zur richtigen Zeit."

„Haben Sie das arrangiert?", fragte ich ihn.

„Nein. Haben Sie sich denn in der Zwischenzeit mit dem Siegel beschäftigt?"

„Ja, das habe ich."

„Und was haben Sie herausgefunden?"

„Nichts."

„Haben Sie Ihr Diktiergerät dabei?"

„Ich habe es immer dabei."

„Dann fangen wir an", sagte er, und drehte sich endlich zu mir um. Während die Möwen laut schrien und eine leichte Brise durch sein Haar wehte, forderte er mich auf: „Holen Sie das Siegel aus der Tasche. Was sehen Sie darauf?"

„Inschriften, Symbole und ein besonderes Hauptsymbol."

„Können Sie sich vorstellen, was es ist?"

„Ich habe keine Ahnung. Es sieht aus wie ein V."

„Es stellt etwas dar, Nouriel."

„Und was?"

„Den oberen Rand einer Mauer", sagte er, „einer Schutzmauer."

„Und was bedeutet das V in der Mitte?"

„Das ist kein V", antwortete er. „Das ist ein Riss."

„Ein Riss?"

„Ganz genau. Eine Bresche, eine Lücke, eine offene Stelle. Die Mauer ist durchbrochen, ein Zeichen dafür, dass der Feind eingedrungen ist."

Der Vorbote

„Und es zeigt, dass es keinen Schutz mehr gibt. Bezieht sich das auf das alte Israel?"

„Ja. Äußere Feinde konnten ihnen nur dann etwas anhaben, wenn der Schutz sie nicht mehr umgab. 732 vor Christus war es soweit. Die Feinde fielen in Israel ein und verwüsteten das Land. Zwar zogen sie sich nach dem Angriff wieder zurück und das Ausmaß der Katastrophe hielt sich in Grenzen, aber das Volk war dennoch schwer getroffen. Es war alles nur der Vorgeschmack auf ein größeres und heftigeres Ereignis. Es war eine Warnung, der Vorbote eines Gerichts, von dem die Nation sich nie wieder erholen würde, wenn es einträfe."

„Die Schutzlosigkeit ist also eine Warnung?"

„Ja", sagte der Prophet. „Eine letzte kleine Warnung. Ein Weckruf, der nur stattfinden durfte, wenn nichts anderes mehr sie wachrütteln konnte. Ein Warnsignal, das sie vor noch größerem Elend bewahren sollte. Es wäre nie so weit gekommen, hätte Israel Gott die Treue gehalten. Seine Mauern waren unbezwingbar. Wenn Israel Gott jedoch den Rücken kehren würde, würde sich jede Sicherheit in Luft auflösen und seine Unbesiegbarkeit wäre von da an nichts weiter als Illusion. Der Riss in der Mauer machte es überdeutlich, dass die Nation in Gefahr war. Sie war bis auf die Grundmauern erschüttert, und nichts, außer einer Umkehr zu Gott, konnte sie mehr beschützen. Das war die Warnung."

„Und? Hörten sie auf diese Warnung?"

„Nein", antwortete er. „Für die meisten war diese Tragödie eine Frage der richtigen Verteidigungsmaßnahmen, der nationalen Sicherheit oder der Außenpolitik. Sie waren fest entschlossen, dass so etwas nie wieder passieren durfte. Und so rüsteten sie auf, befestigten ihre Mauern und schlossen Verteidigungsbündnisse ab. Auf den Gedanken, dass das alles vielleicht eine tiefere Bedeutung haben könnte, kamen die wenigsten. Natürlich gab es auch die anderen Stimmen. Da waren die Warnungen der Propheten, die Worte ihrer Heiligen Schrift und diese Unruhe in ihrem Herzen, dieses Gefühl, dass etwas nicht stimmte. Das Volk hatte sich von Gott abgewandt. Aber

Der erste Vorbote: Der Riss in der Mauer

bis auf ein paar wenige waren es nur die Propheten, denen klar war, dass die rote Linie überschritten war und unruhige Zeiten bevorstanden. Keine politische oder militärische Macht konnte ihre Sicherheit garantieren, nur die Umkehr zu Gott. Der Angriff war eine Warnung gewesen und ein Vorbote des nahenden Gerichts."

„Sie hatten die Warnung überhört. Was passierte dann?"

„Eine Zeitlang sah es so aus, als würde sich das Leben wieder normalisieren. Es gab eine Ruhepause, Frieden, und mit jedem Jahr schien die Gefahr zu verblassen. Was für eine Täuschung! Das Problem und die Gefahr wuchsen. Es handelte sich vielmehr um eine Gnadenzeit, damit sie umkehren und das Gericht von sich abwenden hätten können. Anderenfalls käme ein größeres Gericht auf sie zu und dieser erste Riss in ihren Mauern, dieser Vorbote, würde ihnen als Anfang vom Ende im Gedächtnis bleiben. Sie hatten ihr Schicksal selbst in der Hand." Er machte eine kurze Pause. „Das Siegel, Nouriel, geben Sie es mir!"

„Es steht für den ersten Vorboten", erklärte er und hielt das Siegel in Augenhöhe vor sich. „Eine Bresche in der Mauer. Jene, welche lange Zeit Segen und Sicherheit genossen hatten, mussten zusehen, wie ihre Verteidigung sich in Nichts auflöste. Der Schutz war brüchig geworden, die innere Sicherheit dahin und die Unbesiegbarkeit nur mehr eine Illusion. Nun kam ein Vorbote nach dem anderen."

„Und welche Rolle spielt Amerika?", fragte ich.

„Unter allen Nationen war Amerika diejenige, die den größten Segen bekommen hatte. Einen Segen, der auch ihre nationale Sicherheit bedeutete, – genau wie eine starke Mauer. Die Gründer hatten es vorhergesagt: Solange sie sich an Gott orientierten, wurden sie nicht nur mit Wohlstand und Macht, sondern auch mit Frieden und Sicherheit gesegnet."

„Der Schutz würde verschwinden, wenn Amerika sich von Gott abwendete?"

„Ja, und genauso kam es. Sie verloren ihren Schutz und die Mauer bekam einen Riss."

„Und wann soll das gewesen sein?", fragte ich, aber der Prophet schwieg, als würde er darauf warten, dass ich von selbst auf die Antwort kam. Und dann fiel es mir wie Schuppen von den Augen.

„Der 11. September!"

„Ja", bestätigte er. „Der erste Vorbote, der Riss in der Mauer. Lange waren sie gesegnet worden, hatten in Sicherheit gelebt. Nun mussten sie hilflos zusehen, wie ihre Mauern einstürzten und ihre Verteidigung versagte. Der 11. September war der erste Vorbote, das erste Warnzeichen, und es fand genau hier statt." Er zeigte auf den Himmel über dem Wasser. „Dann der zweite Einschlag, genau hier. Er traf die mächtigste Nation der Welt, ein ausgeklügeltes und ausgereiftes Sicherheitssystem."

„Der Schutz war einfach weg."

„Und dann machten sie einen entscheidenden Fehler", sagte er. „Sie wiederholten den uralten Fehler. Sie verhielten sich angesichts dieser Katastrophe so, als wäre alles nur eine Frage der Verteidigungs- und Sicherheitspolitik. Sie verstärkten ihre nationale Verteidigung und ihren Schutz, aber sie dachten nicht einen Moment lang darüber nach, ob diese Tragödie vielleicht noch eine tiefere Bedeutung haben könnte. Die Frage, ob etwas nicht stimmte, ob womöglich mit ihrer Entwicklung etwas nicht in Ordnung war, diese Frage kam ihnen nie."

„Hatte Gott diese Katastrophe in Gang gesetzt?", fragte ich.

„Nein, dahinter steckten Menschen", antwortete er, „Menschen mit einer bösen Absicht. Eine Zeitlang war ihre Bosheit im Zaum gehalten worden, doch damit war es nun vorbei. Sie durften Amerika – und hier ist die Parallele zu Israel – auf seinem eigenen Grund und Boden angreifen."

„Aber böse Menschen hatten den Anschlag geplant", wandte ich ein. „Es war Unrecht."

„Das stimmt", gab er zurück, „aber Gott kann aus Schlechtem etwas Gutes werden lassen."

„Und was war das Gute daran?"

Der erste Vorbote: Der Riss in der Mauer

„Eine Nation im Dämmerschlaf aufzuwecken. Ihr die Möglichkeit zu geben, sich zu verändern und das Gericht doch noch zu verhindern."

„Also stand Gott auf Seiten der Feinde?"

„Nein, nicht mehr und nicht weniger als er auf Seiten der Feinde Israels stand. Wer solche Dinge tut, hat Gott zum Feind. Gott hasste diejenigen, die Amerika attackierten, und ging mit ihnen so wie mit den Feinden des alten Israels um."

„Was ist mit den Opfern?", wollte ich wissen.

„Damals in Israel waren alle, Gerechte und Ungerechte, von dem Unheil betroffen. Die ganze Nation stand unter Gericht. Trotzdem hat der Tod von Unschuldigen und Gerechten natürlich nichts mit Gericht zu tun, sondern mit Leid. Doch für das Volk als Ganzes war diese erstmalige Tragöde Warnung und Gericht zugleich. So verhielt es sich auch mit 9/11. Das Unglück fand auf zwei verschiedenen Ebenen statt, einer privaten und einer nationalen. Für die Einzelnen stand ihr persönliches Leid im Vordergrund. Der Verlust eines Menschen brachte ihre Welt zum Einstürzen und das gesamte Ausmaß der Katastrophe ist in diesem Zusammenhang zweitrangig. Hier geht es darum, die gebrochenen Herzen zu verbinden, zu trösten, zu unterstützen und die Verwundeten und Hinterbliebenen nicht zu vergessen. Die zweite Ebene ist jedoch eine andere und eigenständig zu sehen. Die Nation als Ganzes wird hier zum Schauplatz für Gericht."

„Es ist nicht leicht, diese Botschaft anzunehmen", erwiderte ich.

„Und wenn sie von jemand anderem käme?"

„Was meinen Sie damit?"

„Wenn es von Abraham Lincoln käme?"

„Was hat Lincoln damit zu tun?"

„Wissen Sie, wie viele Soldaten im amerikanischen Bürgerkrieg gefallen sind?"

„Ich habe keine Ahnung. Tausende?"

„*Hunderttausende.* Und Lincoln sagte, dass dieses Unglück Amerika getroffen habe, weil hier ein gerechter Gott an einer

Nation Gericht übe. Wohlgemerkt, an einer ganzen Nation, nicht an irgendeinem einzelnen Menschen."

„Aber das ist eine harte ..."

„Natürlich ist sie das. Genauso hart war es auch für Jesaja, Jeremia und die anderen Propheten, die für ihr Volk unter Tränen zu Gott riefen. Aber wenn wir nicht einmal die Möglichkeit in Betracht ziehen, wenn wir uns weigern, den Dingen ins Auge zu sehen, tragen wir dann nicht die Verantwortung für das, was kommen wird?"

„Für das, was kommen wird? Ich weiß es nicht. Aber alleine die Aussage ‚Gott hat es zugelassen' ..."

„Es *ist* passiert, Nouriel. Er muss es zugelassen haben. Das steht außer Frage. Die Frage ist vielmehr, ob er es grundlos tat oder damit einen bestimmten Zweck verfolgte."

„Am 11. September fragten sich viele: ‚Wo war Gott?'"

„Wo Gott war?", wiederholte er, als würde ihn die Frage überraschen. „Wir haben ihn aus allem ausgeschlossen. Aus unseren Schulen, unserer Regierung, unseren Medien, unserer Kultur. Wir haben ihn aus der Öffentlichkeit verbannt. Wir kündigten ihm Seinen Platz in unserer Gesellschaft auf und fragen dann: ‚Wo ist Gott?'"

„Dann war er also nicht da?"

„Natürlich war er da. Er war bei denen, die ihre Lieben verloren haben und er ist immer noch da, um die zerbrochenen Herzen zu verbinden und die Trauernden zu trösten. Er war bei jenen, die ihr Leben dafür gaben, um andere zu retten, Seinem Vorbild nacheifernd. Und er war mit all den anderen, die auch gestorben wären, wären sie nicht durch glückliche Umstände entronnen. Und auch bei denjenigen, die ums Leben kamen und ihr Leben mit Gott geführt hatten. Sie sind nun mit ihm in der Ewigkeit. Für sie war 9/11 kein Tag der nationalen Katastrophe, sondern ein Tag der Befreiung. Er war mit ihnen und *ist* mit ihnen."

„Sie sagten, dass Israel nach dem Angriff wieder zur Normalität zurückkehrte."

„Ich sagte, dass es *aussah*, als würde alles zur Normalität zurückkehren. Das ist ein Unterschied."

Der erste Vorbote: Der Riss in der Mauer

„Der Schutz war also wiederhergestellt?"
„Eine Zeit lang und bis zu einem gewissen Grad, doch die Gefahr war nicht gebannt."
„Und wie ging es in Amerika nach dem 11. September weiter?", wollte ich wissen.
„In den Monaten und Jahren nach dem Anschlag sah es auch so aus, als würde vieles zur Normalität zurückkehren. Die Zeit ging vorbei, der erste Schock war kuriert und das Trauma ließ nach. Langsam wuchs die Versuchung, so weiterzumachen, als ob nie etwas geschehen wäre, als ob Amerika immer noch keiner etwas anhaben könnte. Genauso verhielt es sich auch in den letzten Tagen des alten Israels. Es war alles nur Illusion."
Eine lange Stille folgte diesen Worten, die nur ab und zu von Möwengeschrei unterbrochen wurde. Dann fuhr er nahtlos fort: „Er war eine fatale Illusion. Also, was ist mit Amerika?"

———◆◆◆———

Ich antwortete ihm nicht. Ich glaube auch nicht, dass er das erwartete. Er griff in seine Manteltasche und holte ein weiteres Siegel hervor, das er mir überreichte.
„Das Siegel des zweiten Vorbotens."
„Und wie sah es aus?", fragte Ana.
„Es sah wie alle anderen aus, abgesehen von den Bildern."
„Was stellten die Bilder dar?"
„Umrisse ..."
„Wovon?"
„... von Männern."
„Was für Männer?"
„Ich hatte keine Ahnung und wollte es natürlich von ihm wissen. Ich fragte ihn, was die Umrisse auf dem Siegel bedeuten würden."
„Das ist nicht so schwer", erwiderte er.
„Geben Sie mir einen Tipp, irgendetwas."
„Bis zum nächsten Mal, Nouriel", sagte er nur und wandte sich zum Gehen.

Der Vorbote

„Wann wird dieses nächste Mal sein, und wo?"
„Gleiche Zeit, gleicher Ort", gab er zur Antwort, während er wegging, ohne sich zu mir umzudrehen.
„Hier?"
„Nein."
„Also wo und wann?"
„Wo und wann auch immer. Seien Sie einfach da."
„Geben Sie mir wenigstens einen Hinweis, um das Siegel zu entschlüsseln!"
„Bei den Ruinen eines uralten Volkes."
„Ist das der Hinweis", rief ich ihm nach, „oder der Ort, an dem wir uns wiedersehen werden?"
„Oh, dafür bräuchte es noch einen weiteren Hinweis, finden Sie nicht?", rief er zurück.
„Einen *weiteren* Hinweis? Also meinten Sie den Vorboten und nicht unseren nächsten Treffpunkt?", schrie ich hinter ihm her.
„Vielleicht, vielleicht auch nicht", entgegnete er.
Er sprach in Rätseln. Doch es war auch ein Ansporn für mich, nach der Bedeutung des zweiten Vorboten zu suchen, nach einem Geheimnis, das scheinbar irgendetwas mit den Ruinen eines uralten Volkes zu tun hatte.

Kapitel 5

Der zweite Vorbote: Die Terroristen

ה א

"Die Gestalten auf dem Siegel, Nouriel, wie sahen sie aus?", wollte sie wissen.

"Männer mit Bärten, in Roben und mit einer Art Kopfbedeckung. Ihre Bärte hatten eine quadratische Form und waren nur schemenhaft dargestellt. Einige waren mit Pfeil und Bogen bewaffnet und zielten nach oben. Es wirkte alles sehr altertümlich und fremdartig."

"Und wie haben Sie das Rätsel entschlüsselt?"

"Bei den Ruinen eines uralten Volkes, so lautete der Hinweis. Die Männer auf dem Siegel gehörten zu diesem Volk. Soviel war mir klar. Aber von welchem uralten Volk war die Rede? Wer war dieses Volk?"

"Was unternahmen Sie also?"

"Mein Weg führte mich ins Metropolitan Museum. Es ist riesig und bis unter die Decke voll mit Fundstücken altertümlicher Völker. Ich dachte mir, wer auch immer dieses Volk gewesen sein mag, wenn es wirklich so bedeutend war, dann müssten hier im Museum auch entsprechende Artefakte zu finden sein. In der Hoffnung, etwas dazu Passendes zu finden, nahm ich mein Siegel mit."

"Und?"

"Meine Hoffnung wurde nicht enttäuscht. Es war wirklich beeindruckend. In der Ausstellung gab es Exponate aus Ägypten, Rom, Griechenland, Persien, Babylon ... Ich begann mit meiner Suche im ersten Obergeschoss, im ägyptischen Flügel. Ohne Erfolg. Ich nahm mir den römischen und den griechischen Flügel vor. Auch hier: kein Erfolg. Dann ging ich durch

das große Treppenhaus weiter nach oben, hinauf zur Abteilung für alte Kunst aus dem Nahen Osten. Und hier war ich am Ziel. Es war so gigantisch. Man konnte es einfach nicht übersehen."
„Was konnte man nicht übersehen?", fragte sie.
„Ich stand vor gewaltigen Steinmauern, auf denen riesige Gestalten abgebildet waren – Krieger, Priester und seltsame Mischwesen, halb Mensch, halb Vogel. Ich zog das Siegel aus meiner Tasche und verglich die Gestalten darauf mit denen auf der Mauer. Die Figuren, diese quadratischen Bärte, der Kleidungsstil. Volltreffer!"
„Es stimmte alles exakt überein?"
„Nun, es war nicht dasselbe Bild", antwortete er, „wohl aber dasselbe Volk und dieselbe Kultur."
„Und wer war dieses Volk?"
„Die alten Assyrer."
„Und was konnten Sie damit anfangen?"
„Mir blieb keine Zeit, um genauer darüber nachzudenken. Noch während ich eingehend die Bilder an der Mauer studierte, hörte ich hinter mir eine Stimme."

„Mauern des Palastes Assurnasirpals, des Königs von Assyrien."
Ich nahm an, der Mann war ein Museumsmitarbeiter oder ein anderer Experte, und konzentrierte mich weiter auf die antiken Figuren.
„Aus der Stadt Nimrud. Neuntes Jahrhundert vor Christus", fuhr die Stimme fort.
„Beeindruckend", sagte ich. Das war alles, was mir dazu einfiel.
„Bei den Ruinen eines uralten Volkes", hörte ich ihn sagen.

„Da wusste ich, dass *er* es war."
„Meinen Sie, er hat gewusst, dass Sie dort sein würden?"

Der zweite Vorbote: Die Terroristen

„Ich weiß es nicht. Ich gab es auf, herauszufinden zu wollen, auf welche Weise wir stets im richtigen Moment aufeinander trafen. Entweder wusste er, dass ich dort sein würde oder ich war da und er kam hinzu oder er war da und ich kam hinzu. Ich drehte mich zu ihm um und da stand er in seinem langen, dunklen Mantel. Mitten in der Abteilung für alte Kunst aus dem Nahen Osten. Der Prophet passte so perfekt in die Kulisse, dass er mir, hätte ich ihn nicht gekannt, überhaupt nicht aufgefallen wäre."

───◆◆◆───

Sie hier, im Museum?", fragte ich.
„Überrascht Sie das?", entgegnete er. „Warum sollte ich nicht ins Museum gehen?"
„Keine Ahnung. Ich dachte nur nicht, dass Sie ..."
„Ich hatte Ihnen ja gesagt: ‚Bei den Ruinen eines uralten Volkes.' Wie viele Ruinen uralter Völker gibt es denn in New York außerhalb von Museen? Nun, was haben Sie herausgefunden?"
„Es sind die Assyrer. Das uralte Volk sind die Assyrer und sie haben irgendetwas mit dem zweiten Vorboten zu tun."
„Gute Arbeit, Nouriel. Schauen wir einmal genauer hin. Was sehen Sie?"
„Was meinen Sie damit?"
„Sehen Sie sich die Figuren an! Wie wirken Sie auf sie?"
„Steinern, irgendwie hartherzig."
„Und was, glauben Sie, steckt hinter dieser Hartherzigkeit?"
„Ich habe keine Ahnung."
Und mit der Kompetenz, die man von einem Museumsführer erwarten würde, begann er mich mit der Geschichte dieses Volkes aus dem Altertum bekannt zu machen: „Sie kamen aus den Bergregionen des nördlichen Mesopotamiens. Jahrhundertelang lebten sie im Schatten größerer Reiche. Doch zu Beginn des ersten Jahrtausends vor Christus begann ihr Aufstieg zur Weltmacht. Die ersten Eroberungszüge galten ihren Nachbarländern. Danach folgten Babylon, Syrien, Libanon,

Persien und Ägypten. Auf dem Höhepunkt ihrer Macht befand sich der größte Teil des Mittleren Ostens in ihrer Gewalt. Wie würden Sie so ein Volk beschreiben?"

„Kriegerisch?"

„Sie stellten die größte Armee auf, die bis dato je auf mesopotamischen Boden gestanden hatte. Sie entwickelten sogar neue Kriegstechniken, bewegliche Türme und Rammböcke. Ihr Reich war eine Kriegsmaschinerie, die nur dieses eine Ziel kannte: Andere Reiche und Völker zu unterwerfen. Die Assyrer waren eines der gewalttätigsten Völker, die die Welt je gesehen hat. Allein ihr Name genügte, um die Menschen der Alten Welt in Angst und Schrecken zu versetzen."

„Wieso verursachten sie solche Angst?", fragte ich. „Auch andere Völker waren kriegerisch."

„Man kann es in einem einzigen Wort zusammenfassen", sagte der Prophet, „*Terror*. Die Assyrer erhoben Terror zu ihrer Wissenschaft. Sie perfektionierten ihn und benutzten ihn wie kein anderes Volk vor ihnen. Ganze Städte legten sie in Schutt und Asche. Sie verstümmelten ihre Gefangenen. Wer es wagte gegen sie zu rebellieren, dem wurde bei lebendigem Leibe die Haut abgezogen und er wurde zur Abschreckung an öffentlichen Plätzen aufgehängt. Die Assyrer waren Meister des Terrors."

„Und was haben sie mit den Siegeln zu tun?"

„Mit ihrem Terror war Assyrien die Bedrohung schlechthin für Israel und es war genau diese Gefahr, vor der die Propheten immer wieder warnten. Nur Gottes Schutz hielt diese Gefahr zurück. Doch das sollte sich ändern. Als das Volk von Gott abfiel, war es nicht länger sicher."

„Es waren die Assyrer", sagte ich. „Sie waren es, die die Schutzmauer durchbrachen."

„Ganz genau", antwortete er. „732 vor Christus zog Gott seinen Schutz zurück und die Assyrer fielen in Israel ein."

„Ich denke, die Tatsache, dass sie ausgerechnet von den Assyrern überfallen worden waren, war für sie noch beängstigender."

Der zweite Vorbote: Die Terroristen

„Ja, die Warnung vor einem bevorstehenden Gericht hätte nicht deutlicher ausfallen können. Auch als Jahre später endgültig das Gericht über sie hereinbrach, wurde es wieder durch die Assyrer ausgeführt."

„Sie wollen damit aber nicht sagen, dass Gott auf Seiten der Assyrer stand?"

„Keineswegs. Gott sprach über die Assyrer diese Prophezeiung aus:

Wehe Assur, der meines Zornes Rute und meines Grimmes Stecken ist!
Ich sende ihn wider ein gottloses Volk und gebe ihm Befehl wider das Volk, dem ich zürne, dass er's beraube und ausplündere und es zertrete wie Dreck auf der Gasse.
Aber er meint's nicht so, und sein Herz denkt nicht so, sondern sein Sinn steht danach, zu vertilgen und auszurotten nicht wenige Völker.[1]

Die Assyrer waren der Inbegriff des Bösen und Gottes Feinde. Die Prophezeiung fährt fort:

Ich will heimsuchen die Frucht des Hochmuts des Königs von Assyrien und den Stolz seiner hoffärtigen Augen ...
Darum wird der Herr, der HERR Zebaoth, unter die Fetten in Assur die Auszehrung senden, und seine Herrlichkeit wird er anzünden, dass sie brennen wird wie ein Feuer.[2]

Gott ging auch mit den Assyrern ins Gericht. Ihr Reich verschwand am Ende von der Weltbühne. Doch vorher wurde es ihnen vorübergehend erlaubt, Israels Verteidigung zu durchbrechen und in ihr Land einzufallen. Gott öffnete dieses Zeitfenster als Antwort darauf, dass Israel sich von ihm abgewandt hatte. Wenn die Assyrer Israel nicht aus seiner geistlichen Benommenheit aufwecken konnten, wer dann?"

Er bat mich um das Siegel. „Der zweite Vorbote", sagte er und hielt das Siegel so, dass mein Blick auf die eingeritzten Figuren fiel. „Das Land wird von einem gnadenlosen und brutalen Feind angegriffen. Die Menschen sollen in Angst und

Schrecken versetzt werden. Der blanke Terror, das Markenzeichen der Assyrer. Das ist der zweite Vorbote, die Terroristen."

„Die Assyrer waren Terroristen?", fragte ich.

„Mehr als je ein anderes Volk. Terrorismus wird als *systematischer Gebrauch von Grauen, Gewalt und Einschüchterung, um ein bestimmtes Ziel zu erreichen*, definiert. Terror als angewandte Wissenschaft ist das finstere Vermächtnis der Assyrer an die Welt."

Während wir unsere Unterhaltung fortsetzten, liefen wir an den Steinreliefs entlang und betrachteten die antiken Gestalten über uns.

„Von den Tempeln Ninives bis zu den Bierhallen Weimars in Deutschland, von den trostlosen Höhlen Afghanistans, von Sanherib bis Osama bin Laden, alles hat seinen Ursprung im alten Assyrien. Die Assyrer haben den Terrorismus erfunden und die erbarmungslosen Täter vom 11. September waren ihre geistigen Kinder. Da haben Sie ihn wieder, den Zusammenhang zwischen Amerika und dem alten Israel. Die Warnung war in beiden Fällen gleich: Terror."

„Sahen sich die Terroristen vom 11. September als moderne Assyrer?"

„Das spielt keine Rolle", sagte der Prophet. „Sie waren es so oder so. Erinnern Sie sich an die Prophezeiung gegen Assyrien: *‚Sein Sinn steht danach, zu vertilgen ...'*"

„Osama bin Laden."

„*... und auszurotten nicht wenige Völker.'*"

„Genau das war sein Ziel."

„Aber Gott richtete die Assyrer und ihren König."

„Dann richtet Er auch die Täter vom 11. September?"

„*Ich will heimsuchen die Frucht des Hochmuts des Königs von Assyrien*'", antwortete der Prophet. „Ja, Gott wird sie richten, wird sie strafen mit Hunger oder Zerstörung."

„Dann sind also die Assyrer die geistigen Väter von Al-Qaida."

„Ja, aber nicht nur die geistigen Väter", erwiderte er.

„Wie meinen Sie das?"

Der zweite Vorbote: Die Terroristen

„Die Assyrer lebten im Mittleren Osten, genau wie die Terroristen vom 11. September. Die Assyrer waren ein semitisches Volk, genau wie die Terroristen vom 11. September. Die Assyrer sprachen akkadisch. Die Sprache ist längst ausgestorben, aber es gibt noch eine moderne Sprache, die dem Akkadischen sehr nahe steht."

„Die da wäre ...?"

„Arabisch."

„Arabisch. Die Sprache der Al-Qaida und der Terroristen von 9/11."

„Die Führer von Al-Qaida, die den Angriff auf Amerika planten und die Terroristen, die ihn ausführten, benutzten Worte und Begriffe einer Sprache, die mit jener der assyrischen Führer und Soldaten, die vor zweieinhalbtausend Jahren den Überfall auf Israel planten und ausführten, große Ähnlichkeit hat."

„Es ist wie die Wiederholung einer alten Tragödie."

Er erwiderte nichts. Schweigend gingen wir an den Steinreliefs entlang. Es war seltsam, beim Anblick der antiken Gestalten fühlte ich Abscheu und Furcht zugleich.

„Die assyrische Invasion", brach der Prophet das Schweigen, „zog Israel unvermeidlich in einen militärischen Konflikt, in einen Krieg und letztlich in eine nationale Katastrophe. Auch Amerika wurde durch den Angriff vom 11. September in einen militärischen Konflikt hineingezogen, den internationalen Kampf gegen Terrorismus, der zu den Kriegen in Afghanistan und im Irak führte. Was Afghanistan angeht, so lag die Verbindung zu 9/11 auf der Hand. Im Krieg gegen den Irak war das weniger der Fall. Dennoch gab es eine Verbindung verborgener Natur."

„Was meinen Sie damit?"

„Im April 2003 erreichten amerikanische Soldaten die Stadt Mosul. Mosul wurde einer der wichtigsten amerikanischen Stützpunkte im Irakkrieg. Mitten in Mosul münden die beiden Flüsse Tigris und Khosr ineinander und in der Nähe liegen zwei Erdhügel: Kouyunjik, und Nabi Yunus. Unter den Erdmassen liegen die Ruinen einer einst bedeutenden Zivilisation verborgen, die einzigen Überreste der alten Stadt *Ninive*. Ninive war die Hauptstadt, der letzte Siedlungsort und am Ende auch das Grab des assyrischen Reiches."

„Assyrien ist der heutige *Irak*?"

„Es ist das gleiche Gebiet."

„Das Volk, das unter Gottes Gericht steht, wird in einen Konflikt mit dem Land der Assyrer hineingezogen. Damals das alte Israel, heute Amerika."

„Die amerikanischen Truppen betreten heute denselben Grund und Boden, auf dem einst assyrische Soldaten marschierten. Und unter denen, die das Land heute bevölkern, könnten immer noch einige von den alten Assyrern abstammen."

„Sie könnten tatsächlicher genetischer Abstammung sein?", fragte ich.

„Ja", entgegnete er, „und wer weiß, ob in den Adern der Terroristen vom 11. September nicht ebenfalls assyrisches Blut floss?"

„Ich muss das sortieren: Das alte Israel wurde während des Gerichts in einen Krieg mit Assyrien gedrängt. Und Assyrien ist der heutige Irak."

„Ja", bestätigte er.

„Und Amerika führt im Land der Assyrer Krieg. Im heutigen Irak."

„Am Ende begriff Israel, dass es der Gefahr nicht mit Waffengewalt oder Befestigungsmauern Herr wurde, denn die tatsächliche Gefahr lag nicht *vor* den Toren, sondern *innerhalb*. Indem sich das Volk von Gott abgewandt hatte, verlor es seinen Schutz. Wenn es nicht zu Ihm zurückkehren würde, bliebe es dem Feind schutzlos ausgeliefert. Aber es war längst zu spät, als sie das begriffen."

Er blieb stehen und deutete auf das Relief eines riesigen assyrischen Bogenschützens.

„Heute, zweieinhalbtausend Jahre später, erscheint dasselbe Zeichen wieder, was schon das Gericht am alten Israel einge-

Der zweite Vorbote: Die Terroristen

läutet hatte. Und es ist nicht weniger bedrohlich. Das Zeichen der Assyrer, der Angriff der Terroristen."

„Und was bedeutet das für Amerika?", fragte ich.

„Das ist die alles entscheidende Frage, nicht wahr?", antwortete er.

Diese Antwort gab mir das Gefühl, dass unser Treffen sich dem Ende näherte und ich sollte Recht behalten. Er gab mir das nächste Siegel, das Siegel des dritten Vorboten.

„Und was war darauf zu sehen?", fragte sie.

„Irgendwelche Umrisse, Formen. Ich konnte nichts damit anfangen."

„Dieses hier wird Sie mehr herausfordern als die bisherigen", sagte der Prophet zugleich warnend und mitfühlend.

„Helfen Sie mir doch bitte", bat ich ihn.

„Ein Wort", sagte er.

„Was meinen Sie damit?"

„Der Schlüssel zu diesem Siegel ist ein Wort."

„Was für ein Wort?"

„Das Wort, das Sie brauchen."

„Macht es Ihnen eigentlich Spaß, in Rätseln zu sprechen?", fragte ich.

„Es geht nicht um Spaß", erklärte er. „Das liegt in der Natur des Jobs."

„Ist Ihnen aufgefallen, dass Sie mir noch nicht einmal Ihren Namen mitgeteilt haben?"

„Würde das einen Unterschied machen, Nouriel?"

„Wahrscheinlich nicht. Aber ein guter Journalist sollte seine Quelle kennen."

„Und Sie kennen Ihre Quelle nicht?", fragte er.

Ich blieb ihm die Antwort schuldig. Es klang ohnehin nur wie eine rhetorische Frage. Er führte seine Untersuchung der antiken Gestalten auf dem Steinrelief fort. Ich tat es ihm nach. Nach kurzer Zeit drehte ich mich zu ihm, denn mir war eine

Der Vorbote

weitere Frage eingefallen. Er war verschwunden. Ich sah mich nach allen Seiten um, aber er blieb spurlos verschwunden. Ich war wieder allein, allein mit den Assyrern, in deren Gegenwart ich mich zunehmend unwohler fühlte. Ich verließ das Museum auf der Suche nach dem dritten Vorboten. Es war eine Suche, die mich viel weiterführen sollte, als ich es erwartet hatte.

„Was meinen Sie?", fragte sie.

„Sie führte mich zu dem Schlüssel, der das Geheimnis *aller* Vorboten lüftete."

Kapitel 6

Der Schlüssel

אה

„Ich konnte mir keinen Reim darauf machen, was auf dem Siegel abgebildet war. Es waren zusammengesetzte Formen, fast alle rechteckig, und sie wirkten willkürlich zusammengefügt. Ich entschied mich, mich lieber auf den Hinweis zu konzentrieren."

„Auf das Wort?", fragte sie.

„Ja."

„Ziemlich ungenau für einen Hinweis."

„Ja, aber ich hatte nichts anderes, was mir weiterhelfen konnte. Also dachte ich mir, wo findet man Wörter?"

„In einem Buch?"

„Und wo findet man Bücher?"

„In einer Bibliothek?"

„Richtig. Meine Suche führte mich somit in eine Bibliothek, die New York Public Library. Das ist die mit den zwei riesigen Steinlöwen vor dem Eingang und Millionen von Büchern und sonstigem Quellenmaterial im Inneren. Ich war wirklich wochenlang jeden Tag dort und ging jeder nur erdenklichen Spur nach, um irgendetwas zu finden, das zu der Abbildung auf dem Siegel passen könnte."

„Und, haben Sie etwas gefunden?"

„Nein. Doch eines Tages überflog ich ein Buch über Symbole. Ich saß im Hauptlesesaal auf einem Holzstuhl an einem der langen hölzernen Tische der Bibliothek, direkt unter einem Kronleuchter an einem der großen Fenster. Während ich im Licht einer Leselampe das Buch durchforstete, erhob ich für einen Moment meinen Blick, um eine kurze Pause zu machen. Und da war er."

„Der Prophet?"

„Er saß direkt gegenüber auf der anderen Seite des Tisches. Er sagte nichts und beobachtete mich. Ich war so in das Buch vertieft gewesen, dass ich es nicht bemerkt hatte, dass er sich zu mir gesetzt hatte."

„Wie lange sitzen Sie schon hier?", fragte ich ihn.

„Ein paar Minuten."

„Warum haben Sie nichts gesagt?"

„Ich habe gewartet."

„Sieht so aus, als sei das hier der Ort unseres nächsten Treffens. Ich war mir nicht sicher, ob ich auf der richtigen Spur bin."

„Sie sind nicht auf der richtigen Spur", erwiderte er, „und das ist auch *nicht* der Ort unseres nächsten Treffens."

„Aber warum sind Sie dann hier?", wandte ich ein. „Und warum bin ich hier? Warum treffen wir uns dann überhaupt?"

„Ich würde es ein *Intervenieren* meinerseits nennen. Ich greife ein. Sie sind vom Weg abgekommen und brauchen Hilfe."

„Also ist das Wort nicht hier in der Bibliothek?"

„Es *ist* hier."

„Wie kann ich dann vom Weg abgekommen sein?"

„Es *ist* zwar hier, aber Sie hätten nicht hierher kommen müssen, um es zu finden. Eigentlich hätten Sie nicht einmal Ihr Haus verlassen müssen."

„Aber wenn das Wort hier zu finden ist, verstehe ich nicht, wieso ich auf dem falschen Weg bin und Sie intervenieren mussten."

„Ich bin gekommen, um Ihnen dabei zu helfen, den dritten Vorboten zu finden. Und um Ihnen den Schlüssel zu geben, mit dem Sie alle Vorboten verstehen können."

„Ich höre."

„Die neun Vorboten, was sind sie genau?", fragte er.

Der Schlüssel

„Warnzeichen, Weckrufe, die ein Volk vor dem Gericht bewahren sollen."
„Und wem wurden sie zuerst offenbart?"
„Dem Volk des alten Israels."
„Und wann wurden sie zuerst offenbart?"
„Zur Zeit des ersten Angriffs, als der Riss in der Mauer entstand."
„Folglich sollten Sie in diesem Zeitraum suchen, Nouriel. 732 vor Christus, als die Assyrer ins Land eindrangen, dort liegt das Wort versteckt."
„Was meinen Sie damit?"
„Es handelt sich um ein prophetisches Wort."
„Bei dem Wort, nach dem ich suche?"
„Ja."
Da griff er in das Innere seines Mantels und holte eine Schriftrolle hervor. Er legte sie auf den Tisch und begann sie vorsichtig unter dem Schein der Lampe zu entrollen. Es schien sich um ein uraltes Pergament zu handeln, auf dem Worte einer sehr altertümlich wirkenden Schrift geschrieben standen.
„Sieht nach einem Fragment der Qumran-Rollen aus", sagte ich. Ich fand, die Rollen vom Toten Meer kamen dem am nächsten, was ich vor mir sah.
„Ja, das stimmt", erwiderte er.
„Aber es ist kein Fragment der Qumran-Rollen."
„Nein, aber nahe dran."
„Was ist es dann?"
Er antwortete nicht, aber indem er mit den Fingern über das Pergament fuhr, begann er es laut vorzulesen: *„Davar, Schalakh, Adonai."*
„Was bedeutet das?", fragte ich.
„Davar – ein Wort, *Schalakh* – wurde gesandt."
„Ein Wort wurde gesandt", wiederholte ich.
„Adonai – der Herr."
„Ein Wort – wurde gesandt – Herr?"
„Ein Wort wurde gesandt *durch* den Herrn. *Davar Schalakh Adonai.* Ein Wort hat der Herr gesandt", korrigierte er mich

DER VORBOTE

und übersetzte weiter: „*B'Yakov* – gegen Jakob. Und es soll in Israel niederfallen. Das ganze Volk soll es erkennen, Ephraim und die Bewohner von Samaria, die im Stolz und Übermut des Herzens sagen ..."

„Was sagen sie?"

„Was ich hier lese, Nouriel, ist das Wort, das Israel nach dem ersten Angriff erhielt. Darin liegt der Schlüssel zu allen Vorboten."

„Wie kann das sein?"

„Das Wort ist eine prophetische Botschaft, die den Schlüssel zur Zukunft einer Nation beinhaltet."

„Die Zukunft das alten Israels?"

„Und die Zukunft Amerikas."

Er fuhr erneut mit seinem Finger über die uralte Schriftrolle und gab ihre Worte wieder.

„So lautet die Botschaft", sagte der Prophet, „Hören Sie genau zu!

- *L'wanaim* – Ziegelsteine

- *Nafalu* – sind gefallen

- *W'Gazit* – aber mit Quadern

- *Niwneh* – werden wir wiederaufbauen

- *Schikmim* – Maulbeerbäume

- *Guda'u* – wurden abgehauen

- *W'Erazim* – aber Zedern

- *NaKhalif* – werden wir an ihre Stelle setzen

Ziegelsteine sind gefallen,
aber wir werden mit Quadern wiederaufbauen.
Maulbeerbäume wurden abgehauen,
aber wir werden Zedern an ihre Stelle setzen."[1]

Der Schlüssel

„Eigentlich hatte ich etwas anderes erwartet", sagte Nouriel.
„Was hatten Sie erwartet?", fragte sie.
„Etwas Bedeutendes, etwas mit mehr Aussagekraft. Was hatten Ziegelsteine und Maulbeerbäume mit Amerika zu tun? Und das sagte ich ihm auch."

◆◆◆

„Das verstehe ich nicht", sagte ich, „Ich verstehe noch nicht einmal die Aussage dieser Botschaft. Wie kann das ein Schlüssel sein?"
„Es ist Israels Reaktion auf den ersten Angriff, die erste Invasion. Diese Worte offenbaren die Haltung des Volkes, – eine Haltung voller Stolz, Trotz und Hochmut angesichts des Unheils."
„Und warum ist das von Bedeutung?", fragte ich.
„Weil das die Worte sind, die den Verlauf und die Zukunft eines Volkes vorhersagen."
„Ich verstehe überhaupt nichts."
„Was steht denn hier, Nouriel?"
„Nach der Invasion begannen sie mit dem Wiederaufbau."
„Und was könnte das bedeuten?"
„Ich weiß einfach nicht, worauf Sie hinauswollen. Wenn etwas zerstört ist, baut man es wieder auf."
„Graben Sie tiefer, Nouriel. Was ist das größere Bild? Ein Volk entfernt sich von Gott. Sein Schutzwall wurde beseitigt. Warum?"
„Um sie zurückzurufen, sie aufzuwecken und um sie vor noch größerem Gericht zu bewahren."
„Und was tun sie vor diesem Hintergrund? Oder besser ausgedrückt: Was tun sie *nicht*?"
„Sie kehren nicht zu Gott um?"
„Genau. Statt auf den Weckruf zu hören und umzukehren, oder auch nur einen Moment lang inne zu halten und ihren Wandel zu hinterfragen, prahlen sie mit ihrer Entschlossenheit. Das Problem war nicht der Wiederaufbau. Das Problem

lag darin, die Warnung zu ignorieren und den Aufruf zur Umkehr abzulehnen."

„Sie überhörten ihre Warnung also."

„Nun, sie überhörten sie nicht nur. Sie widersetzten sich ihr. Achten Sie auf die Worte. Sie schworen nicht nur, wieder aufzubauen, was zerstört wurde. Stattdessen rüsteten sie sich auf, um stärker zu werden als je zuvor und jedem zukünftigen Angriff trotzen zu können. Was sie tatsächlich sagten, ist Folgendes: ‚Wir werden uns nicht demütigen. Wir werden unseren Wandel nicht hinterfragen und nicht einmal in Erwägung ziehen, dass etwas nicht stimmen könnte. Stattdessen werden wir dem Unglück die Stirn bieten. Wir werden zurückschlagen. Wir werden alles wiederaufbauen. Wir werden den Schaden beheben, so als sei er nie gewesen. Wir weigern uns nicht nur, unseren Kurs zu ändern, wir werden ihn mit noch größerem Eifer verfolgen. Und am Ende werden wir aus dieser Katastrophe stärker und größer als jemals zuvor hervorgehen.'"

„Das alles sagten sie mit diesen wenigen Worten?", fragte ich.

„Genau das sagten sie. Zumindest beinhalten diese Worte genau das. Das Alarmsignal ertönte und sie kamen darin überein, es zum Schweigen zu bringen. Und was geschieht, wenn man ein Alarmsignal zum Schweigen bringt, Nouriel?"

„Man schläft weiter?"

„Und wenn das Alarmsignal vor einer Gefahr warnen sollte, was dann?"

„Dann wird die Lage umso ernster, weil es nun keine weiteren Hinweise mehr auf die drohende Gefahr gibt."

„Richtig. Und so schliefen sie weiter. Sie ignorierten die Warnung, die sie aufwecken und retten sollte. Und all das lag in ihrer Festlegung, ihrem Schwur:

Ziegelsteine sind gefallen,
aber wir werden mit Quadern wiederaufbauen.
Maulbeerbäume wurden abgehauen,
aber wir werden Zedern an ihre Stelle setzen.

Der Schlüssel

Dies sind die Worte, die das Schicksal einer Nation besiegeln."

„Das Schicksal einer ganzen Nation hängt an ein paar wenigen Wörtern?"

„In der Originalsprache sind es sogar noch weniger, nur acht Wörter."

„Wie ist das möglich?", fragte ich.

„Dieser Schwur war ein Zeichen, eine Manifestation ihrer versteinerten Herzen. Er legt die Ablehnung ihrer göttlichen Berufung, ihre Trotzhaltung offen und besiegelt damit das Ende der Nation. Somit wird der Schwur selbst ein Zeichen des Gerichts."

„Eine Frage. Sie sagten, ich hätte nicht hierher in die Bibliothek kommen brauchen, um das Wort, wonach ich suchte, zu finden. Wie hätte ich je dieses Pergament gefunden, hätten Sie es mir nicht gezeigt?"

„Es geht nicht um das Pergament", erklärte er mir, „sondern um das Wort. Und dieses Wort stammt aus einem Buch, aus dem Buch eines Propheten."

„Eines Propheten?"

„Ja, einer, der in der Zeit des Angriffs lebte und der die Botschaft übermitteln sollte."

„Und wer war der Prophet?"

„Jescha'jahu."

„Ich habe noch nie von ihm gehört."

„Doch. Sie kennen nur seinen richtigen Namen nicht. Sie kennen ihn unter dem Namen *Jesaja*."

„Jesaja."

„Das Wort stammt aus der Bibel, aus dem Buch Jesaja, neuntes Kapitel. Jesaja 9,9."

„Jesaja 9,9. Also ist das Wort bekannt."

„Nicht wirklich. Es handelt sich um einen ziemlich unbekannten Vers. Selbst die Menschen, die jeden Tag die Bibel lesen, haben meist keine Ahnung, dass er überhaupt existiert."

„Und was hat das alles mit Amerika zu tun?"

„Die Prophetie betraf im damaligen Kontext das alte Israel. Heute bezieht sie sich jedoch zeichenhaft auf Amerika."

„Inwiefern?"

„Sie steht zeichenhaft für eine Nation, die Gott einst kannte, aber dann von Ihm abfiel. So wie Amerika, das nun der Gefahr des Gerichts ins Auge sieht, und ebenfalls davor gewarnt und zurückgerufen wird."

„Also eigentlich ging es in der Prophezeiung um Israel. Heute geht es *zeichenhaft* um Amerika?"

„Ja. Wenn derselbe prophetische Weckruf, dieselbe Warnung vor Gericht, an das alte Israel kurz vor seinem Ende erging und nun in Amerika erschallt, dann ist das ein *Zeichen*. Ein Zeichen dafür, dass nun Amerika die Nation ist, die Gott einst kannte, aber von Ihm abgefallen ist, und nun der Gefahr des Gerichts ins Auge sieht. Nun wird Amerika gewarnt und zur Umkehr gerufen."

„Wenn dieses Wort in diesen Tagen in Amerika erschallt, ist es also ein Vorbote für Amerikas Zukunft?"

„Es ist mehr als nur *ein* Vorbote", antwortete er.

„Die neun Vorboten."

„Exakt. Alle neun Vorboten hängen mit der alten Prophezeiung und diesem Schwur zusammen. Und jeder birgt eine Offenbarung. Wenn diese Vorboten des Gerichts am alten Israel gemeinsam mit diesem Schwur heutzutage in einer Nation wieder auftauchen, dann ist diese Nation in Gefahr."

„Wollen Sie damit sagen, dass sie wieder aufgetaucht sind?"

„Ja."

„Alle?"

„Alle neun."

„Und alle in Amerika?"

„Ja."

„Und sie betreffen alle Amerika?"

„Ja."

„Und Jesaja 9,9 ist der Schlüssel zu jedem einzelnen?"

„Ja. Diese Schriftstelle ist der Schlüssel, der die Geheimnisse der Vorboten lüftet und sie zusammenfügt. Sie sind alle

Der Schlüssel

miteinander verbunden. Wenn jeder einzelne mit den anderen acht verknüpft wird, ergeben sie eine prophetische Botschaft. Jeder Vorbote ist ein Puzzlestück in dieser Prophezeiung."

„Zwei der Vorboten haben Sie mir enthüllt. Was ist mit den anderen sieben?"

„Es wird Sie freuen, das zu hören", entgegnete er. „Es liegt bei Ihnen, sie zu finden."

„Und es liegt bei Ihnen mir dabei zu helfen."

„Das habe ich getan. Ich gab Ihnen soeben den Schlüssel."

„Sie könnten mir etwas mehr geben, um zu wissen, wie ich weiter vorgehe."

---◆◆◆---

Er hielt inne, als würde er jedes weitere Wort behutsam abwägen. Langsam und mit Bedacht fuhr er fort: „Zwei der neun kennen Sie bereits, den Riss in der Mauer und die Terroristen. Diese bilden den Kontext. Und was die anderen sieben anbelangt: Einer ist aus Stein, der andere ist gefallen. Einer steigt auf. Einer ist lebendig und der andere war es einst. Einer erzählt, was ist, der andere, was sein wird."

Nach einer längeren Pause, wagte ich zu erwidern: „Wissen Sie, ich will Ihnen ja nicht vorschreiben, wie Sie Ihren Job zu machen haben, aber Sie könnten mir meine Aufgabe wahrlich erleichtern."

„Das ist nicht nötig. Sie haben den Schlüssel."

„Und was mache ich damit?"

„Sie benutzen ihn, um den dritten Vorboten zu finden."

Kapitel 7

Der dritte Vorbote:
Die gefallenen Ziegelsteine

ח א

Wir standen auf, verließen den Lesesaal und traten durch den Haupteingang der Bibliothek wieder ins Freie.

„Also verschwand er diesmal nicht einfach am Ende des Treffens", bemerkte Ana.

„Nun, entweder verschwand er nicht oder es war noch nicht das Ende des Treffens. Wir gingen die Treppen vor dem Eingang hinunter. Und in diesem Moment fiel es mir ein. Wir standen direkt unter einem der Löwen, als ich das Siegel aus meiner Tasche holte und es mir noch einmal genauer betrachtete."

———◆◆◆———

„Ich hab's!", sagte ich.
„Sie haben was?", fragte er.
„Der dritte Vorbote. Ich weiß, worum es bei ihm geht."
„Und worum geht es?"
„Um die Ziegelsteine aus der Prophezeiung von Jesaja: ‚*Ziegelsteine sind gefallen.*' So fängt die Prophezeiung an. Das Bild auf dem Siegel, es stellt Ruinen dar, gefallene Ziegel, einen Haufen gefallener Ziegel."
„Sehr gut, Nouriel. Nun erzählen Sie mir, was das bedeutet!"
„Das waren die Ruinen, die nach dem assyrischen Angriff übrig geblieben waren."
„Richtig. Als der assyrische Angriff vorüber war, begannen die Israeliten, den Schaden zu begutachten. Sie fanden die Ruinen eingestürzter Gebäude, haufenweise Schutt und gefallene Ziegelsteine. ‚*Ziegelsteine sind gefallen.*' Sie wurden aus

Der dritte Vorbote: Die gefallenen Ziegelsteine

einem Gemisch aus Lehm und Stroh hergestellt, das man in der Mittagssonne trocknete. Durch dieses Verfahren waren sie leicht zerbrechlich und die damit errichteten Gebäude konnten leicht zerstört werden. So wurden die vielen gefallenen Ziegelsteine zum sichtbarsten Zeichen dafür, dass das Fundament der Nation auf sehr unsicherem Boden stand. Sie war plötzlich verletzlich geworden und befand sich in Gefahr. Der Wall war gebrochen und die Zerstörung hatte – wenn auch noch begrenzt – begonnen."

„Demnach waren die gefallenen Ziegelsteine", stellte ich fest, „nicht nur ein Zeichen für den zurückliegenden Angriff, sondern deuteten auch auf einen zukünftigen hin, wenn das Volk seinen Kurs nicht ändern würde."

„Genau. Ein Zeichen des Zusammenbruchs, – des Zusammenbruchs eines Gebäudes, des Zusammenbruchs eines Königreichs, und dann am Ende einer ganzen Kultur."

Er bat mich um das Siegel. Nachdem ich es ihm ausgehändigt hatte, hielt er es so, dass wir beide es sehen konnten und begann, mir seine Bedeutung zu erläutern: „Ein weiterer Weckruf, der dritte Vorbote: Feinde dringen ins Land ein und verwüsten es. Zurück bleibt ein traumatisiertes Volk. Dennoch sind der Umfang und die Dauer der Katastrophe begrenzt. Die sichtbarsten Zeichen des Angriffs sind Ruinen sowie Berge von gefallenen Ziegeln, Steinen und Schutt und zwar genau dort, wo einst ein Gebäude stand. ‚Ziegelsteine sind gefallen.' Der dritte Vorbote: Die gefallenen Ziegel."

„Ground Zero."

„Als sich der Staub des 11. Septembers über New York legte, begannen die Leute, den Schaden zu begutachten. Das World Trade Center war zu einer riesigen Ruine zusammengesackt. Als die Amerikaner auf ihre Fernseh- und Computerbildschirme starrten, wurde das Bild dieser Ruinenlandschaft zum sichtbarsten Zeichen dessen, was geschehen war. Es war ein seltsames Bild: Mehrere Stockwerke hohe Ruinen, unwirklich und gespenstisch zugleich. In den folgenden Wochen und Monaten brannte sich dieses Bild in das kollektive Gedächtnis der Nation ein. Es wurde zu einem Zeichen des Zusammenbruchs, der allerdings, wie auch beim alten Israel, in Umfang und Dauer begrenzt war. Und wie im Fall Israels erschütterte dieser Steinhaufen den Glauben an die eigene Unverwundbarkeit. Amerika war verletzbar. Eine Bresche war geschlagen, ein Riss entstanden. Ziegelsteine waren gefallen. Und die Sicherheit der Nation stand auf sehr unsicherem Boden."

„Doch das World Trade Center bestand nicht aus Ziegelsteinen", warf ich ein.

„Dennoch waren die Auswirkungen gleich. Die Prophezeiung beginnt mit einem Bild, das Zerstörung beschreibt, – die Ruinen gefallener Gebäude. Das gleiche Bild von Zerstörung und eingestürzten Gebäuden sahen die Amerikaner in den ersten Tagen nach dem 11. September. Die amerikanischen Türme fielen ebenso plötzlich wie die Ziegelhäuser des alten Israels. In wenigen Augenblicken wurden sie zu Ruinen. Und es gab sogar einen Zusammenhang im wahrsten Sinne des Wortes."

„Worauf spielen Sie an?"

„In der Ruine von Ground Zero fand man Unmengen von Stahl, Beton und Glas, aber nicht nur das."

„Was noch?"

„Ziegelsteine."

„Wie in dem Vers: *Ziegelsteine sind gefallen.*"

„Im alten Israel beinhalteten die gefallenen Ziegel eine Warnung an das Volk hinsichtlich ihrer Zukunft. Bei Ground Zero war das nicht anders. Das World Trade Center war ein Symbol für Amerikas wirtschaftliche Macht. Stolz, majestätisch, emporragend. Aber innerhalb weniger Augenblicke zerfiel es zu Staub. Das war eine Warnung an die stolzeste, majestätischste und emporragendste Nation, eine Erinnerung daran, dass keine Nation unverwundbar ist und dass selbst die Macht der mächtigsten Nation der Erde innerhalb eines Augenblicks in sich zusammenbrechen kann."

„,*Ziegelsteine sind gefallen*', – dabei geht es also nicht nur um die reine Zerstörung. Es geht um die Reaktion einer

Der dritte Vorbote: Die gefallenen Ziegelsteine

Nation auf die Zerstörung, ihren trotzigen Schwur. Wie steht Amerikas Reaktion auf 9/11 im Zusammenhang mit dem alten Israel?"

„Erinnern Sie sich an die Tage nach dem 11. September?", wollte der Prophet von mir wissen.

„Natürlich", erwiderte ich.

„Niemand musste es klar benennen. Es war, als ob sowieso jeder das Gleiche fühlte, auch wenn er es nicht in Worte fassen konnte. Es war, als hätte die Nation unbewusst die stille Stimme gehört, die sie dazu aufrief, innezuhalten und zu ihrem Fundament zurückzukehren."

„Die Stimme Gottes?"

„Ja, und für eine kurze Zeit sah es so aus, als würde Amerika darauf eingehen. Der Stress und die Hektik des Alltages ließen nach. Die Wall Street und Hollywood stellten ihre Arbeit ein. Durch das ganze Land zog sich eine spürbare Abkehr von der Oberflächlichkeit hin zur Spiritualität. Sogar der Name Gottes wurde wieder öffentlich von Washington oder New York City aus verkündet. Viele kamen zusammen, beteten und sangen ‚Gott segne Amerika'. Amerikas Gotteshäuser quollen über von Menschen, die auf der Suche nach Trost waren. In diesen ersten Tagen und Wochen nach 9/11 schien es, als würde das Volk tatsächlich aufwachen, umkehren und eine Kursänderung vornehmen. Es sah fast nach einer geistlichen Erweckung aus."

„Und kehrte Amerika in der Folgezeit tatsächlich zu Gott um?"

„Nein. Amerika kehrte nicht zu Gott um. Die geistliche Erweckung wurde nie Realität und selbst der Anschein von Umkehr war nur von kurzer Dauer. Die Grundlage fehlte. Es fand keine echte Veränderung der Herzen statt. Die eigenen Wege wurden nicht in Frage gestellt. Es geschah keine Buße. So hielt der Schein nicht lange an. Nach kurzer Zeit war der erste Schock überwunden und das Leben nahm seinen gewohnten Lauf. Die Aufrufe zu Gebet nahmen ab und die Hektik des Alltags gewann erneut Raum. Das spirituelle Suchen wurde zugunsten der alten Oberflächlichkeit aufgegeben. Der Name Gottes wurde wieder aus der Öffentlichkeit verbannt und diejenigen, die noch vor Kurzem in die Gotteshäusern strömten, zeigten kein Interesse mehr daran. Die Nation fing erneut an, sich von Gott zu entfernen und ihre Berufung zu verwerfen. Dieses Mal jedoch mit erhöhter Geschwindigkeit."

„Wie lässt sich Amerikas Reaktion auf 9/11 mit der des alten Israels in Jesaja 9,9 vergleichen?"

„Die Reaktionen waren identisch. In einem Kommentar ..."

„Kommentar?"

„Kommentare sind Schriften zur Bibel, die die Bedeutung der Verse erklären."

„Sie sind aber *nicht* die Bibel."

„Sie sind nicht das Wort Gottes, aber Kommentare zum Wort Gottes."

„Sie studieren Kommentare?", fragte ich ein wenig erstaunt von dieser Vorstellung.

„Ja."

„Ich dachte nicht, dass ein Prophet Kommentare studiert."

„Und warum nicht?", wollte er wissen. „Kann Gott nicht durch solche Dinge sprechen?"

„Ich schätze doch."

„Ein Kommentar zu Jesaja 9,9 beschreibt, wie die alten Israeliten ihre missliche Lage einschätzten:

Das Volk konnte unmöglich die offensichtliche Katastrophe ignorieren. Dennoch entschieden sie sich dazu, ihre tiefere Bedeutung nicht anzuerkennen. Ihre Reaktion fiel unangemessen aus. Sie reagierten nicht auf Gott, sondern nur auf die bedrohliche Situation.[1]

Nehmen Sie dieselben Worte und übertragen Sie sie ins 21. Jahrhundert und Sie haben eine Beschreibung Amerikas nach dem 11. September."

„Das würde heißen, dass Amerika als Folge von 9/11 nur auf die unmittelbare und augenscheinliche Situation reagierte, also auf die Verwüstung und die drohende Gefahr. Aber nie-

Der dritte Vorbote: Die gefallenen Ziegelsteine

mand zog es in Betracht, dass der Vorfall eine tiefere Bedeutung haben könnte."

„,Ziegelsteine sind gefallen, *aber* ...', dieses Wörtchen war entscheidend. Ein anderer Kommentar zu diesem Schwur formuliert es so:

Die Menschen, erklärte der Prophet [Jesaja], sahen die Katastrophe nicht als ein Gericht Gottes an, sondern verhärteten ihre Herzen und verkündeten: ‚Ziegelsteine sind gefallen, aber wir wollen's mit Quadern wieder bauen. Man hat Maulbeerbäume abgehauen, aber wir wollen Zedern an ihre Stelle setzen.'"[2]

„Amerika ignorierte also diesen Weckruf."
„Ja, jenen Ruf, der sie aufwecken sollte."
„Hat das irgendjemand verstanden?"
„Einige schon. Andere erahnten eine tiefere Bedeutung, konnten diese aber nicht so recht benennen. Doch das Warnsignal war ertönt. Die Nation befand sich in Gefahr. Ihre Ziegel waren gefallen. Ihre Wälle bröckelten. Und das war erst der Anfang. ‚*Ziegelsteine sind gefallen'* sind nur die ersten Worte des alten Schwurs. Es gab noch vieles mehr, was sich bewahrheiten musste. Was *nach* 9/11 geschah, wurde für die Nation noch verhängnisvoller."

———◆◆◆———

In diesem Moment öffnete er seine rechte Hand und zeigte mir das nächste Siegel.

„Das Siegel des vierten Vorboten", sagte er, als er es mir überreichte. „Sie werden den Unterschied bemerken, Nouriel."
„Bei dem Siegel?"
„Nein", antwortete er, „bei diesem Vorboten. Dieser hier wurde, im Gegensatz zu den ersten drei, auf amerikanischem Boden entworfen und nicht durch äußere Feinde in Gang gesetzt."
„Durch wen dann?"

Der Vorbote

„Durch führende Persönlichkeiten Amerikas."
„Führende Persönlichkeiten Amerikas?"
„Ja."
„Und wie werde ich den Vorboten finden?"
„Er ist schwer zu übersehen. Er ist der größte."

Kapitel 8

Der vierte Vorbote: Der Turm

את

„Kann ich Ihnen noch etwas anderes anbieten?", fragte sie. „Etwas anderes als Wasser?"

„Nein, danke", antwortete er.

„Entschuldigen Sie bitte, ich hätte es Ihnen gleich anbieten sollen, als Sie kamen."

„Kein Problem. Das Wasser genügt mir."

„Also", sagte sie in verändertem Tonfall, „er gab Ihnen das Siegel des vierten Vorbotens. Was war darauf zu sehen?"

„Bilder und Zeichen, genau wie auf den anderen. Aber das auffälligste Bild sah wie der Turm von Babel aus."

„Und woher wollen Sie wissen, wie der Turm von Babel ausgesehen hat?", fragte sie mit einer Spur Skepsis.

„Ich weiß es nicht", erwiderte er, „aber ich habe Bilder von ihm gesehen. Das Ding auf dem Siegel sah aus wie eine sogenannte *Zikkurat*, also ein gestufter Turm, bei dem jede Stufe immer kleiner wird, je weiter sie oben liegt."

„Half Ihnen diese Erkenntnis weiter?"

„Zunächst nicht viel. Ich suchte überall nach Informationen zum Turm von Babel. Aber ich fand nichts, was mit dem Siegel in Verbindung stand. Demnach konzentrierte ich mich wieder auf den Vers aus Jesaja 9,9. Allerdings wird dort kein Turm erwähnt. Meine Suche blieb ergebnislos."

„Wie das Mal zuvor."

„Ja, wie zuvor. Allerdings war mir damals nicht klar, dass ich nicht weiterkommen würde. Diesmal jedoch verliefen alle meine Spuren im Sand und ich wusste es. Das zu erkennen war gewissermaßen auch ein Fortschritt, wobei es leichter ist, eine

Der Vorbote

Spur zu verfolgen, wenn man nicht weiß, dass sie sowieso im Sand verläuft."

„Wie ging es weiter?"

„Ich setzte die beiden Puzzlestücke, das Bild auf dem Siegel und den Hinweis des Propheten, zusammen."

„Und wie lautete sein Hinweis?"

„Als ich ihn fragte, wie ich den vierten Vorboten fände, meinte er, er sei schwer zu übersehen, er sei der größte. Ich hatte also das Bild eines Turmes und den Hinweis, dass der vierte Vorbote der größte war, der größte *Turm*. Somit suchte ich den größten Turm in New York City auf."

„Das Empire State Building?"

„Ja. Ich ging auf die Aussichtsplattform im 86. Stock. Es war ein windiger Tag und früh am Abend, kurz vor Sonnenuntergang. Tausende Lichter begannen im Stadtbild aufzuleuchten. Ich lief auf der Plattform hin und her und sah mir jeden der Wolkenkratzer an, aber ich bemerkte nichts, was sich in das Puzzle einfügen ließ. Ich stand auf der Südseite und betrachtete das untere Ende der Stadt. Zu meiner Linken stand ein Mann, der durch eines der Fernrohre – die, für die man bezahlen muss, wenn man hindurchsehen möchte – in dieselbe Richtung wie ich schaute."

———◆◆◆———

„Beeindruckend", sagte der Mann. „Die Aussicht ist beeindruckend."

„Ja, das ist sie", erwiderte ich.

„So viele Türme."

———◆◆◆———

„Als ich das Wort *Türme* hörte, wandte ich mich um. *Er* war es."

„Der Mann, der durch eines der Fernrohre auf der Aussichtsplattform des Empire State Buildings schaute, war der Prophet?"

Der vierte Vorbote: Der Turm

„Genau er war es."
„Und Sie haben ihn vorher nicht erkannt?"
„Ich studierte die Aussicht und nicht die Leute. Außerdem war sein Gesicht hinter dem Fernrohr verborgen."
„Aber seine Stimme?"
„Ich weiß auch nicht. Ich hatte einfach nicht erwartet, ihn dort zu treffen."

———◆◆◆———

Der Prophet fuhr fort. „Dieses Panorama hat etwas", sagte er, während er die Szenerie beobachtete, „eine eigentümliche Schönheit."
„Sie wollen mir doch nicht erzählen, dass Sie hier heraufgekommen sind, um den Ausblick zu genießen", sagte ich.
„In Wirklichkeit bin ich hier verabredet", erwiderte er.
„Es macht wahrscheinlich keinen Sinn, Sie zu fragen, wie Sie das machen, nicht wahr?", sagte ich. „Sie benutzen wohl Satelliten", scherzte ich.
„Sie haben recht", antwortete er.
„Mit den Satelliten?"
„Nein", antwortete er, „damit, dass es keinen Sinn macht, danach zu fragen."
„Wie lange sind Sie schon hier?"
„Lange genug", meinte er. „Ich fragte mich schon, wann Sie endlich auftauchen würden."
„Das Bild auf dem Siegel ist ein Turm, richtig?"
„Ja, es ist ein Turm."
„Dann liege ich dieses Mal wohl richtig. Es ist das Empire State Building."
„Nein", korrigierte er mich. „Sie liegen falsch."
„Was meinen Sie damit? Es ist ein Turm. Es ist der größte Turm und Sie sind hier."
„Das Bild auf dem Siegel stellt einen Turm dar. Aber das Empire State Building ist lediglich der Ort unseres Treffens."
„Aber Sie sagten doch, er sei der größte."

Der Vorbote

„Der größte der *Vorboten*."
„Dann ist der vierte Vorbote gar kein Turm?"
„Das habe ich nicht gesagt. Dieser hier ist es jedoch nicht. Wie viele Türme sehen Sie da draußen?"
„Keine Ahnung."
„Viele. Und auf welchen weist das Siegel, Ihrer Meinung nach, hin?" In diesem Moment blickte er vom Fernrohr auf. Die Zeit war abgelaufen.
„Brauchen Sie Kleingeld?", fragte ich halb scherzhaft.
„Nein, danke", antwortete er. Er begann auf der Plattform entlangzuspazieren. Ich begleitete ihn. Er hielt noch einmal inne, um die Aussicht zu betrachten. Ich tat es ihm nach. So standen wir beide im Wind und schauten auf die gewaltige Ansammlung von Wolkenkratzern, in denen immer mehr gelbe Lichter aufleuchteten und die sich von dem roten und blauen Hintergrund des Sonnenuntergangs abhoben.

―――――♦♦♦―――――

„Und wo genau waren Sie jetzt auf der Plattform?", fragte sie.
„Wir waren immer noch auf der Südseite mit Blick auf Lower Manhattan."

―――――♦♦♦―――――

„Nouriel", fragte er, „wo sind wir in der Prophezeiung in Jesaja 9,9?"
„*Ziegelsteine sind gefallen*", gab ich zur Antwort.
„Das enthüllte den ersten Vorboten. Aber wo sind wir jetzt? Was kommt als nächstes?"
„*Ziegelsteine sind gefallen*, aber ..."
„*Aber wir werden wiederaufbauen*", vervollständigte er. „Das ist der Schlüssel zum vierten Vorboten."
„Klingt nicht sehr enthüllend."
„Denken Sie daran, dass es nicht nur um die Worte, sondern um deren Kontext und den Geist dahinter geht. Das Problem

Der vierte Vorbote: Der Turm

war nicht der Wiederaufbau. Das Problem war der Geist und die Motivation hinter dem Wiederaufbau. Sie hatten gerade eine ernsthafte Warnung erhalten. Aber Sie reagierten mit Trotz: ‚*Aber wir werden wiederaufbauen*', ist die erste Erklärung, dass sie die Warnung missachten, wodurch das Gericht über sie kommen wird."

„Es heißt nicht nur: ‚*wir werden wiederaufbauen*'", ergänzte ich. „Es heißt: ‚*wir werden mit Quadern wiederaufbauen*'. Was hat es mit den Quadern auf sich? Was ist deren Bedeutung?"

„Die gefallenen Ziegelsteine bestanden aus Lehm und Stroh. Sie waren spröde und brüchig. Sie wurden nicht durch Lehmziegel, sondern durch Quader, also gehauene Steine, ersetzt."

„Ein Gebäude aus diesen Steinen war widerstandsfähiger bei zukünftigen Angriffen."

„Genau, und es konnte viel höher gebaut werden."

„Also deuten die Quader auf das Ziel des Volkes hin, aus der Tragödie viel stärker hervorzugehen."

„Ja, erneut diese trotzige Haltung. Statt sich angesichts der Katastrophe zu demütigen, stärkten sie sich. Sie schworen, größer, besser, fester und höher als je zuvor zu bauen. Nicht nur, dass sie auf ihrem gottlosen Wegen verweilten, sie taten es nun mit aller Macht, fast, als würden sie sich an Gott rächen wollen. Statt ihre Herzen vor dem Allmächtigen zu beugen, erhoben sie ihre Fäuste gegen Ihn."

„Und was passierte dann?", fragte ich.

„Sie beseitigten die Berge von gefallenen Ziegeln und Schutt und begannen den Wiederaufbau auf dem verwüsteten Boden. Dieses Vorhaben ist von symbolischer Bedeutung. Es zeigt den Wiederaufbau und Wiederaufstieg einer Nation aus eigener Willenskraft. Der trotzige Schwur wurde zur Realität. Sie bauten größer, besser, stärker und höher als je zuvor. So wurden die neuen Bauten zur konkreten Manifestation und zu Zeugen für Israels Missachtung des göttlichen Rufes."

Er nahm das Siegel und hielt es auf Augenhöhe. Nun begann er zu erklären: „Der vierte Vorbote: Infolge der Katastrophe reagiert das Volk nicht mit Buße, Demut oder Besinnung, sondern mit Stolz und Trotz. Seine Führer schwören: ‚*wir werden wiederaufbauen.*' Sie geloben, größer, besser, stärker und höher als zuvor zu bauen. Der Wiederaufbau erfolgt auf demselben Boden, auf dem die Häuser zerstört wurden. Die neuen Gebäude sollen den Wiederaufstieg der Nation aus eigener Willenskraft symbolisieren, den Aufstieg aus Ruinen in nie gekannte Höhen. Die Bauten stellen ein gewaltiges Zeugnis ihres Trotzes dar. Der vierte Vorbote: Der Turm."

„Wenn die Prophezeiung mit Amerika zu tun hat, dann muss der 11. September mit den Worten ‚*wir werden wiederaufbauen*' zusammenhängen."

„Richtig. In der Folge ihrer Not, erklärten Israels Führer: ‚*Wir werden wiederaufbauen.*' Das ist das erste Zeichen ihres Trotzes. Wenn die Prophezeiung stimmt und heute Amerika betrifft, sollten wir erwarten, dieselben Worte in der Folge des 11. Septembers von amerikanischen Führern zu hören."

„Und? Ist es passiert? Haben sie das gesagt?"

„Ja, sie sagten es. Es war ja nur natürlich, dass sie vom Wiederaufbau sprachen, doch die Art und Weise, wie dies immer wieder öffentlich von amerikanischen Eliten ausgedrückt wurde, fiel auf.

Vom Bürgermeister der Stadt New York direkt nach dem Anschlag: ‚*Wir werden wiederaufbauen ...!*'[1]

Vom dienstältesten Senator des Bundesstaates: ‚*Wir werden wiederaufbauen ...!*'[2]

Vom Gouverneur des Bundesstaates: ‚*Wir werden wiederaufbauen ...!*'[3]

Vom dienstjüngeren Senator: ‚*Wir werden wiederaufbauen ...!*'[4]

Vom Bürgermeister der Stadt zur Zeit des Wiederaufbaus: ‚*Wir werden* die Hauptstadt der freien Welt *wiederaufbauen,* erneuern und erhalten!'[5]

Vom Präsidenten der Vereinigten Staaten: ‚*Wir werden* New York City *wiederaufbauen!*'[6]

Auf seine Art hat jede dieser amerikanischen Führungspersönlichkeiten die gleichen Worte verkündet, mit denen die

Der vierte Vorbote: Der Turm

israelischen Machthaber schon vor Tausenden von Jahren ihre Halsstarrigkeit proklamierten."

„Und wie beim alten Israel blieb es nicht bei der Aussprache dieser Worte."

„Richtig, Nouriel. Den Worten folgten Taten."

„Was passierte, nachdem die Worte durch die amerikanischen Politiker ausgesprochen worden waren?"

„Den Worten folgten Taten. Die Ruinen von 9/11 wurden beseitigt. Danach war folgende Aufschrift auf einem Schild am Ground Zero zu lesen: ‚*In Kürze wird sich ein neues Sinnbild über die Skyline von Lower Manhattan erheben: Der Turm der Freiheit.*‘[7]"

„Der Turm!"

„Exakt. Er wurde zum Mittelpunkt des Wiederaufbaus."

„Und das Schild nannte ihn ein Sinnbild. Er ist als Symbol des Wiederaufbaus gedacht, – des Wiederaufbaus von Ground Zero und der Nation."

„Er wurde zum Sinnbild des Trotzes. *Trotz*, dieses Wort erscheint immer wieder in den Kommentaren. Hören Sie:

Es ist der Trotz, der ein Volk, welches fern von Buße ist, seine Missetaten genießen lässt.[8]

Auf Gottes Ruf nicht zu achten, wenn Er auf welche Weise auch immer zu uns spricht, ist schändlich genug. In offensichtlichem Trotz gegenüber dem Allmächtigen zu handeln, ist allerdings um einiges schlimmer.[9]

Hochmütiger Trotz gegen den Allmächtigen bringt immer Unheil hervor.[10]

Lange bevor der Wiederaufbau begann, – Staub schwebte noch über den Trümmern –, sah ein amerikanischer Senator die Bedeutung dieses Vorhabens voraus:

Ich glaube, das Erste, dessen wir uns – mit öffentlicher Unterstützung zur Bekräftigung der Bestimmung unserer Nation – verpflichten sollten, ist der Wiederaufbau der Türme des World Trade Centers, um der Welt zu zeigen, dass wir keine Angst haben, WIR TROTZEN DEM ANSCHLAG."¹¹

„Spielen die Politiker demnach eine zentrale Rolle?", fragte ich.
„Nein", antwortete der Prophet, „nicht wirklich."
„Dann diejenigen, die diese Worte aussprechen?"
„Nein", wiederholte er. „Das alles sind prophetische Wiederholungen oder prophetische Manifestationen, die ersten von vielen. Und auch wenn Menschen daran beteiligt sind, spielen diese keine besondere Rolle. Sie handeln völlig unwissend und bemerken überhaupt nicht, dass sie als Repräsentanten des Volkes auch den Geist der Nation vertreten. Das sind prophetische Zeichen *in* einer und *an* eine Nation. Der Wille zum Wiederaufbau ging nicht allein von einer Person oder Organisation aus, sondern von der ganzen Nation. Er war die Manifestation des Geistes der Nation. Ein Journalist beschrieb es so: ‚*Der Wiederaufbau am Ground Zero sollte Amerikas Trotz gegenüber jenen, die den Anschlag verübten, bekunden.*‘¹² "

„*Amerikas Trotz bekunden*, genau wie es das alte Israel durch seinen Schwur tat."

„Zum Trotz gesellte sich die Prahlerei. Aus einem Kommentar:

*Sie erhoben sich aus den Ruinen ihrer zerstörten Häuser und prahlten, dass sie dem Feind, egal ob Mensch oder Gott, zeigen würden, dass sie fähig waren, alles zu überwinden.*¹³

Zweieinhalbtausend Jahre später verkündete der Gouverneur von New York auf dem Boden von Ground Zero exakt die gleiche Botschaft: Dieser großartige Freiheitsturm ‚*soll der ganzen Welt zeigen, dass das, was unser Feinde zerstören wollten, […] nun höher als je zuvor emporragt.*‘¹⁴

Aus einem Kommentar zu Jesaja 9,9:

*Sie prahlten, dass sie ihr verwüstetes Land wiederaufbauen würden und es stärker und herrlicher machen würden als je zuvor.*¹⁵

Der vierte Vorbote: Der Turm

Vom New Yorker Bürgermeister als Antwort auf 9/11: *‚Wir bauen wieder auf und werden politisch und wirtschaftlich stärker als je zuvor daraus hervorgehen.'*[16]

--- ♦♦♦ ---

„Das waren alles echte wörtliche Zitate?", fragte Ana.
„Ja."
„Und was dachten Sie, als Sie sie hörten?"
„Ich fand es unheimlich. Amerikanische Politiker verkündeten dieselben Worte, die von den israelitischen Führern im Altertum verkündet worden waren; Worte, die mit Gericht zusammenhängen. Ich fand es unheimlich."
„Was erzählte er Ihnen noch?"
„Er erklärte mir den Unterschied zwischen *Wiederherstellung* und *Trotz*."
„Der da wäre …?"

--- ♦♦♦ ---

„Wenn man Ziegelsteine mit Ziegelsteinen ersetzt, ist das Wiederherstellung", sagte er. „Aber wenn man Ziegelsteine mit gehauenen Quadern ersetzt, dann ist das Trotz. Etwas wieder aufzubauen, was zerstört wurde, ist Restauration, doch damit zu prahlen, größer und gewaltiger als je zuvor zu bauen, ist eine offensichtliche Trotzhaltung. Beim vierten Vorboten geht es nicht einfach um den Wiederaufbau des Zerstörten, sondern explizit darum, größer, besser, höher und fester zu bauen als zuvor. Dieser Unterschied wird sowohl in der Bibel als auch in den Kommentaren ganz klar hervorgehoben:

> *Da ihre Häuser zerstört waren, erbauten sie größere, bessere und schönere.*[17]

Genauso äußerten sich auch diejenigen, die Ground Zero wieder aufbauen wollten. Einer der bekanntesten Immobilienbeauftragten des Landes sagte Folgendes über das Ziel des Vorhabens:

DER VORBOTE

Wir sollten ein größeres und besseres World Trade Center haben.[18]

Aus den Kommentaren über das alte Israel:

Wenn sie unsere Häuser zerstören, werden wir sie wieder in Stand setzen, und sie fester und schöner als je zuvor errichten.[19]

Von einem amerikanischen Großindustriellen über den Wiederaufbau von Ground Zero:

Den Bau, den ich sehen möchte, ist ein mächtigeres und vielleicht ein um ein Stockwerk höheres World Trade Center.[20]

Sehen Sie, Nouriel, dass es niemals nur um den Wiederaufbau ging. Es ging um den Trotz, genau wie beim alten Israel.
Von den Kommentaren über die Bedeutung des Wiederaufbaus in Israel:

Sie waren entschieden darin, Gott Widerstand zu leisten und sogar in noch größeren Maßstäben wiederaufzubauen.[21]

Und nun die Worte eines Beobachters über die Bedeutung des Wiederaufbaus von Ground Zero:

Der Bauträger, der auch die Pacht zahlt, schwor, dass die Türme sich erneut erheben würden. Sie werden unseren Trotz angesichts des Terrors bezeugen. Ungebeugt, bis in den Himmel strahlend. Höher, mächtiger, stärker.[22]

Beachten Sie den Wortlaut: *Ungebeugt, bis in den Himmel strahlend. Höher, mächtiger, stärker.* Das klingt nach purem Trotz! Der Wiederaufbau der Türme von Ground Zero versinnbildlicht die Halstarrigkeit der ganzen Nation, genau wie in Jesaja 9,9 dargestellt."

„Er nutzt sogar das Wort *schwor.*"

„Richtig. Es handelte sich um einen Schwur und reine Prahlerei. Tatsächlich prahlten sie anfangs, dass der Turm von

Der vierte Vorbote: Der Turm

Ground Zero die anderen Türme der ganzen Welt überragen werde. Damit hätten sie Jesaja 9,9 auf die Spitze getrieben."

„Was wurde aus diesem Plan?"

„Letztendlich wurde er durchkreuzt. Doch so fing es an. Der Neubau am Ground Zero sollte zum höchsten Gebäude der Welt werden."

„Eine Frage habe ich noch", meinte ich. „Ich verstehe, dass der Turm ein Symbol der Wiederherstellung ist, aber gibt es eine Schriftstelle in Jesaja, die wirklich über einen Turm spricht?"

„Einige Jahrhunderte bevor das Neue Testament geschrieben wurde, entstand eine griechische Übersetzung der hebräischen Schriften. Das Ergebnis war eine griechische Version des Alten Testaments, bekannt als *Septuaginta*. In dieser Version wird der Wiederaufbau in Jesaja 9,9 etwas genauer ausgeführt. Es heißt dort:

Die Ziegelsteine sind gefallen, doch auf …, lasst uns TÜRME für uns bauen!"[23]

„Wie kann das sein?", fragte ich. „Alles fügt sich zusammen, die Worte der Politiker und Großindustriellen, die Schwüre, die Türme. Das ist kaum zu glauben. Es scheint so, als würde sich alles wiederholen."

„Die Wiederholung einer alten Tragödie, an deren Ende das Gericht steht", ergänzte der Prophet, „und keiner der Beteiligten hat auch nur den Hauch einer Ahnung, was sie tatsächlich tun."

Nach diesen Worten schwieg er. Wir blickten beide auf das gewaltige Panorama, das uns umgab. Es war dunkel geworden und die Lichter leuchteten uns aus den Fenstern entgegen.

„Und damit", unterbrach er die Stille, „geht aus den Ruinen der nationalen Katastrophe der vierte Vorbote hervor. Er ist der größte der Vorboten, ein Turm, und er ist auch das größte Symbol von Stolz und Trotz, das je auf amerikanischem Boden stand."

———◆◆◆———

Der Vorbote

Und dann verstummte er erneut. Er stand einfach auf der Plattform im Wind und beobachtete die Lichter, die sich vom dunklen Stadtbild abhoben.

„Eine eigenartige Schönheit, wenn man es von hier aus betrachtet", bemerkte er sanft. Dann öffnete er seine Hand. „Das Siegel des fünften Vorboten."

Ich nahm es, untersuchte es und ließ es in meine Tasche gleiten. „Was können Sie mir darüber erzählen?", fragte ich.

„Es ist der Vorbote der Fundamente."

„Wo finde ich ihn?"

„Weit weg von hier."

„Sind Sie sicher, dass Sie mir nicht zu viel verraten?"

„*Sehr* weit weg von hier."

Kapitel 9

Der fünfte Vorbote: Der Gazit-Stein

את

„Was war auf dem Siegel zu sehen?", fragte sie.
„Eine unregelmäßig Linie, die erst nach oben, dann nach unten verlief. Es schaute wie die Spitze eines Berges aus."
„Hat Ihnen das weiter geholfen?"
„Ich schaute in Jesaja 9 nach, aber da stand nichts von einem Berg. Ich fand einfach nichts, was das Siegel mit der Prophezeiung oder dem 11. September verband. Ich war schon wieder in einer Sackgasse gelandet. Ich kam überhaupt nicht weiter, bis ich anfing, tiefer zu graben."
„Tiefer?"
„Ja, in der Prophezeiung. Der letzte Vorbote konzentrierte sich auf die Worte *wiederaufbauen*."
„*Aber wir werden wiederaufbauen.*"
„Richtig, *wir werden wiederaufbauen*, aber womit? Ich konzentrierte mich auf das Wort in der Mitte.

Aber wir werden mit Quadern *wiederaufbauen.*"

„Aber ich dachte, das war ein Teil des Geheimnisses des Turmes gewesen, dass das Zerstörte mit etwas Größerem und Festerem ersetzt wurde."
„So war es auch. Doch in der Prophezeiung wird ein ganz spezieller Stein erwähnt."
„Ein Quader."
„Richtig, aber ursprünglich wurde die Prophezeiung in Hebräisch geschrieben. Das meinte ich mit tiefer graben. Ich schlug das hebräische Wort für *Quader* nach."
„Und?"

DER VORBOTE

„Das Wort lautet *Gazit*. Der Quader könnte auch *Gazit-Stein* genannt werden. Weitere Übersetzungen wären: *gehauener Stein, gemeißelter Stein, bearbeiteter Stein, polierter Stein, Haustein* oder *Bruchstein*. Der Gazit-Stein wurde aus Berggestein herausgeschlagen und besonders bearbeitet und geformt."

„Aus Berggestein", sagte sie fast stolz über ihre Entdeckung.

„Da haben Sie Ihre Verbindung."

„Genau. Und nach dem Abbau im Steinbruch wurden die Steine geebnet und zu Quadern geformt, sodass sie als Bausteine zu gebrauchen waren. Nach dem Angriff der Assyrer begann das Volk Israel mit dem Wiederaufbau. Sie gingen in die Berge und schlugen den Gazit-Stein heraus, formten und glätteten ihn. Danach brachten sie ihn dorthin, wo die Ziegelsteine gefallen waren und der Wiederaufbau konnte beginnen."

„Sie haben die Hinweise tatsächlich korrekt zusammengefügt?"

„Ich glaube, es war das erste Mal, eine große Leistung."

„Wohin führte Sie das?"

„Nirgendwohin. Es führte mich nirgendwohin. Ich konnte den Stein mit den Bergen in Verbindung bringen, mehr aber auch nicht. Ich fand noch keine Verbindung zu Amerika. Wie viele Neubauten in dieser Stadt werden mit Felsengestein errichtet? Es gab keine Verknüpfung."

„Und was haben Sie dann gemacht?"

„Ich nahm eine Auszeit. Ich nahm eine Auszeit vom Rätselraten und von der Stadt. Ich fuhr nach Upstate New York, ins ländliche Hinterland. Ich habe dort eine Blockhütte am See gepachtet. Ich hatte mehrere Projekte, an denen ich arbeiten wollte. Also zog ich mich zurück."

„Sie ließen die Suche hinter sich?"

„Die Suche schon, aber nicht das Siegel. Das wollte ich nicht zurücklassen."

„Und was geschah dann?"

„In den ersten beiden Tagen geschah nichts. Sie waren ereignislos. Am dritten Tag machte ich einen Ausflug. Ich hatte kein

Der fünfte Vorbote: Der Gazit-Stein

bestimmtes Ziel, fuhr nur durch die Landschaft. Und dann sah ich ihn zu meiner Linken in einiger Entfernung."

„*Was* sahen Sie dann?"

„Einen Berg."

„Es gibt viele Berge in Upstate New York."

„Aber dieser kam mir bekannt vor. Ich fuhr an die Seite und stieg aus dem Wagen. Ich holte das Siegel aus meiner Tasche und schaute nach. Volltreffer!"

„Der Berg glich dem Bild auf dem Siegel?", fragte sie ungläubig.

„Er hatte dieselbe Form, dieselbe Kontur. Es war derselbe Berg."

„Aber ich dachte, Sie hatten ein uraltes Siegel aus dem Mittleren Osten. Wie konnte es zu einem Berg in Amerika passen?"

„Das weiß ich nicht. Vielleicht handelte es sich um das Bild eines anderen Berges im Mittleren Osten, der jenem Berg glich, den ich an diesem Tag entdeckte. Ich habe keine Ahnung, aber er passte."

„Aber damit das funktioniert, musste das Bild nicht nur zu dem Berg selbst passen, sondern ihn auch aus der Perspektive zeigen, aus der Sie ihn gesehen haben. Wie war das möglich?"

„Wie war überhaupt irgendetwas in dieser Geschichte möglich?", erwiderte er, als würde er von nun an von ihr erwarten, solche Ereignisse als gegeben hinzunehmen. „Wie war es möglich, dass ich ihn jedes Mal traf? So eine Art Schicksal oder Vorbestimmung. Auf jeden Fall passte der Berg, oder schien zu passen, und zwar von dem Moment an, als ich ihn sah und genau aus der Perspektive, aus der ich ihn sah."

„Folgten Sie dieser Spur?"

„Natürlich. Ich fuhr so weit ich konnte auf den Berg hoch und ging den Rest des Weges zu Fuß."

„Und was fanden Sie heraus?"

„Ich dachte, was auch immer es zu finden gab, es würde auf dem Berggipfel auf mich warten. Doch der Aufstieg war lang und beschwerlich und führte mich zwischen vielen Bäumen hindurch. Es war schwierig nach etwas zu suchen, von dem ich gar nicht wusste, wie es aussah. Ich hielt mich stundenlang dort auf, von Mittag an bis in den späten Nachmittag. Und schließlich fand ich dann am späten Nachmittag, was ich finden sollte."

„Und was war das?"

„*Ihn*. Ich fand *ihn*. Zuerst fiel mir der lange dunkle, im Wind flatternde Mantel auf. Er stand am Rand der Bergspitze und schaute in die Ferne."

„Er schaute oft in die Ferne, oder?"

„Ja. Und dieses Mal schaute er in eine weitläufige Landschaft voll blauer Berge, wobei viele unterschiedliche Blautöne ineinander übergingen, so wie man es bei einem Aquarell erwarten würde."

„Und er war *zufällig* da, als Sie auch da waren. Und Sie waren *zufällig* da, weil Sie an diesem Tag *zufällig* an diesen Ort gefahren sind. Und dabei sahen Sie *zufällig* den Berg aus einer Perspektive, die *zufällig* auch zu dem Bild des Berges auf dem Siegel passte." Sie hielt einen Moment inne und fügte mit einem leichten Lächeln hinzu: „Das passierte natürlich alles rein *zufällig*."

„Das kann man so sagen", erwiderte er.

„Wie weit war der Berg von der Stadt entfernt?"

„Einige Stunden Richtung Norden."

„Wie hat er ...?"

„Versuchen Sie es gar nicht erst! Ich ging also zu ihm. Ich war keine drei Meter mehr von ihm entfernt, als er zu sprechen begann."

◆◆◆

„Wie war Ihr Urlaub, Nouriel?", fragte er mich, ohne sich umzudrehen.

„Wissen Sie, ich hatte mir vorgenommen, Sie nicht mehr zu fragen, wie Sie das immer anstellen, aber wie lange sind Sie schon hier oben auf dem Berg, an diesem Platz?"

Der fünfte Vorbote: Der Gazit-Stein

„Nicht lange. Ich kam kurz vor Ihnen an. Ich wollte Sie nicht warten lassen. Das wäre unhöflich gewesen."

„Natürlich."

„War Ihr Urlaub erholsam?"

„Ich bin noch mittendrin und bin mir nicht sicher." Ich stand nun neben ihm am Rand der Höhenkuppe und wandte mich ihm zu. Sein Blick schweifte abwechselnd zu mir und den blauen Berggipfeln in der Ferne.

„Was haben Sie bisher herausgefunden?", wollte er wissen.

„Über den fünften Vorboten? Nicht viel."

„Dann lassen Sie uns mit dem Wenigen beginnen. Was haben Sie herausgefunden?"

„Nach dem Angriff schwörte das Volk wieder aufzubauen, aber nicht mit Ziegeln aus Lehm, sondern mit Steinen. In der Prophezeiung steht dafür das hebräische Wort *Gazit*."

„Gut gemacht, Nouriel. Sie graben tiefer. Das ist gut. Was haben Sie noch?"

„*Gazit* steht für einen gemeißelten und aus felsigem Berggestein gebrochenen Stein. Also stellt der Berg auf dem Siegel den Ort dar, aus dem der Gazit-Stein gefördert wurde."

„Das ist schon einiges."

„Aber ich komme damit nicht weiter."

„Sie kamen damit bis hierher."

„Aber was hat das mit Amerika und dem Turm zu tun? In New York werden abertausende Wolkenkratzer aus gehauenen Steinen gebaut."

„Fügen Sie die Teile zusammen, Nouriel! Dann werden wir sehen, ob es eine Verbindung zu Amerika gibt. Wo sind wir in der Prophezeiung?"

„Aber wir werden mit Quadern wiederaufbauen."

„Sie schworen also stabiler zu bauen als zuvor. Sie ersetzten die Ziegel durch Gazit-Steine. Sie brachen ihre Steine, formten sie zu riesigen Blöcken und brachten sie an den Ort der Zerstörung, zu den gefallenen Ziegeln. Der erste Stein bei einem Neubau ist immer der Wichtigste, – der Grundstein. Die Grundsteinlegung leitet einen Bau ein. Es ist nicht nur ein notwendiger Akt, sondern er hat symbolische Bedeutung. Und im Fall des Wiederaufbaus Israels war dieser Akt voller Symbolik, die auf den Wiederaufbau der Nation und die Erfüllung ihres Schwurs hindeutete. Kann ich bitte das Siegel haben?"

Ich gab es ihm und er hielt es leicht nach oben, als er seine Bedeutung enthüllte: „Der fünfte Vorbote: Das Volk reagiert auf eine Katastrophe mit einem Stein, der ihre trotzige Haltung offenlegt. Er wird aus Berg- und Felsgestein gebrochen, zu Quadern gemeißelt und an den Ort der Zerstörung gebracht. Der Stein wird zum Symbol der Zuversicht und des Trotzes des Volkes, zum Inbegriff seines Schwurs. Auf diesem Stein ruhen ihre Pläne des Wiederaufbaus und der Schwur, die Nation wiederherzustellen. Doch ein Gazit-Stein ist in Wirklichkeit ein Symbol dafür, dass eine Nation Gottes Ruf ablehnt. Wenn das Zeichen des Gazit-Steins sichtbar wird, ist das ein Vorbote, der vor zukünftigem Unheil warnen soll. Hier haben wir also das fünfte Warnzeichen, den fünften Vorbote: Der Gazit-Stein."

„Und was hat das mit Amerika zu tun?"

„Nun, man kam hierher, Nouriel. Sie kamen hierher, um den Gazit-Stein zu beschaffen."

„Hierher?", fragte ich.

„Hierher in die Berge. Sie kamen hierher, brachen ihn aus dem Gestein und nahmen ihn mit zurück."

„Zurück?"

„Dorthin, wo die Ziegelsteine fielen."

„Zum Ground Zero?"

„Ja. Wie der Schwur besagt: ‚*Ziegelsteine sind gefallen, aber wir werden mit Quadern wiederaufbauen.*' Der Wiederaufbau muss am Ort der Zerstörung beginnen. Also muss der Gazit-Stein dahin gebracht werden, wo die Ziegelsteine fielen, an den Ort der Katastrophe. Folglich musste der gehauene Stein zu Ground Zero gebracht werden. Und so geschah es auch."

„Was passierte am Ground Zero, als der Stein dort eintraf?"

„Es gab eine Zusammenkunft der Führungspersönlichkeiten. Es kamen der Bürgermeister von New York City, der Gou-

Der fünfte Vorbote: Der Gazit-Stein

verneur des Staates New York, der Gouverneur von New Jersey, etliche Funktionäre, die in den Wiederaufbau involviert waren, weitere Politiker und eine ganze Reihe an Gästen und Zuschauern. Im Mittelpunkt dieser Zusammenkunft stand ein einziges Objekt, – der Gazit-Stein. Der Gazit-Stein hatte meist die Form von einem großen, rechteckigen Bruchstein. Und genauso sah der Stein am Ground Zero aus."

„Ein großer, rechteckiger Bruchstein am Ground Zero?"

„Ein zwanzig Tonnen schwerer Quader aus Felsgestein. Er sollte den Beginn des Wiederaufbaus markieren."

„Aber wir werden mit Quadern wiederaufbauen."

„Genau. Der Stein aus Jesajas Prophezeiung war ein weiteres Symbol für den Trotz des Volkes. Folglich machten sie auch den Gazit-Stein am Ground Zero zu einem Symbol. Sie gaben ihm sogar einen Namen. Sie nannten ihn den *Stein der Freiheit*. Er war dafür geschaffen worden, ein symbolischer Grundstein für den Wiederaufbau zu sein, und nicht allein für den Wiederaufbau Ground Zeros, sondern auch New Yorks und ganz Amerikas. Die Grundsteinlegung sollte die erste Handlung dieses Wiederaufbauprojektes werden, mit dem Ziel, dass sich eines Tages erneut ein Turm an Ort und Stelle des alten erheben sollte. So wurde der Gazit-Stein wie im alten Israel zum Symbol der Wiederherstellung und Restauration des Volkes."

„Wurden bei der Grundsteinlegung irgendwelche Aussagen gemacht, die Charakter eines Schwurs hatten?", fragte ich.

„Warum fragen Sie das?"

„Weil der Quader aus Jesaja 9,9 mit einem Schwur in Verbindung steht."

„Ja, solche Verlautbarungen gab es. Wie im Fall des alten Israels verbanden sie den Wiederaufbau der Nation mit dem Quaderstein. Ihre Worte waren in gewisser Weise eine Wiederholung des uralten Schwurs. Am Ground Zero erklärten amerikanische Führungspersönlichkeiten, dass sie ebenfalls mit *gehauenen Steinen wiederaufbauen werden*. Der Stein, erklärten sie, sei der Anfang des Wiederaufbaus. Er würde:

... für immer als ein symbolischer Grundstein für den Wiederaufbau New Yorks und der Nation stehen.¹

Genau wie im alten Israel war der Akt des Wiederaufbaus als symbolische Botschaft gedacht. Der Gouverneur von New York verkündete:

Indem wir diesen herrlichen Grundstein legen, senden wir den Menschen überall auf der Welt eine Botschaft."²

„Eine Botschaft des Trotzes, der Halsstarrigkeit."
„Ja, eine Botschaft der Halsstarrigkeit. Einerseits offenbart diese ihren Trotz angesichts der Katastrophe. Andererseits aber steckt unter der Oberfläche eine noch viel tiefer gehende Halsstarrigkeit, genau wie beim alten Israel. Ein Kommentar beschreibt das folgendermaßen:

Weit davon entfernt, sich in Folge des Gerichts und der Züchtigung des Herrn zu demütigen und Buße zu tun, entschieden sie sich, Gott zu widerstehen und in noch viel größerem Maßstab wiederaufzubauen: ‚Die Ziegelsteine sind zerfallen, aber wir werden mit aus Fels gehauenen Steinen wiederaufbauen ...'³

„*Aus Fels gehauene Steine.* Genauso war beim Wiederaufbau Ground Zeros und Amerikas dieser aus Fels gehauene Stein involviert, den sie hier aus dem Berggestein schlugen."
„Genau. Und sogar der Gouverneur von New York nahm Bezug auf diese *aus Fels gehauenen Steine*, als er seine Rede über den Grundstein hielt:

Heute nehmen wir zwanzig Tonnen Granit aus dem Adirondack Gebirge, dem Felsmassiv unseres Bundesstaates, und legen sie als Fundament, als Grundlage und neues Sinnbild für Amerikas Selbstbewusstsein und Stärke.⁴

Wie im Fall des alten Israels wurde der Stein zum Inbegriff des unangebrachten Vertrauens der Nation auf ihre eigene Fähigkeit, höher als zuvor emporsteigen zu können. Und der

Der fünfte Vorbote: Der Gazit-Stein

Akt der Grundsteinlegung wurde zur Manifestation dessen, was die Kommentare den *Geist des Trotzes* nennen:

Die Ziegelsteine mögen gefallen sein, doch die Konsequenz blieb aus – sie bauten nun mit gehauenen Steinen ... Demnach atmeten sie den Geist des Trotzes.[5]

Das Volk ... entschied sich in einem Geist des Trotzes *zu handeln ... Es ersetzte seine gefallenen Ziegel mit massiven Steinen.*[6]"

„Der *Geist des Trotzes*. Warum ist das von Bedeutung?"
„An dem Tag, als Amerika den Neubau offiziell damit begann, die gefallenen Ziegel durch den Gazit-Stein zu ersetzen, verkündete der Gouverneur New Yorks folgende Worte am Ground Zero. Hören Sie genau hin:

Heute legen wir, die Erben des revolutionären Geistes des Trotzes, *diesen Grundstein ...*[7]"

„Er benutzte dieselben Worte?"
„Dieselben Worte."
„Dieselben Worte und derselbe Akt, – der gehauene Stein und der Geist des Trotzes."
„Beides zusammen."
„Unglaublich! Das ist einfach unglaublich."
„Stimmt, aber es ist passiert. Ein altes Schauspiel, das sich am Ground Zero wiederholte."
„Und was geschah, nachdem der Grundstein gelegt war?", fragte ich.
„Was danach geschah, war besonders bemerkenswert. Die Geschichte rund um den Wiederaufbau am Ground Zero wurde zunehmend undurchsichtiger, da sie von Meinungsverschiedenheiten, Streit, Hindernissen, Zwietracht und Konflikten geprägt war. Sogar nach der Grundsteinlegung wurde der Bau des Turms behindert, unterbrochen, der Bauplan verändert und auf den Kopf gestellt. Selbst der Name des Projekts wurde verändert. Das Vorhaben, Ground Zero wieder aufzubauen,

war deshalb über Jahre hinweg zum Scheitern verurteilt. Am Ende entfernten sie den Stein vom Ground Zero gänzlich."

„Seltsam", sagte ich, „dass sie den Grundstein nach all den großen Verkündigungen entfernten."

„Seltsam und doch passend. Die Pläne des alten Israels zum Wiederaufbau ihrer Nation scheiterten ebenfalls. Letztlich führten sie das Volk zur endgültigen Zerstörung. Die Grundsteinlegung durch den Gazit-Stein war ein weiteres Glied in der Abfolge von Gericht. Die Kommentare enthüllen, wohin der Weg letztendlich führte:

Sie ersetzten ihre gefallen Ziegel durch massive Steine, die nicht brechen sollten ... Darauf folgte die schreckliche Strafe ... von allen Seiten durch ihre Feinde bedrängt zu werden ... um auf noch größere Trübsal vorbereitet zu werden.[8]

Wer Gott trotzt, schneidet sich von Seiner unermesslichen Güte ab.[9]"

„Es wiederholt sich. Alles wiederholt sich. Das ist so unheimlich. Und die Beteiligten hatten keine Ahnung, was sie taten?"

„Dass sie erneut eine uralte Prophezeiung durchspielten? Nein, und dennoch traten sie in die alten Fußstapfen. Sie handelten in prophetischen Akten, gemäß der uralten Überlieferung."

„Und was bedeutet das nun für Amerikas Zukunft?"

„Wenn diejenigen, die an jenem Tag zum Ground Zero kamen und ihre Reden hielten, gewusst hätten, was sie da sagen, dann wären sie zu Hause geblieben."

Er griff in seine Manteltasche und gab mir das nächste Siegel.

„Das Siegel des sechsten Vorboten", stellte ich fest. „Und worum geht es dieses Mal?"

Der fünfte Vorbote: Der Gazit-Stein

„Das Bild ist offensichtlich genug", antwortete er, „genau wie die Prophezeiung. Dieses hier sollte nicht so schwer zu knacken sein."

„Dennoch wäre ich für ein bisschen Hilfe dankbar."

„Der sechste Vorbote tauchte am selben Tag wie der erste auf. Und er erschien am selben Ort wie der, welcher nach ihm kam."

„Gut, das erklärt alles", entgegnete ich. „Und ich hatte schon Angst, dieses Mal hätten Sie nur einen schwammigen Hinweis."

„Nouriel."

„Ja?"

„Ich wünsche Ihnen noch einen schönen Urlaub." Und mit diesen Worten ließ er mich am Rand der Höhenkuppe zurück.

„Den werde ich haben!", antwortete ich mit verstärkter Lautstärke.

„Versuchen Sie sich etwas auszuruhen!", erwiderte er, während er sich weiter von mir entfernte. „Es wird Ihnen gut tun."

„Ich werde Ihnen ein Souvenir mitbringen!", rief ich ihm hinterher.

„Nur das Siegel, Nouriel. Bringen Sie mir nur das Siegel wieder mit!" Damit verschwand er zwischen den Bäumen.

Kapitel 10

Der sechste Vorbote: Der Maulbeerbaum

א ת

„Er sagte, das Bild sei offensichtlich genug. Was war darauf zu sehen?", fragte sie.
„Ein Baum", antwortete er.
„Ein Baum, so wie er in der Prophezeiung vorkommt?"
„Ja, so wie er direkt in den nächsten Worten der Prophezeiung vorkommt."
„Die Vorboten wurden Ihnen also in derselben Reihenfolge offenbart, wie sie auch in Jesaja 9,9 auftauchen?"
„In derselben Reihenfolge", erwiderte er. „In der Prophezeiung werden nach den Quadern Maulbeerbäume genannt:

Aber wir werden mit Quadern wiederaufbauen.
Maulbeerbäume wurden abgehauen ..."

„War der Baum auf dem Siegel also ein Maulbeerbaum?", fragte sie.
„Das nahm ich an."
„Und was haben Sie damit anfangen können?"
„Ich grub tiefer. Wie schon zuvor, schlug ich das hebräische Wort für *Maulbeerbaum* nach."
„Und was haben Sie herausgefunden?"
„*Schakam*. Das Wort, das als Maulbeerbaum übersetzt ist, lautet im Hebräischen *Schakam*. Man nennt diesen Baum auch *Sykomore* oder Maulbeerfeigenbaum."
„Wie kommt man denn auf Sykomore?"
„Ganz einfach. Das griechische Wort für *Feige* ist *Sukos* und das Wort für *Maulbeere* ist *Moros*. Setzen Sie beide Worte zusammen und Sie erhalten *Sukomoros*."

Der sechste Vorbote: Der Maulbeerbaum

„Sykomore."

„Der lateinische Name lautet *Ficus Sycomorus*. Es handelt sich um einen weit ausladenden Baum, der eine Höhe von bis zu 15 Meter erreichen kann. In biblischen Zeiten wuchs er in den Tiefebenen Israels und entlang der Wege und Straßen."

„Sie haben Ihre Hausaufgaben gemacht."

„Und ich blieb dran. Ich suchte sogar den New York Botanical Garden auf, aber ich fand dort nichts, was mich dem Geheimnis des sechsten Vorboten nähergebracht hätte. Tatsächlich führte mich dieser Besuch nur noch weiter davon weg. Je mehr ich über die Sykomore lernte, desto weiter entfernte ich mich von der Lösung."

„Warum?"

„Was könnte ein abgehauener Maulbeerbaum mit Amerika oder dem 11. September zu tun haben? Die alten Assyrer waren möglicherweise daran interessiert, Maulbeerbäume zu fällen, aber doch nicht die Terroristen von 9/11. Sie zielten es auf Städte ab und nicht auf Äcker oder Wälder. Wie könnte das Fällen einer Sykomore irgendetwas mit 9/11 zu tun haben? Ich fand keine Verbindung. Das war mein erstes Problem. Doch das zweite war noch schwerwiegender."

„Und das war?"

„Sie können hier, im Nordosten Amerikas, überhaupt nicht wachsen, zumindest nicht auf natürliche Weise. Der Ficus Sycomorus ist ursprünglich im Mittleren Osten und Afrika beheimatet. Er wächst nicht in Klimazonen mit Frost. Die einzige Möglichkeit, ihn in New York oder in Washington D.C. am Leben zu erhalten, ist, ihn in Decken oder Folien einzuwickeln. Einige Leute machen das tatsächlich so, aber das ist neu. Die Sykomore aus Jesaja 9,9 ist dem amerikanischen Nordosten völlig fremd."

„Also hat der 11. September nichts mit Bäumen und der Maulbeerbaum nichts mit dem Nordosten Amerikas zu tun. Wie sind Sie dann weiter gekommen?"

„Nach einigen weiteren Fehlversuchen, gab ich auf. Ich dachte, dass ich letztlich irgendwann erfahren würde, was immer ich erfahren sollte."

„Und Sie haben es erfahren?"

„Ich landete schließlich im Central Park in einem Ruderboot. Das hilft mir manchmal dabei, mir einen klaren Kopf zu verschaffen. Es gibt da eine Brücke für Fußgänger, die sich in einem weiten Bogen über das Wasser erstreckt. Mit dem Ruderboot kann man darunter durchfahren. Und genau das tat ich zweimal, – das erste Mal, als ich losfuhr, das zweite Mal, als ich zurückkam. Beim zweiten Mal blickte ich auf, als ich unter der Brücke hervorkam und bemerkte einen Mann auf der Brücke. Er stand in der Mitte der Brücke und seine Hände ruhten auf dem Geländer. Er schaute auf mich herunter."

„Der Prophet?"

„Ja."

„Und Sie hatten ihn nicht bemerkt, als Sie das erste Mal unter der Brücke hindurchfuhren?"

„Ich weiß gar nicht, ob er überhaupt da war, als ich das erste Mal hindurchfuhr."

„Wie ging es weiter?"

„Ich hielt an und rief zu ihm herauf: ‚Sind Sie es?' Ich wollte nur sichergehen."

„Wer sollte es sonst sein?", lautete die Antwort.

„Sie sind es wirklich", sagte ich leise.

„Wie kommen Sie mit Ihrer Suche voran, Nouriel?", fragte er.

„Wonach sieht es denn aus? Ich bin in einem Ruderboot auf einem See im Central Park. Es läuft nicht gerade gut."

„Aber Sie sind an einem Ort mit Bäumen."

„Ist das der Ort unseres nächsten Treffens?"

„Ich denke schon."

„Und wie machen wir das jetzt?"

„Entweder steigen Sie aus dem Boot und kommen zu mir auf die Brücke oder ich komme von der Brücke herunter und zu Ihnen ins Boot. Ich würde Letzteres vorschlagen."

Der sechste Vorbote: Der Maulbeerbaum

Also kam er von der Brücke herunter, während ich das Boot zu einem Platz steuerte, von dem aus er gut einsteigen konnte. Und das tat er dann auch. Nun saßen wir zu zweit, der Prophet und ich, in einem Ruderboot auf einem See im Central Park. Es waren an diesem Tag zwar noch andere Boote auf dem Wasser, aber als er sich zu mir setzte, rückte alles andere in den Hintergrund und meine Aufmerksamkeit galt nur dieser uralten Prophezeiung und ihrer Bedeutung für die Zukunft einer Nation. Wir hätten überall sein können.

―――――◆◆◆―――――

„Und Sie ruderten weiter, als sie miteinander sprachen?"
„Ja, als wir miteinander sprachen und ich alles auf Band aufnahm."

―――――◆◆◆―――――

Er schwieg eine Zeit lang. Ich auch. Als wir uns der Mitte des Sees näherten, brach der Prophet das Schweigen: „Also Nouriel, was haben Sie bisher herausgefunden?"
„Der sechste Vorbote ist der Maulbeerbaum aus Jesaja 9,9:

Aber wir werden mit Quadern wiederaufbauen.
Maulbeerbäume wurden abgehauen ..."

„Und warum, glauben Sie, wurden die Maulbeerbäume abgehauen?", fragte er.
„Das müssen die Assyrer gewesen sein, als sie das Land verwüsteten."
„Und warum sollte ein umgestürzter Maulbeerbaum wichtig sein?"
„Genau bis hierhin kam ich."
„Wenn die gefallenen Ziegelsteine, den Zerfall der Nation vorausdeuten, was zeigen uns die gefallenen Maulbeerbäume?"
„Keine Ahnung."

„Sie wurden entwurzelt. Das ist das Zeichen für ein Königreich, das seine Wurzel verliert. Haben Sie das Siegel, Nouriel?"
Ich gab es ihm. Er hielt es hoch, als er begann, seine Bedeutung zu enthüllen.
„Der sechste Vorbote: Die Zerstörung beschränkt sich nicht nur auf Gebäude. Der Angriff des Feindes lässt auch die Maulbeerbäume fallen. Die abgehauenen Maulbeerbäume sind ein Warnsignal. Und falls diese Warnung ignoriert wird, kündigt sie zugleich Gericht an. Der sechste Vorbote: Das Zeichen der Entwurzelung, – der Maulbeerbaum."
„Was hat das mit Amerika zu tun? Die Attentäter von Al Qaida waren nicht sonderlich interessiert an Maulbeerbäumen. Und die Sykomoren aus Jesaja 9,9 wachsen im Mittleren Osten und in Afrika, also nicht gerade in der Nähe der Ereignisse von 9/11."
„Das stimmt", sagte er.
„Dann sehe ich die Verbindung nicht. Die Wahrscheinlichkeit, dass ..."
„*Wahrscheinlichkeiten* spielen überhaupt keine Rolle."
„Wie passt dann alles zusammen?"
„In den letzten Augenblicken der Katastrophe brach der Nordturm in sich zusammen. Infolgedessen flogen Geröll und Trümmerteile auf ein kleines Grundstück, das an Ground Zero angrenzt. Es unterschied sich von den anderen Grundstücken am Unglücksort, da es nicht mit Beton, Stahl oder Asphalt bebaut war. Es war eine Grünfläche."
Ich unterbrach mein Rudern und ließ das Boot auf dem Wasser gleiten. Er hielt einen Moment inne, bevor er fortfuhr.
„Die Trümmer, die durch den Einsturz des Turmes herüber geschleudert wurden, trafen ein Objekt."
„Ein Objekt? Was für ein Objekt?"
„Einen Baum."
„Nein!"
„Nachdem sich der Staub gelegt hatte, starrten die Polizisten, Rettungssanitäter und Schaulustigen auf dieses kleine Grundstück am Rand von Ground Zero. Inmitten der Asche

Der sechste Vorbote: Der Maulbeerbaum

und dem Geröll lag ein umgestürzter Baum. Er wurde schnell zum Symbol für 9/11 und Ground Zero. Und er *war* auch ein Symbol. Keiner der Beobachter begriff, dass es sich um ein altes prophetisches Zeichen handelte. Und niemand von ihnen kannte seine Bedeutung."

„Was war das für ein Baum?", fragte ich.

„Ein umgestürzter Baum", antwortete er.

„Ich meine, um welche Art handelte es sich?"

„Es war eine Sykomore, ein Maulbeerbaum."

„Der Baum, der am 11. September fiel, war ..."

„Ein Maulbeerbaum."

„Aber wieso stand er da?", fragte ich. „Sie wachsen gar nicht hier."

„Als die amerikanischen Politiker ihre Wiederaufbaupläne verkündeten, taten sie es da auf Althebräisch, so wie die alten Israeliten?"

„Nein, natürlich nicht", erwiderte ich.

„Und warum nicht?", fragte er.

„Weil unsere Politiker kein Hebräisch sprechen und sie auch keiner verstanden hätte."

„Genau. In beiden Fällen, sowohl damals wie auch heute, sprechen die Führer des Volkes in einer Sprache, die das Volk auch versteht. Der Vorbote passt sich dem Umfeld und der Sprache des Volkes an, in dem er auftaucht. So verhält es sich auch mit dem Maulbeerbaum. Er wurde angepasst."

„Was meinen Sie mit: Er wurde angepasst?"

„Der Baum passt zur Nation und zum Land. Der Baum in Jesaja 9,9 war in Israel einheimisch. Folglich war der Baum vom 11. September in Amerika einheimisch."

„Aber Sie sagten doch, es sei eine Sykomore gewesen?"

„Sie wird in die Gattung *Platanus* eingeordnet. Aber sie ist in Amerika unter ihrem englischen Namen bekannt: *Sycamore*. Es *war* eine Art Maulbeerbaum."

„Aber ..."

„Ja, Sie hatten recht, Nouriel. Die Sykomoren aus dem Mittleren Osten wachsen nicht auf natürliche Weise im Nordosten

Amerikas. Aber es gibt eine Art, die hier wächst: Die Englische Sykomore."

„Die Englische Sykomore. Das ist die Anpassung des Vorboten."

„Und es war die Englische Sykomore, die auf dem kleinen Stück Land neben dem Ground Zero wuchs."

„Und warum wurde sie Sykomore genannt?"

„Man hat sie einfach nach den Sykomoren aus dem Mittleren Osten benannt."

„Das heißt, der Baum, der am 11. September umgehauen wurde, war nach dem Baum aus Jesaja 9,9 benannt?"

„Ja. Der Vorbote aus dem alten Mittleren Osten wurde dem Westen angepasst. Er wurde zu einem amerikanischen Baum, der denselben Name trug wie der Baum von Israels Gericht."

„Und er stand rein zufällig direkt neben Ground Zero."

„Wie bei all den anderen Dingen", sagte er. „Sie passieren einfach."

„Aber die Assyrer wollten doch die Sykomoren fällen. Die Terroristen vom 11. September wollten das nicht."

„Die Terroristen hatten keine Ahnung von Jesaja 9,9, keine Ahnung von den Vorboten, keine Ahnung von der Sykomore, die neben Ground Zero wuchs und keine Ahnung davon, dass ihr Anschlag diesen Baum treffen würde. Noch weniger wussten sie, dass sein Sturz Teil einer alten Prophezeiung war. Sie hatten keine Ahnung und doch traf es alles so ein."

„Was passierte, nachdem der Baum gefallen war?", fragte ich.

„Er geriet in den Fokus der Aufmerksamkeit und des öffentlichen Interesses. Der Baum wurde zu einem Symbol stilisiert."

„Genau wie die Vorboten vor ihm."

„Die Vorboten sind, unter anderem, Symbole. Und die Sykomore wurde zum Symbol des 11. Septembers. Man nannte sie 'the sycamore of Ground Zero'. Es wurden Artikel über sie geschrieben. Dadurch wurde sie zu einem Objekt des öffentlichen Interesses. Viele kamen, um sie anzusehen. Aber sie

Der sechste Vorbote: Der Maulbeerbaum

hatten keine Ahnung, welche Botschaft sie vermitteln sollte und wie weit diese Botschaft zurückreicht. Sie bemerkten auch nicht das kleine Objekt, das in ihren Wurzeln feststeckte."

„Und was war das?"

„Ein Ziegelstein", antwortete er. *„Ziegelsteine sind gefallen ... Maulbeerbäume wurden abgehauen."*

„Die ganze Sache ist unglaublich. Ich weiß nicht, was ich sagen soll. Alles wiederholt sich nach dem Muster dieser alten Prophezeiung. Sogar leblose Gegenstände wie der Turm, der Stein, der Baum, nehmen ihre Plätze ein, völlig ohne Zutun von außen. Und niemand arrangierte diese Dinge."

„Niemand muss diese Dinge arrangieren, weil sie vorherbestimmt sind. Die Vorboten erscheinen, weil sie als Zeichen und prophetische Botschaften erscheinen *müssen*."

„Und welche Botschaft steckt hinter dem Zeichen der Sykomore? Was bedeutet das für Amerika?", fragte ich.

„Sie ist ein Zeichen für den Fall, die Entwurzelung, das Ende. Als sie im alten Israel erschien, symbolisierte sie den Untergang des Volkes und das Ende des Königreiches."

„Und nun taucht sie wieder in Amerika auf. Also wird es auch ...?"

„Sie warnt davor", sagte der Prophet. „Es hängt alles davon ab, ob der Warnung Beachtung geschenkt wird."

„Und wenn ihr keine Beachtung geschenkt wird?"

„Wenn ein Baum zu Boden fällt und niemand es beachtet, kann dieser Fall trotzdem einen Laut, einen Ruf beinhalten?"

„Kann er das?", fragte ich.

„Im Falle der Sykomore erklingen zwei Rufe."

„Zwei?"

„Denen, die ihn beachten, ist der Ruf eine Warnung und ein Ruf zur Erlösung."

„Und den Anderen?"

„Den Anderen verkündet er Gericht."

Der Vorbote

Wir schwiegen eine Zeit lang. Dann griff er in seine Manteltasche und gab mir das nächste Siegel. Immer noch schweigend untersuchte ich es, steckte es in meine Tasche und übernahm das Ruder, um das Boot zurück zum Anlegepunkt zu bringen.

„Welchen Hinweis haben Sie bezüglich des siebten Vorboten für mich?", fragte ich ihn, als wir uns dem Kai näherten.

„Er ist so klar, wie derjenige vor ihm", antwortete er, „und eng mit ihm verbunden."

„Eng mit der Sykomore verbunden?"

„Ja."

„Es ist ein weiteres Bild von einem Baum, aber es ist anders."

„Richtig."

„Es gibt zwei Bäume in der Prophezeiung", sagte ich. „Also muss der siebte Vorbote der zweite Baum sein."

„Sehen Sie, Nouriel, es ist gar nicht so schwer. Das haben Sie alles innerhalb weniger Augenblicke herausgefunden. Wir sind noch nicht einmal am Kai angekommen."

„Warum dauert es dann Wochen oder Monate bis zu unserem nächsten Treffen?"

„Damit Sie Zeit haben, an der Lösung zu arbeiten."

„Warum bleiben wir nicht einfach hier? Hier gibt es viele Bäume. Die Kulisse passt."

Er überlegte einen Moment und erwiderte: „Warum nicht?"

„Also findet unser nächstes Treffen hier statt?"

„Warum nicht?", wiederholte er.

Ich hatte gar nicht erwartet, dass er auf meinen Vorschlag eingehen würde. Es überraschte mich und ich fragte ihn: „Kann ein Prophet den vorherbestimmten Plan verändern?"

„Wer sagt denn, dass der Plan verändert wurde."

„Aber ich war doch derjenige, der die Idee hatte."

„Und warum gehen Sie davon aus, dass die Planänderung nicht im vorherbestimmten Plan inbegriffen war?"

„Der Plan wurde verändert, also kann er nicht vorherbestimmt gewesen sein."

„Aber wenn die Änderung vorherbestimmt war", entgegnete er, „dann war es keine Planänderung."

Der sechste Vorbote: Der Maulbeerbaum

„Wollen Sie damit sagen, dass Sie sowieso geplant hatten, hier zu bleiben? Noch bevor ich es vorschlug?"

„Ob ich es geplant hatte oder nicht, macht keinen Unterschied."

„Ich glaube, Sie denken sich das alles nur aus."

„Und Sie sind frei, das zu glauben", erwiderte er.

„Ich bin *frei*, das zu glauben. Das heißt, dass ich es nicht glauben *muss*."

„Doch das bedeutet nicht, dass unser Treffen hier nicht geplant war", ergänzte er.

„Wie kann beides stimmen?"

„Es braucht zwei Ruder, um ein Boot geradeaus zu steuern."

„Das bedeutet, es ist beides: Freier Wille und Vorbestimmung?"

„Das bedeutet, dass Sie beide Ruder nutzen und sich darauf konzentrieren sollten, das Boot geradeaus Richtung Kai zu steuern, damit wir sicher an Land kommen!"

Kapitel 11

Der siebte Vorbote: Der Erez-Baum

א ה

Sie stand auf und sagte: „Nouriel, würden Sie mich für einen Moment entschuldigen, bevor wir weitermachen?"
„Natürlich", antwortete er.
Sie ging hinüber zu ihrem Schreibtisch. „Sind alle gegangen?", fragte sie in die Telefonanlage.
„Ja", erwiderte eine Stimme aus dem Lautsprecher. „Es sind schon alle nach Hause gegangen und ich werde mich auch bald auf den Weg machen."
„Sie kontrollieren noch einmal, ob alle Geräte ausgeschaltet sind?"
„Ja, selbstverständlich."
In der Zwischenzeit blickte Nouriel nach draußen und betrachtete die Skyline der Stadt. Es war jetzt früher Abend und die Sonne war bereits untergegangen. Die Stadt erstrahlte nun im bläulich-rötlichen Licht der Dämmerung und im hellen künstlichen Schein der Gebäude und Straßenlampen.
„Also", sagte sie, als sie zu dem runden Tisch zurückkam, „Sie waren mit dem Propheten im Boot."
„Wir legten an, stiegen aus dem Boot und gingen eine Runde durch den Park. Er führte mich zu dem Springbrunnen auf der Terrasse, den mit dem Engel auf der oberen Schale."

―――◆◆◆―――

„Wissen Sie, was das ist, Nouriel?", fragte er.
„Ein Engel", erwiderte ich.

Der siebte Vorbote: Der Erez-Baum

„Das ist die Bethesda Fountain und der Engel wird *Der Engel über den Gewässern* genannt. Die Szene geht auf das Johannesevangelium zurück. Dort wird von einem verkrüppelten Mann berichtet, der am Teich Bethesda in Jerusalem auf Heilung wartete. Wissen Sie, was *Bethesda* bedeutet?"

„Nein", gab ich zu.

„Es kommt vom hebräischen Wort *Khesed*, was *Gnade* oder *Güte* bedeutet. *Bethesda* heißt *Haus der Gnade* oder *Ort der Güte*. *Khesed*, Gnade, Liebe, das ist Gottes Natur, Sein Wesen. Vergessen Sie das nicht bei all dem, vergessen Sie das nicht! Gericht ist eine Notwendigkeit, aber Seine Natur und Sein Wesen, ja Sein Herz, ist Liebe. Er ruft die Verlorenen immer und immer wieder, damit sie errettet werden."

Wir setzten unseren Spaziergang fort. Überall sahen wir Menschen, die ebenfalls spazieren gingen, joggten, Schach spielten oder einfach auf den Bänken saßen und das Nichtstun genossen. Wir folgten dem Weg durch eine saftig grüne Landschaft, die aus Bäumen, Wiesen, Felsen und Brücken bestand.

„Nun, Nouriel, wenn der sechste Vorbote der Maulbeerbaum war, was ist dann der siebte?"

„Es muss die Zeder sein. Sie kommt als nächstes in der Prophezeiung vor:

Maulbeerbäume wurden abgehauen,
aber wir werden Zedern an ihre Stelle setzen."

„Genau so ist es."

„Der Baum auf dem Siegel ist demnach eine Zeder?"

„Ja, und was hat das für eine Bedeutung?"

„Ich habe keine Ahnung."

„Die Maulbeerbäume sind gefallen. Sie schwören, sie zu ersetzen. Aber statt neue Sykomoren zu pflanzen, setzen sie Zedern an ihre Stelle. Warum, glauben Sie, tun sie das?"

„Es muss den gleichen Grund haben, den sie auch hatten, als sie die Ziegelsteine nicht mit Ziegelsteinen ersetzten, sondern mit Quadern. Das Ziel war nicht wiederherzustellen, sondern ihren Trotz zu demonstrieren. Ich nehme an, dass die Zeder kräftiger als die Sykomore ist oder zumindest genauso andersartig ..."

„... wie es gehauene Steine und Lehmziegel sind. Das stimmt. Die Sykomore war ein gewöhnlicher Baum. Sie wurde nie besonders hoch geschätzt. Ihre Fasern waren grob, knotig, porös und nicht sonderlich stark. Und obwohl ihr Holz zum Bau genutzt werden konnte, war es weder das beste noch haltbarste Baumaterial."

„Sie war so eine Art Lehmziegelstein unter den Bäumen."

„Genau. Und so wie die Lehmziegel durch massive Steine ersetzt wurden, so wurde auch die Sykomore durch die Zeder ersetzt."

„Also war die Zeder stärker als die Sykomore?"

„Viel stärker und auch viel wertvoller. Die Sykomore wuchs im Flachland, die Zeder in den Höhen der Berge. Die Sykomore war alltäglich, die Zeder exotisch. Anders als die gekrümmte Sykomore war die Zeder gerade, majestätisch, erhaben. Ihr Holz war glatt und haltbar und eignete sich perfekt als Baumaterial. Die Sykomore erreichte eine Höhe von etwa fünfzehn Metern, doch die Zeder konnte locker über dreißig Meter groß werden. Und darum ging es. Sie pflanzten Zedern an die Stelle der gefallenen Sykomoren. Und anders als die Sykomoren würden die Zedern jedem zukünftigen Angriff widerstehen. So hofften sie zumindest. Ein Kommentar formuliert es so:

> *Statt zu gehorchen, aufzumerken und Buße zu tun, entschließt sich das Volk, im Geist des Trotzes zu handeln ... Es tauscht seine kläglichen Maulbeerbäume, die umgehauen wurden, durch starke Zedern aus, die selbst die heftigsten Stürme überstehen würden.*[1]

Was steckt denn hinter dem Ausdruck: *Die heftigsten Stürme?*"

„Der zukünftige Tag des Gerichts über die Nation", antwortete ich.

Der siebte Vorbote: Der Erez-Baum

„Ja. Und an diesem Tag würde nichts verschont bleiben, weder die Bäume noch die Steine noch das Volk. Und das Königreich würde ebenso schnell und gewaltig fallen, wie eine Zeder zu Boden stürzt."

„Also taten sie dasselbe wie mit den Quadern. Es war derselbe Akt, nur in einer anderen Form. Sie nahmen aus dem Fels gehauene Steine anstelle der gefallen Lehmziegelsteine. Nun pflanzten sie die Zeder anstelle der Sykomore."

„Man nennt diesen Akt *khalaf*."

„Khalaf?"

„Das ist das hebräische Wort, welches in dem Vers benutzt wird. Es bedeutet *austauschen, ersetzen, etwas an die Stelle von etwas anderem pflanzen*."

„Und was ist mit dem Wort *Zeder*?", fragte ich. „*Zeder* ist die deutsche Übersetzung. Welches ist das ursprüngliche Wort in der Prophezeiung? Wie heißt der Baum im Hebräischen?"

„*Erez*. Er wurde *Erez* genannt. ‚Maulbeerbäume wurden abgehauen, aber wir werden Erez-Bäume an ihre Stelle setzen.'"

„Also heißt *Erez* Zeder?"

„Ja und nein", erwiderte er. „Zeder ist das Wort, das am häufigsten benutzt wird, um *Erez* zu übersetzen, zum Beispiel bei den Zedern des Libanons. Aber *Erez* bedeutet weit mehr als Zeder. Kommen Sie!" Damit verließ er den Weg und führte mich zu einem Baum. „Wie würden Sie ihn beschreiben, Nouriel?"

„Es ist ein immergüner Baum."

„Und weiter?"

„Er hat Zapfen und seine Blätter gleichen Nadeln."

„Es ist ein zapfentragender Nadelbaum. Die klassische botanische Bezeichnung *Hierobotanicon* definiert den hebräischen *Erez* als eine Konifere, einen Nadelbaum. Das Wort *Erez* taucht noch in einigen anderen alten Texten auf, in denen es sich auf einen immergrünen Nadelbaum bezieht."

„Also ist der Erez ein immergrüner Nadelbaum?"

„Ja", bestätigte er, „aber nicht jeder immergrüne Nadelbaum ist ein Erez."

„Was ist er dann genau?", fragte ich.

„Genau genommen ist er eine *bestimmte Art* eines zapfentragenden immergrünen Baumes. Ein Kommentator definiert ihn genauer:

Das hebräische Erez, welches als Zeder in allen englischen Versionen übersetzt wird, ist vielmehr eine allgemeine Bezeichnung für die Gattung der Kiefern.[2]“

„Und was bedeutet das?"
„Der Erez fällt unter die botanische Klassifikation *Pinaceae*, Kieferngewächse."
„*Pinaceae*. Und was fällt in diese Klassifikation?", fragte ich.
„Zedern, Kiefern, Fichten und Tannen."
„Also wäre die zutreffende Benennung des hebräischen Erez *Pinaceae-Baum*."
„Ja, die präzise Übersetzung des Schwurs aus botanischer Sicht würde lauten: ,*Aber wir wollen* Pinaceae-*Bäume an ihre Stelle setzen.*'"
„Die Pinaceae schließt also die Zeder ein, aber es gibt noch mehr Bäume, die in diese Klassifikation fallen."
„Richtig. Sie tauschten also den schwachen Baum durch einen stärkeren aus, so wie sie auch schworen, die geschwächte Nation durch eine stärkere zu ersetzen. Der Erez wird somit zu einem weiteren Symbol ihres stolzen Trotzes, zu einem lebendigen Sinnbild ihrer Überzeugung, dass die Nation wieder auferstehen wird, – ihr Baum der Hoffnung."
„Ein Baum der Hoffnung, aber einer trügerischen Hoffnung."
„Nein", erwiderte er, „einer stolzen, egozentrischen und gottlosen Hoffnung. Was sie als Baum der Hoffnung ansahen, war in Wirklichkeit ein Vorbote des Gerichts."

Er bat mich um das Siegel. Natürlich gab ich es ihm sofort und als er es in seiner rechten Hand hochhielt, auf die Weise wie er es auch mit den anderen getan hatte, offenbarte er mir sein Geheimnis.

„Der siebte Vorbote: Die Warnung der gefallenen Sykomore wird nicht beachtet. Ihre entwurzelten Überreste wurden beseitigt. Ein anderer Baum wird an ihre Stelle gepflanzt, der

Der siebte Vorbote: Der Erez-Baum

hebräische Erez, ein immergrüner Nadelbaum, die biblische Zeder, aus der Familie der Pinaceae. Der Erez wird an dieselbe Stelle gepflanzt, an dem die Sykomore einst stand. Dieser Akt birgt symbolische Bedeutung. Der zweite Baum wird zum Zeichen des nationalen Wiederaufstiegs, der Zuversicht und Hoffnung des Volkes. Doch wie bei den Quadersteinen verkörpert er eigentlich die trotzige Haltung der Nation. Er steht für ihre falsche Hoffnung und ihr Zurückweisen der Warnung, die es erhalten hat. Der siebte Vorbote: Der Erez-Baum."

„Das Zeichen ist also das Auftreten des Erez-Baumes?"
„Ja."
„Seine Pflanzung."
„Ja, seine Pflanzung an die Stelle der Sykomore."
„Wenn das passiert, ist der siebte Vorbote aufgetaucht."
„Ja."
Wir begannen weiterzugehen.
„Und ist der siebte Vorbote bereits aufgetaucht?", fragte ich.
„Das ist er."
„Inwiefern?"
„Es begann mit der Beseitigung der Sykomore."
„Die Sykomore vom Ground Zero?"
„Ja. Sie wurde nach ihrem Fall von ihrem ursprünglichen Standort entfernt und zum Mittelpunkt des öffentlichen Interesses stilisiert. Sie wurde zum Symbol der Katastrophe. Sogar ihre Wurzeln wurden vorsichtig entfernt und zu einem anderen Ausstellungsort gebracht."

„Doch damit sich die Prophezeiung erfüllt", entgegnete ich, „muss ein anderer Baum an denselben Ort gebracht und dort eingepflanzt werden, wo die Sykomore zuvor stand."

„Im späten November des Jahres 2003, zwei Jahre nach dem Fall der Sykomore, tauchte ein seltsames Schauspiel über dem Ground Zero auf. Ein Baum wurde mithilfe eines Krans auf eine Grünfläche abgelassen. Diejenigen, die dabei involviert waren, lotsten ihn vorsichtig an die vorgesehene Stelle. Der neue Baum wurde genau an der Stelle abgesetzt, wo zuvor die Sykomore stand."

„Und um welchen Baum handelte es sich?"

„Die Idee wäre nahe gelegen, die alte Sykomore durch eine neue zu ersetzen. Doch die Prophetie verlangt, dass die Sykomore durch einen komplett anderen Baum ersetzt wird. Also war auch der Baum, der die Sykomore am Ground Zero ablöste, keine neue Sykomore. Laut der Prophezeiung muss die Sykomore durch den biblischen *Erez* ersetzt werden. Es muss also ein Nadelbaum sein."

„Und welcher Baum ersetzte nun die Sykomore vom Ground Zero?"

„Der Baum, der die Sykomore am Ground Zero ersetzte, war ein Nadelbaum."

„Ein immergrüner?"

„Ja, ein zapfentragender immergrüner Nadelbaum."

„Sie tauschten die gefallene Sykomore durch einen Erez aus."

„Das Zeichen für die falsche Hoffnung einer Nation und ihrem Trotz gegenüber Gott."

„Das klingt nach einem Spielfilm. Surreal."

„Mit dem Unterschied, dass es real ist."

„Wer war für diese Entscheidung verantwortlich?", fragte ich.

„Niemand", antwortete er. „Zumindest niemand im Sinne einer Person, die alles absichtlich arrangiert hätte, um die alte Prophezeiung zu erfüllen."

„Hatte keiner der Beteiligten irgendeine Ahnung davon, was er tat?"

„Keiner."

„Wo kam die Entscheidung dann her?"

„Der Baum war ein Geschenk von Außenstehenden, genau wie es bei dem Gazit-Stein war, der die gefallenen Ziegelsteine ersetzte."

„Aber Sie grenzten das Wort *Erez* auf eine bestimmte Art von Nadelbaum ein."

„Eine Pinaceae."

„Und was ist mit dem Baum, der am Ground Zero gepflanzt wurde?"

Der siebte Vorbote: Der Erez-Baum

„Seine lateinische Bezeichnung lautet *Picea Albies*."
„Und?"
„Der Baum, der die Sykomore ersetzte, war eine Pinaceae."
„Eine Pinaceae. Genau der Baum aus der Prophetie, genau der Baum, der die Sykomore ersetzen *musste*. Unglaublich!"
„Und die Schwester der Zeder vom Libanon."
„Das passierte alles direkt am Ground Zero?"
„Ja."
„Und auch der Gazit-Stein, der die Ziegelsteine ersetzen sollte, wurde zum Ground Zero gebracht."
„Ja."
„So wurden beide Teile der Prophezeiung am selben Ort erfüllt. Am Ground Zero."
„Nicht nur am selben Ort", sagte er, „sondern auch auf dieselbe Art."
„Was meinen Sie damit?"
„Sie platzierten nicht einfach nur den Gazit am Ground Zero. Sie machten ein öffentliches Ereignis daraus und veranstalteten eine öffentliche Versammlung, die sich allein auf den Vorboten konzentrierte. Und so war es auch bei dem Erez, als er die Sykomore ablöste. Der Akt wurde zu einem öffentlichen Ereignis, zu einer Versammlung, in deren Zentrum der Vorbote stand."
„Und wer leitete diese Veranstaltung?"
„Ein örtlicher geistlicher Leiter."
„Also wurde die Pflanzung des Erez zu einer Zeremonie?"
„Eine Zeremonie der Erneuerung, so wie die Grundsteinlegung auch eine Erneuerung darstellen sollte. Jede dieser Veranstaltungen hatte den jeweiligen Vorboten im Mittelpunkt. Nichts hatte dabei mit Buße zu tun. Stattdessen lobten sie den menschlichen Geist und seinen Willen, der Katastrophe zu trotzen. Sie waren ein weiteres Echo des uralten Schwurs. Zweieinhalbtausend Jahre zuvor reagierte das Volk Israel auf die Katastrophe durch die Pflanzung des Erez als Zeichen seines Eigensinnes und seiner Hoffnung auf die eigene Stärke. Und nun, nach dem 11. September 2001 und vor der Kulisse

des Ground Zeros wiederholten die versammelten New Yorker diesen Akt durch die Pflanzung ihres Erez-Baumes. Sie sahen ihn ebenfalls als ein Symbol. Während der Zeremonie verlieh ihm der geistliche Leiter sogar einen Namen. Er verkündete:

Dieser ‚Ground Zero Baum der Hoffnung' wird zu einem Zeichen der unerschütterlichen Kraft menschlicher Hoffnung ...[3]

Ein Baum der Hoffnung", sagte der Prophet.
„Und ein *Zeichen*."
„Ja, ein Zeichen der unerschütterlichen Kraft. Unerschütterlich heißt so viel wie *unbezwingbar.*"
„Der Geist des Schwurs."
„Und welches Wort wurde in dem Schwur dafür benutzt?"
„Sie sagten mir *khalaf.*"
„Und das bedeutet ...?"
„Austauschen, ersetzen, etwas an die Stelle seines Vorgängers pflanzen."
„Also muss genau das erfüllt werden. Es reicht nicht, dass, nachdem ein Baum gefallen ist, ein anderer gepflanzt wird. Der neue Baum muss an *derselben Stelle* gepflanzt werden. Der Erez musste an derselben Stelle gepflanzt werden, an der die Sykomore einst gestanden hatte. Und nun hören Sie sich an, was verkündet wurde, als sie sich um den Erez versammelten:

Der Baum der Hoffnung wird an derselben Stelle gepflanzt, an der eine sechzig Jahre alte Sykomore am Morgen des 11. Septembers 2001 stand.[4]"

„Und niemand bemerkte, dass das, was sie taten, mit der Prophezeiung übereinstimmte?", fragte ich. „Konnte denn niemand die Puzzlestücke zusammensetzen?"
„Niemand", antwortete er.
„Das ist eine exakte und präzise Erfüllung des uralten Schwurs. Und es sieht fast so aus, als würden sie ihr Handeln noch besonders betonen, damit es auch ja niemand übersieht."

Der siebte Vorbote: Der Erez-Baum

„Das ist das Wesen der Vorboten, Nouriel. Sie müssen sich deutlich erkennbar manifestieren."

„Sie hätten es gar nicht besser abstimmen können, es sei denn, sie hätten Jesaja 9,9 Wort für Wort zitiert. Und niemand hat das absichtlich arrangiert. Es passierte einfach so?"

„Denken Sie darüber nach, Nouriel. Wer hätte es arrangieren können? Der Turm fiel aufgrund der Terroristen. Er fiel genau so, wie er sollte, um diesen speziellen Baum zu treffen. Der Baum war zufällig eine Sykomore, die zufällig am Rande von Ground Zero wuchs. Der Baum, der sie ersetzen sollte, war zufällig ein Geschenk von Außenstehenden, die gar nichts mit der Sache zu tun hatten, aber sich geführt sahen, dieses Geschenk zu machen. Ihr Geschenk stellte zufällig die Erfüllung des biblischen Erez dar, der zufällig auch derselbe Baum war, von dem in dem uralten Schwur die Rede ist, – der Baum, der die Sykomore ersetzen musste. Und sie pflanzten ihn zufällig an derselben Stelle, an dem die Sykomore einst stand, – genau wie im hebräischen Schwur. Und der Mann, der die Zeremonie rund um die Pflanzung des Baumes leitete, fügte zufällig alle Puzzlestücke zusammen, ohne dass er eine Ahnung davon gehabt hätte, dass er irgendetwas zusammenfügte. Keiner von ihnen wusste, was er tat. Ihre Absichten spielten keine Rolle. Es ging nur darum, dass sich die Vorboten manifestierten."

„Das ist verwirrend", sagte ich. „Es war erneut eine Wiederholung der Prophezeiung. Sie wandelten alle in den uralten Fußspuren, und meinten, es seien ihre eigenen."

„Es waren ihre eigenen", erwiderte er, „aber sie platzierten sie in die uralten Spuren."

„Und wieder passt ein Stück des Puzzles. Eine weitere Wiederholung des altertümlichen Dramas, – hin zum Gericht. Das erscheint alles wie ein Film. Es fällt mir immer noch schwer zu glauben, dass alles real ist und wirklich passierte."

„Es passierte und passiert immer noch."

„Und welche Botschaft überbringt der Erez?"

„Es ist dieselbe Botschaft, die er auch dem alten Israel überbrachte. Der Baum der Hoffnung am Ground Zero war ein Zeichen, so wie es auch verkündet wurde. Aber er war kein Zeichen der Hoffnung. Stattdessen war er ein Symbol dafür, dass die Nation den Aufruf Gottes zur Buße trotzig ablehnte."

„Und was bedeutet das für die Zukunft?"

„Wenn Sie den Erez an der Stelle der Sykomore stehen sehen, dann ist das ein Omen, eine Warnung. Was bedeutet das für die Zukunft? Ein Kommentar zu Jesaja 9,9 formuliert es so:

‚Wenn der Feind Maulbeerbäume fällt, werden wir Zedern an ihre Stelle pflanzen. Wir werden Gottes Gerichte benutzen, uns an ihnen bereichern und sie so überwinden.' Wohlgemerkt sind jene hier reif für den Untergang, da sie ihre Herzen trotz der demütigenden Umstände nicht demütigen.[5]"

„*Reif für den Untergang.* Heißt das, dass es keine Hoffnung gibt?", fragte ich.

„Es *gibt* Hoffnung", sagte der Prophet, „aber wenn eine Nation wie diese ihre Hoffnung auf ihre eigene Stärke setzt, um sich selbst zu retten, dann handelt es sich um falsche Hoffnung. Wahre Hoffnung findet sie einzig in der Umkehr zu Gott. Ansonsten ist ihr Baum der Hoffnung lediglich ein Vorbote dafür, dass auch ihre starken Zedern eines Tages fallen werden."

Er blieb stehen. „Nouriel, wir nähern uns den letzten beiden Vorboten. Beide hängen so eng miteinander zusammen wie der Erez und die Sykomore."

Er gab mir das nächste Siegel, das Siegel des achten Vorboten, das ich sogleich untersuchte. Sein Bild zeigte eine Art Plattform, eine weite und flache Plattform. Ich wusste nicht, als was ich es sonst hätte deuten können.

„Sie sind verwundert", stellte er fest, während er meine Reaktion beobachtete.

Der siebte Vorbote: Der Erez-Baum

„Ja", sagte ich. „Das sieht nicht sehr vielversprechend aus."
„Was haben Sie noch, um weiterzukommen?"
„Den Schwur. Aber er endet mit der Pflanzung des Erez. Danach folgt nichts weiter."
„Und welche Hinweise haben Sie noch?"
„Ich weiß nicht."
„Sie haben die anderen Hinweise vergessen? Es sind nur noch zwei übrig. Gehen Sie nach dem Ausschlussprinzip vor. Einer ist aus Stein ..."
„Der Gazit", erwiderte ich.
„Der andere ist gefallen ..."
„Die Ziegelsteine. Die Ziegelsteine sind gefallen."
„Einer steigt auf ..."
„Das muss der Turm sein."
„Einer ist lebendig ..."
„Das ist der Erez."
„Und der andere war es einst ..."
„Die Sykomore."
„Es fehlen nur noch zwei."
„Geben Sie mir die Hinweise noch einmal", bat ich.
„Einer erzählt, was ist, der andere, was sein wird."
„Einer erzählt, was ist, der andere, was sein wird. Klingt sehr geheimnisvoll und vage."
„Die letzten beiden Vorboten sind nicht wie die anderen", sagte er, „und doch sind sie allen anderen gleich."
„Nicht wie die anderen und doch allen anderen gleich. Ich nehme an, Sie glauben, dass Sie mir helfen."
„Das tue ich", erwiderte er.
„Ich brauche etwas mehr."
„Sie haben Recht. Die letzten beiden sind schwieriger als der Rest."
„Ist das der Hinweis?", fragte ich.
„Und nicht hier, sondern weit weg."
„Weit weg, – wie der Berg?"
„Ja."
„So weit?"

„Ungefähr so weit", antwortete er.
„Das grenzt die Suche nicht wirklich ein."
„Die Prophezeiung wird es Ihnen offenbaren."
„Wo die Vorboten sind?"
„Ja."
„Ich kann nicht erkennen wie."
„Bis dann", sagte er und ließ mich am Rande des Parks zurück.

Ich rief ihm hinterher: „Sie könnten wenigstens sagen: ‚Viel Glück, Sie werden es brauchen.'"

„Ich glaube aber nicht an Glück, Nouriel", antwortete er, ohne sich umzudrehen. Er überquerte die Straße inmitten anderer Fußgänger. Ich verfolgte ihn bis zum Straßenrand und blieb dann stehen.

„Aber wenn ich nicht weiß, wonach ich suche", rief ich, „wie soll ich es erkennen, wenn ich es sehe?"

„Das werden Sie nicht", antwortete er.
„Ich werde es nicht erkennen?"
„Nein, sie werden es nicht sehen."
„Und warum nicht?"

Als er auf der anderen Straßenseite angekommen war, hielt er an und drehte sich zu mir.

„Warum Sie es nicht sehen werden?", rief er mir von der anderen Straßenseite zu.

„Ja", rief ich.
„Weil Sie es nicht sehen können. Es ist unsichtbar."
Dann ging er weiter und verschwand in der Menschenmenge.

Kapitel 12

Der achte Vorbote:
Die öffentliche Ansprache

א ת

„Also gut", sagte sie mit einem Schmunzeln, „Sie befanden sich nun auf der Suche nach einem unsichtbaren Vorboten."

„Genau", erwiderte er. „Auf der Suche nach einem unsichtbaren Vorboten mit einem undefinierbaren Bild als Anhaltspunkt."

„Das undefinierbare Bild befand sich auf dem Siegel."

„Ja."

„Was war mit den anderen Hinweisen?"

„Sie meinen: ,*Einer erzählt, was ist, der andere, was sein wird.*'"

„Ja."

„Was sollte ich damit anfangen? Was sollte das bedeuten?"

„Er gab Ihnen doch noch andere Hinweise."

„Er sagte, die letzten beiden Vorboten seien ,*nicht wie die anderen und doch allen anderen gleich.*'"

„Und, war das eine Hilfe?"

„Klingt es wie eine Hilfe?"

„Nicht wirklich."

„Den einzigen Reim, den ich mir darauf machen konnte, war, dass jeder Vorbote ein Puzzlestück war, das das geheimnisvolle Gesamtbild zusammenfügte. Die beiden letzten würden jedoch kein einzelnes Puzzleteil darstellen, sondern das große Ganze betreffen. Damit wären sie *nicht wie die anderen* und doch *allen anderen gleich.*"

„Klingt einleuchtend."

„Ja, aber ich kam damit nicht weiter."

„Was war mit dem Schwur? Bis zu diesem Punkt hielten sich die Ereignisse doch an die Reihenfolge, wie sie durch den Schwur vorgegeben war."

Der Vorbote

„Es gab nichts mehr, was noch fehlte. Wir hatten die Ziegelsteine, den Turm, den Gazit-Stein, die Sykomore und den Erez-Baum. Der Schwur endete mit: ‚*Aber wir werden Zedern an ihre Stelle setzen.*' Die Hinweise in diesem Vers waren aufgebraucht."

„Er sagte doch auch, der Vorbote sei weit weg."

„Das war die einzige Spur, die mich weiterbrachte."

„Wie das?"

„Ich fragte ihn, ob er so weit weg wäre wie der Berg. Er antwortete, er sei ungefähr so weit weg."

„Ziemlich vage."

„Und doch kam ich damit weiter. Der Berg war etwa vier Stunden von der Stadt entfernt. Dieselbe Entfernung ..."

„Aber *ungefähr so weit*", sagte sie, „heißt nicht genau so weit."

„Und doch könnte es dieselbe Entfernung sein", antwortete er. „Um sicherzugehen, erlaubte ich eine Entfernung von drei bis fünf Stunden zur Stadt. Das sind ein paar hundert Meilen. Dann zog ich einen Kreis."

„Mit New York City im Mittelpunkt?"

„Ja, und mit dem Radius von ein paar Hundert Meilen rundherum, um zu sehen, was darin liegen würde."

„Das müssen eine Menge Ortschaften gewesen sein."

„Ja, darunter befanden sich die Staaten New York, New Jersey, Connecticut, Pennsylvania, Masschusetts, Maryland, Delaware ..."

„Aber wie konnte das Ihnen bei der Suche nach dem achten Vorboten behilflich sein? Das hört sich nach der berühmten Nadel im Heuhaufen an."

„Das allein genügte nicht. Ich brauchte noch etwas anderes. Der Prophet gab mir noch einen Hinweis. Er sagte: ‚*Die Prophezeiung wird es Ihnen offenbaren.*' Also schaute ich mir erneut die Prophezeiung an und suchte nach einem weiteren Hinweis, der mich zum richtigen Ort führen konnte."

„Und?"

„Das Einzige, was ich bisher noch nicht berücksichtigt hatte, war die Einleitung:

Der achte Vorbote: Die öffentliche Ansprache

Ein Wort hat der Herr gegen Jakob gesandt, und es soll in Israel niederfallen. Das ganze Volk soll es erkennen, Ephraim und die Bewohner von Samaria, die im Stolz und Übermut des Herzens sagen: Ziegelsteine sind gefallen ...[1]"

„Wie konnten Sie darin einen Hinweis finden?", fragte sie.

„Die Namen", erwiderte er. „Ephraim, Jakob, Samaria, – sie waren alle mit Israel verbunden."

„Also war der achte Vorbote in Israel?"

„Nein. Israel ist weit mehr als vier Stunden entfernt. Ich recherchierte in verschiedenen Kommentaren, um herauszufinden, was sie dazu zu sagen hatten und ob sie mich ein Stück weiterführen konnten."

„Konnten sie?"

„Ja."

„Was haben Sie entdeckt?"

„Samaria."

„Samaria? Ist das nicht fast dasselbe wie *Israel* zu sagen?"

„Das kommt darauf an. *Samaria* war nicht nur ein alternativer Name für das Königreich Israel, sondern auch der Name einer Stadt. Die Prophezeiung richtet sich an diejenigen, welche in Samaria lebten. War nun das Königreich oder die Stadt Samaria gemeint? Oder beides?"

„Ich habe keine Ahnung", entgegnete sie. „Aber warum spielt das eine Rolle?"

„Der Schwur hätte von jedem überall im Land ausgesprochen werden können. Er hätte so etwas wie ein Sprichwort oder eine Hymne sein können. Aber er war nur dann von Bedeutung, wenn er die Antwort der ganzen Nation repräsentierte. Und wer kann im Namen des ganzen Volkes sprechen?"

„Die Führer des Volkes?"

„Genau. Samaria war die Hauptstadt des Reiches, der Sitz der Regierung, der Könige und der Beamten. Damit der Schwur von Bedeutung sein konnte, musste er von den Führern des Volkes als Antwort der ganzen Nation ausgesprochen werden. Somit musste er in der Hauptstadt proklamiert werden. Und dann entdeckte ich einen Hinweis in einem der Kommentare zu Jesaja 9,9, der den Schwur mit der Hauptstadt verknüpfte:

Nationaler Stolz ist gewöhnlich in der Hauptstadt am überheblichsten.[2]

Das war der Schlüssel. Der Schwur musste in der Hauptstadt proklamiert werden. Danach suchte ich: Die Hauptstadt." Er hielt inne und wartete auf ihre Antwort.
„Washington D.C.?", kombinierte sie.
„Was waren die beiden Ziele am 11. September?", fragte er.
„New York City und Washington."
„Sehen Sie die Verbindung?"
„Was ist mit der Entfernung?", fragte sie. „Liegt Washington innerhalb des Radius?"
„Washington ist nur ein wenig weiter als vier Stunden von New York entfernt, – dieselbe Entfernung wie zu dem Berg. Wenn ich also richtig lag, musste es eine Verbindung zwischen Washington D.C. und dem Schwur geben. Wenn ich Recht hatte, musste der achte Vorbote irgendwo in der Hauptstadt zu finden sein. Ich musste also dorthin."
„Und woher wussten Sie, wo Sie hingehen sollten, wenn Sie angekommen sein würden?", fragte sie.
„Ich hatte keine Ahnung, genau wie bei den anderen Vorboten. Ich folgte einfach der Spur oder dem, wovon ich glaubte, es sei die richtige Spur."
„Wo gingen Sie hin?"
„Zuerst ging ich zum Pentagon, da das der Ort war, der eine konkrete Verbindung zum 11. September hatte. Aber ich hatte natürlich nur begrenzten Zugang zum Gebäude und fand dort keine weiteren Hinweise. Am nächsten Tag ging ich zum Weißen Haus. Doch wieder fand ich nichts. Danach ging ich zum Lincoln Memorial."
„Warum gingen Sie zum Lincoln Memorial? Was glaubten Sie, dort zu finden?"
„Nichts", erwiderte er. „Aber ich wollte es schon immer einmal besichtigen. Und da ich nun so nahe dran war, dachte ich,

Der achte Vorbote: Die öffentliche Ansprache

solange ich auf der Suche blieb, würde ich sowieso irgendwann dort ankommen, wo ich ankommen sollte, egal auf welchem Weg. Somit war das Memorial ein genauso guter Ort wie jeder andere."

„Und dann?"

„Ich war noch nie dort gewesen. Mich beeindruckten die massiven Marmorsäulen, die denen eines griechischen Tempels ähnelten und natürlich die überlebensgroße Statue. Sie war mächtig und erhaben. Ich starrte auf das Gesicht, als ich eine Stimme hinter mir hörte."

―――♦♦♦―――

„Er wird als der größte der amerikanischen Präsidenten angesehen", sagte die Stimme.

Ich wandte mich um. Es war der Prophet. Noch bevor ich ihn begrüßen konnte, sprach er weiter.

„Und vielleicht war er auch der traurigste", sagte er. „Man sieht es sogar der Statue an."

„Ich habe es geschafft", sagte ich. „Ich bin hier."

„Das haben Sie, Nouriel. Ich bin beeindruckt. Aber ich wusste, dass Sie es schaffen werden." Er führte mich zur Wand auf die Seite, um mir die eingravierten Inschriften zu zeigen. „Lincolns zweite Antrittsrede", sagte er und begann die Worte laut vorzulesen:

Der Allmächtige hat Seine eigenen Absichten ... In Liebe hoffen wir, mit Leidenschaft beten wir, dass diese gewaltige Geißel des Krieges schnell vergehen möge. Doch wenn Gott will, dass sich der Krieg fortsetzt, bis aller Reichtum, der sich durch zweihundertundfünfzig Jahre nicht entlohnter Sklavenarbeit angehäuft hat, untergeht und bis jeder Tropfen Blut, der durch die Peitschenhiebe vergossen wurde, durch einen anderen, der durch das Schwert vergossen wird, bezahlt ist, wie vor dreitausend Jahren gesagt wurde, müssen wir dennoch feststellen, dass die Gerichte Gottes allesamt wahr und gerecht sind.[3]

Er hielt inne und beobachtete meine Reaktion. „Begreifen Sie, was da geschrieben steht, Nouriel?"

„Dass hinter dem Krieg, der die Nation zerstörte ..."

„... Gericht stand, ein nationales Gericht für die Sünde der Sklaverei: *Bis jeder Tropfen Blut, der durch die Peitschenhiebe vergossen wurde, durch einen anderen, der durch das Schwert vergossen wird, bezahlt ist.'"*

„Und daher rührt seine Traurigkeit", sagte ich leise.

„Aber das Gericht hatte Erlösung zum Ziel, sodass die Sklaverei aus dem Land verschwand."

„*,Der Allmächtige hat Seine eigenen Absichten.'"*

„Ja, *der Allmächtige hat Seine eigenen Absichten.*" Er ging in Richtung des Eingangs, hielt aber kurz vor den Stufen an, wo er nur schemenhaft gegen das Sonnenlicht außerhalb des Memorials zu erkennen war. Dort stand er zwischen zwei riesigen Marmorsäulen. Er wartete auf mich, bis ich ihm folgte. Also standen wir nun beide zwischen den Säulen und betrachteten das Washington Monument, den Obelisken und den reflektierenden See in der Ferne.

„Erzählen Sie mir, Nouriel, wie Sie es herausgefunden haben! Wie haben Sie herausgefunden, dass es Washington sein musste?"

„Durch Samaria", sagte ich, „die Hauptstadt. Der Schwur musste in der Hauptstadt ausgesprochen werden."

„Und warum?"

„Weil sich in der Hauptstadt der Sitz der Regierung befindet. Damit ist sie das Fundament, auf dem eine Nation ruht. Der Schwur ist nur dann von Bedeutung, wenn er den Willen oder die Stimme des Volkes widerspiegelt, – als Antwort der Nation an Gott. Und nur die Führer einer Nation können für sie sprechen."

„Gut gemacht, Nouriel. Was werden wir hier in Washington D.C. finden?"

„Irgendeine Verbindung zwischen der Stadt und dem Schwur", sagte ich. „Irgendwie muss Jesaja 9,9 mit Washington D.C. verknüpft sein."

Der achte Vorbote: Die öffentliche Ansprache

„Richtig. In den Tagen Jesajas wurde der Schwur zweifelsohne immer wieder im ganzen Land ausgesprochen. Aber er wurde auch von Autoritäten proklamiert und betraf damit das ganze Volk. Er fasste die Reaktion der Nation zusammen und legte ihren zukünftigen Kurs fest. Auf jeden Fall musste dieser Schwur öffentlich durch die Oberhäupter des Volkes verkündet werden und dies musste in der Hauptstadt geschehen."

„Und was ist der achte Vorbote nun genau?", fragte ich.

„Was fehlt von Jesaja 9,9 noch, das noch nicht als einer der neun Vorboten offenbar wurde?"

„Nichts. Der Vers endet mit der Pflanzung des Erez."

„Nichts?", sagte er. „Dann also alles!"

„Was meinen Sie damit?", fragte ich.

„Ich sagte Ihnen, dass die letzten Vorboten nicht wie die anderen, aber allen anderen gleich seien. Was konnten Sie damit anfangen?"

„Dass es diesmal nicht um einzelne Puzzlestücke, sondern, dass es viel mehr um das große Ganze gehen würde."

„Wieder richtig kombiniert. Und was habe ich Ihnen noch gesagt?"

„Dass ich sie nicht sehen könnte. Sie sind unsichtbar."

„Fügen Sie die Hinweise zusammen!"

„Es geht um das Gesamtbild."

„Das Gesamtbild wovon?", fragte er.

„Des Rätsels."

„Geht es etwas genauer?"

„Das Gesamtbild von Jesaja 9,9, des Schwurs."

„Also, was ist dann der achte Vorbote?"

„Jesaja 9,9?"

„Und wann ist Jesaja 9,9 unsichtbar?"

„Wenn der Vers ausgesprochen wird."

„Richtig."

„Also entspricht der achte Vorbote Jesaja 9,9 als gesprochene Version?"

„Der achte Vorbote ist der Schwur selbst, wenn er von den Führern des Volkes in der Hauptstadt verkündet wird, – wenn der Geist des Trotzes eine Stimme bekommt und Gericht verkündet wird."

„Die Führer der Nation verkünden Gericht über das Volk?"

„Unwissentlich. Indem sie den Schwur öffentlich proklamieren, besiegeln sie den Weg der Nation und verkünden damit Gericht über das Land. Ich nehme an, Sie haben das Siegel dabei?"

Ich nahm es aus meiner Tasche und gab es ihm.

„Haben Sie das Bild erkannt?", fragte er.

„Nein."

„Es ist ein Podest", sagte er, „eine Rednerbühne. Von hier aus hielten Sprecher und Führungspersönlichkeiten des Altertums ihre Reden."

Dann hielt er das Siegel in seiner rechten Hand hoch und begann sein Geheimnis zu lüften.

„Der achte Vorbote: Die Führer des Volkes reagieren mit trotzigen Ansprachen in der Öffentlichkeit auf die Katastrophe. Sie prahlen mit der Entschlossenheit und der Kraft der Nation. Sie sprechen über die gefallenen Ziegel und die gehauenen Steine, ihre entwurzelten Bäume und ihre Neupflanzungen. Sie loben den Eigenwillen und die Entschlossenheit des Volkes, gestärkt aus der Katastrophe emporzusteigen. Diese Worte nehmen die Form eines Schwurs an. Dieser Schwur gibt dem Geist der Nation eine Stimme und besiegelt ihren Kurs. Das passiert alles in der Hauptstadt. Der achte Vorbote: Die öffentliche Ansprache."

Der Prophet ging von den Marmorsäulen zur Treppe, stieg ein paar Stufen hinunter und setzte sich. Ich folgte ihm und ließ mich neben ihm nieder.

„Es war im dritten Jahr nach der Katastrophe", sagte er.

„Israels Katastrophe", fragte ich, „oder die Amerikas?"

„Es war im dritten Jahr nach 9/11. Die Stücke des uralten Puzzles setzten sich zusammen. Im späten November des Jahres 2003 wurde der Erez-Baum an den Ort der Sykomore gepflanzt. Am darauffolgenden 4. Juli des Jahres 2004 wurde der Gazit-Stein gelegt, um die gefallenen Ziegel zu ersetzen.

Der achte Vorbote: Die öffentliche Ansprache

Damit waren im Sommer 2004 alle Objekte, die in der Prophezeiung erwähnt werden, aufgetaucht. Und alle befanden sich am Ground Zero. Weniger als drei Monate später manifestierte sich der achte Vorbote."
„Aber nicht am Ground Zero."
„Nein, sondern in der Hauptstadt, wo sich die Führer der Nation befinden. Um die Prophezeiung zu erfüllen, musste mindestens ein Politiker oder Beamter involviert sein, der die Autorität hatte, für die ganze Nation sprechen zu können. Er musste eine Ansprache halten, die dem Schwur entsprach."
„Und das musste öffentlich geschehen."
„Ja. Im Herbst 2004 befand sich die Nation im Endspurt der Präsidentschaftswahlen. Der Kandidat der Demokraten für das Amt des Vizepräsidenten war ein Senatsmitglied und zu dieser Zeit einer der bekanntesten Politiker. Es war der 11. September 2004. Der Kandidat für das Vizepräsidentenamt war eingeladen, vor einem Kongressausschuss in Washington anlässlich des Jahrestages der Katastrophe zu sprechen. Es war eine wortgewaltige Rede, die die Zuhörer inspirieren sollte. *Aber sie war auch ein Zeichen.* Was zu diesem Anlass ausgesprochen wurde, war sogar noch präziser und unheimlicher als die Rede bei der Grundsteinlegung des Gazit am Ground Zero. Am 11. September 2004, dem dritten Jahrestag der Katastrophe, wurden genau diese Worte in Washington D.C., der Hauptstadt des Landes, verkündet:

Guten Morgen. An diesem Tag des Gedenkens und der Trauer haben wir des Herrn Wort, welches uns leitet:
Ziegelsteine sind gefallen,
aber wir werden mit Quadern wiederaufbauen.
Maulbeerbäume wurden abgehauen,
aber wir werden Zedern an ihre Stelle setzen.[4]"

„Mein Gott!", sagte ich. „Das ist unfassbar."
„Das ist es", sagte der Prophet, „und dennoch ist es passiert."
„Ich kann es kaum glauben."
„Aber es ist genau so geschehen."

„Er sprach genau diese Worte aus?"
„Genau diese Worte."
„Aber das war doch eine Prophetie über Gericht! Wie konnte er so etwas äußern?"
„Das ist der Punkt."
„Er verkündete Jesaja 9,9."
„Den Schlüssel zu den Vorboten."
„Das ist einfach zu heftig."
„Aber es ist real."

◆◆◆

Ana hatte bis zu diesem Zeitpunkt geschwiegen und versucht, das Gesagte aufzunehmen. Doch nun konnte sie sich nicht länger zurückhalten. „Das ist unglaublich", sagte sie, „das ist wie aus einem ..."

„Ich weiß", sagte er, „doch es ist alles wahr."

„Haben Sie alles, was der Prophet Ihnen erzählte, überprüft? Kontrollierten Sie, ob diese Dinge wirklich stattgefunden haben?", fragte sie.

„Ja", antwortete er.

„Und es stimmte alles?"

„Ja, es stimmte alles."

„Das ist wirklich kaum zu glauben. Nun ist es der Vizepräsidentschaftskandidat, der die Prophezeiung frei heraus ausspricht. Das ist unglaublich."

„Ich weiß. Das sagte ich ihm auch. Aber es ist alles wahr."

„Aber warum wurde dieser Schwur überhaupt proklamiert?", fragte sie.

„Dasselbe fragte ich auch den Propheten."

„Und was war seine Antwort?"

„Er sagte, dass es aus demselben Grund passierte, aus dem auch all die anderen Dinge passierten. Die Motivation oder Absicht desjenigen, der die Worte aussprach, spielt keine Rolle. Nur, dass sie ausgesprochen wurden, war wichtig. Es passierte, weil es passieren *musste*. Es war eine weitere Wie-

Der achte Vorbote: Die öffentliche Ansprache

derholung des alten Dramas. Was der Sprecher eigentlich sagen wollte, war unbedeutend. Die Worte wurden verkündet, weil sie verkündet werden mussten. Der Schwur, welcher zuvor von einem Führer des alten Israels proklamiert wurde, musste nun von einem amerikanischen Politiker in Bezug auf den 11. September ausgesprochen werden. Und dadurch waren beide Nationen, die moderne und die alte, miteinander verbunden. Die Ansprache stellte die Verbindung zu 9/11 und der assyrischen Invasion her. Und sie stellte denselben Trotz Amerikas zur Schau, den auch das alte Israel angesichts Gottes Gerichts an den Tag legte."

„Aber wieso suchte sich der Vizepräsidentschaftskandidat ausgerechnet diesen Vers für seine Rede aus?", fragte sie.

„Das wollte ich auch wissen. Ich fragte den Propheten, wie viele Verse es in der Bibel geben würde."

———◆◆◆———

„Über dreißigtausend", erwiderte er.

„Aus über dreißigtausend suchte er sich ausgerechnet diesen aus?", wunderte ich mich. „Und Sie sagten noch, dass er sehr unbekannt sei und dass ihn selbst Menschen, die täglich die Bibel lesen, kaum kennen würden."

„Das ist richtig."

„Wieso hat er sich dann ausgerechnet diesen Vers ausgesucht?"

„Wie wurde die Sykomore gefällt?", fragte er. „Durch eine Reihe von Zufällen. Das gleiche Prinzip gilt auch bei den Schreibern der Ansprache. Wahrscheinlich durchsuchten sie Zitate oder schrieben von Passagen aus anderen Reden ab. Es spielt keine Rolle, wie es passierte, sondern dass es passierte. Einer der bekanntesten amerikanischen Politiker hat den alten Schwur nun verkündet. Und das, obwohl er aus einem sehr unbekannten und verhängnisvollen Vers der Bibel stammt."

„Und auch er hatte keine Ahnung, was er da tat oder sagte?", erkundigte ich mich.

„Er hätte es niemals ausgesprochen, wenn er gewusst hätte, was er tat."

„Das ist unfassbar."

„Ja", bestätigte er. „Es ist schon unfassbar genug, dass Jesaja 9,9 in einer Rede zu 9/11 vorkommt. Aber das ist noch nicht das Ende der Geschichte. Die Prophezeiung kam nicht einfach nur in dieser öffentlichen Ansprache vor."

„Sondern?"

„Die ganze Rede entsprang dieser uralten Prophezeiung und drehte sich ausschließlich um sie."

„Die ganze Rede drehte sich um Jesaja 9,9?", vergewisserte ich mich.

„Sie war darauf aufgebaut."

„Das heißt ein amerikanischer Politiker baute seine Rede auf einem uralten Schwur auf, welcher den Trotz einer untergehenden Nation gegen Gott ausdrückt?"

„Und damit auch jedes Puzzlestück passt, stellte er ausdrücklich eine Verbindung zwischen diesen Worten des Gerichts und Amerika her."

„Auf welche Weise?"

„Er verkündete Folgendes:

Lassen Sie mich Ihnen zeigen, wie wir diese drei heiligen Stätten wiederaufbauen und Zedern an ihren Stellen pflanzen.[5]

Und darüber hinaus:

Und an einem Ort, an dem einst Rauch aufstieg, werden wir, Sie und ich, Zedern wachsen sehen.[6]

Und noch einmal:

Sie werden es sehen. Während diese Ziegelsteine gefallen und die Sykomoren abgehauen worden sind, lässt unser Volk Zedern in die Höhe steigen.[7]"

„Er verbindet die gefallenen Ziegel am Ground Zero tatsächlich mit den gefallenen Ziegeln und dem damit einhergehenden Gericht über das alte Israel!"

Der achte Vorbote: Die öffentliche Ansprache

„Ja, Nouriel, genau das tut er. Aber damit nicht genug. Er spricht auch über gefallene Sykomoren und emporragende Steine."

„Der Gazit-Stein."

„Ja, und in die Höhe steigende Zedern."

„Der Erez-Baum."

„Und alles bezieht er auf Amerikas Absicht, der Katastrophe zu trotzen. Und damit verbindet er all das mit dem Gericht über das alte Israel. Und zum krönenden Abschluss fasst er seine Rede in Form eines Schwurs zusammen:

Die Zedern werden in die Höhe wachsen, die Steine werden emporragen und diese Periode der Hoffnung wird andauern.[8]"

„Und er hatte absolut keine Ahnung davon, was er tat?", wollte ich wissen.

„Er wollte nur eine mitreißende Rede halten, eine, die die Nation ermutigen sollte. Aber stattdessen ..."

„... verkündete er Gericht über die Nation."

„Ja." Der Prophet nickte zustimmend. „Er hatte keine Ahnung, was seine Worte bedeuteten, aber indem er sie aussprach, verkündete er Gericht über Amerika."

„Unglaublich!"

„Aber so war es im Fall Israels auch. Die Führer des alten Israels verkündeten ebenfalls, ohne es zu ahnen, Gericht über *ihre* Nation."

„Aber wir leben zweieinhalbtausend Jahre später", sagte ich. „Jetzt ist der Kontext von Jesaja bekannt. Es sind definitiv keine Worte der Ermutigung. Hat sich denn keiner die Mühe gemacht, zwei Verse davor oder danach zu lesen, um zu merken, dass es sich eigentlich um eine Verkündigung von Gericht handelte?"

„Nein, denn es *musste* verkündet werden. Und passen Sie auf, Nouriel, der Senator nahm eine feinsinnige Veränderung vor. Der originale Schwur spricht über Zukünftiges: ‚Wir *werden* wiederaufbauen.' ‚Wir *werden* Zedern setzen' – Doch in der Rede sagte er: ‚Wir bauen wieder auf.' ‚Wir lassen die Zedern in die Höhe wachsen.' Erst am Ende der Rede wechselt er wieder zum Futur: ,*Die Zedern werden in die Höhe steigen, die Steine werden emporragen ...*' Warum, glauben Sie, tut er das?"

„Wenn er im Futur spricht, dann schwört er. Das ist der Schwur. Aber wenn er in der Gegenwart spricht, bezeugt er, dass der Schwur schon in die Tat umgesetzt wird."

„Exakt. Er bezeugt, dass der Schwur bereits umgesetzt wird. Und dabei benutzt er die gehauenen Steine und die Zedern, die Symbole, die nach Jesaja 9,9 dem Trotz des alten Israels Ausdruck verliehen, als Zeugen, um den Wiederaufstieg Amerikas zu veranschaulichen."

„Genauso wie die sichtbaren, manifesten Vorboten zu Symbolen des Wiederaufbaus Amerikas erklärt worden sind."

„Richtig."

„Wusste er, dass es auch wirklich geschehen war?"

„Wusste er, dass *was* geschehen war?"

„Wusste er, dass das, was er aussprach, sowohl real als auch symbolisch tatsächlich geschehen war? Er sprach über die gefällte Sykomore als Symbol des 11. Septembers. Wusste er, dass tatsächlich eine Sykomore an diesem Tag umgehauen wurde? Und wusste er, als er über die Zedern und die Steine sprach, dass auch diese am Ground Zero zu finden waren? Wusste er von dem Gazit-Stein oder dem Erez-Baum?"

„Seine Rede sollte poetisch sein. Er hatte keine Ahnung. Und selbst, wenn es ihm jemand gesagt haben sollte, hätte er immer noch nicht mehr Ahnung davon gehabt, was das alles bedeutete, als diejenigen, die die Sykomore durch die Zeder und die Ziegel durch die Steine ersetzt hatten. Jeder Einzelne erfüllte völlig unwissend seine Rolle. Und die Rolle des Senators bestand darin, den Schwur für Amerika auszusprechen. In seiner Rede war dieser nicht nur ein Zitat. Es war nicht Israel, das mit seinen Zedern prahlte. Es war Amerika. Und damit war es Amerikas Schwur. Jeder Bestandteil der Prophezeiung hatte sich manifestiert, – die Ziegel, der Quader, die Sykomore, die Zeder. Und nun wird der Schwur von einem amerikanischen Politiker öffentlich Wort für Wort verkündet. Dieser Politiker

Der achte Vorbote: Die öffentliche Ansprache

bezeugt gleichzeitig, dass der Schwur bereits in die Tat umgesetzt wird. Ein Vorbote, der die anderen besiegelt und Amerika als eine Nation unter dem Schatten des Gerichts offenbart."

„Ein amerikanischer Politiker verkündet Gericht über Amerika!"

„Ja, aber ohne es zu bemerken. So manifestiert sich der achte Vorbote."

„Am Jahrestag von 9/11 verkündet ein amerikanischer Politiker einen uralten Schwur und damit Gericht über sein eigenes Volk und er hat keine Ahnung davon, was er tut. Genau wie bei allen anderen Vorboten bemerkt niemand, was geschieht. Und doch passiert alles gemäß der uralten Prophezeiung. Jedes Puzzlestück fügt sich genau zur richtigen Zeit ins Gesamtbild ein, aber niemand beabsichtigt es. Und dieses Schauspiel wird ohne menschliches Zutun inszeniert. Ich kann es immer noch nicht fassen."

Der Prophet hielt einen Moment inne, bevor er mir antwortete. Dann fuhr er fast flüsternd fort: „Der Allmächtige hat Seine eigenen Absichten."

Er griff in seine Manteltasche, holte das nächste Siegel hervor und überreichte es mir.

„Das ist das letzte", sagte er. „Es ist das Siegel des neunten und damit letzten Vorboten."

„Bekomme ich einen Hinweis?", fragte ich.

„Sie haben den Hinweis doch schon."

„Nicht wie die anderen und doch allen anderen gleich?"

„Ja."

„Dann ist der neunte Vorbote dem achten ähnlich?".

„Er ist ihm einerseits ähnlich, andererseits aber auch nicht."

„Gibt es eine Regel", fragte ich, „die besagt, dass, falls etwas an sich nicht verwirrend genug ist, Sie es noch verwirrender machen müssen?"

Er ging nicht darauf ein.

Der Vorbote

„Ähnelt der neunte dem achtem Vorboten darin, dass er eine Art Zusammenfassung aller bisherigen Vorboten darstellt?", erkundigte ich mich.

„Ja und nein", erwiderte er.

„Sehen Sie, was ich meine?", sagte ich in der Hoffnung auf etwas Mitgefühl.

„Ja", erklärte er, „er fasst etwas zusammen. Aber nein, nicht zwangsläufig nur die *bisherigen* Dinge."

„Welche dann?"

„Die Dinge, die folgen."

„Wie kann der Vorbote etwas zusammenfassen, was noch kommen wird."

„Folgenden Hinweis habe ich Ihnen gegeben: *Einer erzählt, was ist, der andere ...*"

„*Der andere*", ergänzte ich, „*was sein wird.*"

„Was sehen Sie auf dem Siegel?", wollte er wissen.

„Es sieht aus wie ein Dokument oder so etwas in der Art."

„Es ist ein Dokument. Es ist ein Pergament, und zwar genau so eines wie für die Heiligen Schriften und auch die Prophezeiungen des Jesajas verwendet wurde."

„Beim neunten Vorboten handelt es sich demnach um ein Dokument?"

„Auch", antwortete er, „aber nicht in erster Linie."

„Was ist er dann in erster Linie?"

„Was erzählt denn davon, *was sein wird*, Nouriel?"

„Eine Prophezeiung", gab ich zur Antwort.

„Der neunte Vorbote."

„Ist er eine Prophezeiung?"

„Richtig."

„Also suchen wir nach einem Propheten?"

„Nein."

„Wonach dann?"

Er stand auf und ging die Stufen herunter. „Kommen Sie, Nouriel! Ich werde es Ihnen zeigen."

„Was werden Sie mir zeigen?"

„Den Ort, an dem es geschah."

Kapitel 13

Der neunte Vorbote: Die Prophezeiung

א ת

Wir gingen die Marmorstufen hinunter und spazierten am Reflecting Pool, einem langgezogenem Spiegelteich, entlang.

„Ich habe eine Frage", unterbrach ich das Schweigen.

„Nur zu", erwiderte er.

„Der neunte Vorbote ist insofern dem achten ähnlich, als dass er die gesamte Prophezeiung von Jesaja 9,9 umfasst und nicht nur einen Teil davon."

„Ja."

„Aber er *unterscheidet* sich vom achten dadurch, dass der achte vorrangig erzählt, was ist. Er spricht von der Gegenwart. Der neunte erzählt hingegen, was sein wird, also von Zukünftigem. Ist das soweit richtig?"

„Ja."

„Warum spielt diese Unterscheidung eine so große Rolle?"

„Weil sich Jesaja 9,9 auf zwei Ebenen abspielt. Auf der einen Ebene handelt es sich um die Stimme des Volkes, das ihren Trotz gegenüber Gott durch einen Schwur Ausdruck verleiht. Aber auf der anderen Ebene handelt es sich um die Stimme eines Propheten, die Stimme des Propheten Jesaja, und damit auch um die Stimme Gottes, der durch ihn redet. Die Worte sind damit eine Vorhersage der Zukunft und eine Warnung davor, dass der Stolz und die Arroganz des Volkes zu Gericht führen. Jesaja 9,9 ist eine Botschaft Gottes an das ganze Volk, und zwar so, dass sie jeder mitbekommen musste."

„Also ist der neunte Vorbote die Manifestation von Jesaja 9,9 in Form einer Prophezeiung."

„In Form einer Prophezeiung *und* eines Schwurs", sagte er.
„Und beide betreffen das ganze Volk."
„Ganz Amerika."
„Ja."
Wir gingen ein Stück weiter, während ich über seine Worte nachdachte. Als er anhielt, fragte er mich nach dem Siegel, das er mir erst kurz zuvor gegeben hatte. Ich gab es ihm und er begann, das Geheimnis des Siegels zu lüften.
„Der neunte Vorbote", sagte er. „Das Volk reagiert auf die Katastrophe durch einen Schwur, welcher die Nation auf einen Pfad des Trotzes führt. Ein Pfad, an dessen Ende Gericht steht. Die Worte des Schwurs werden Teil einer prophetischen Offenbarung, die dem ganzen Volk gegeben wird. Diese Prophetie ist eine Anklage gegen seine Rebellion, eine Vorhersage seiner Zukunft und eine Warnung vor dem kommenden Gericht. Der neunte Vorbote: Die Prophezeiung."
„Also muss es im Zusammenhang mit dem 11. September eine Prophetie gegeben haben, die das ganze Volk betraf."
Er antwortete nicht und lief schweigend weiter.
„Eine Prophetie, die aber nicht durch einen Propheten gegeben wurde?"
Er schwieg weiterhin.
„Und die Worte der Prophezeiung wurden wahr?"
Er hielt an. „Sehen Sie sich das an!", sagte er und zeigte nach vorne.
Ein Stück entfernt vor uns befand sich die große Kuppel des Kapitols.
„Der Sitz der amerikanischen Regierung."
„Ist das der Ort?", wollte ich wissen.
Erneut antwortete er nicht, aber er setzte seinen Gang fort. Keiner sprach mehr ein Wort, bis wir unten an den Stufen des Kapitols angekommen waren. Wir blieben stehen.
„Nouriel, wann verkündeten die Führer des alten Israels ihren Schwur zum ersten Mal?"
„Wahrscheinlich direkt nach der Katastrophe."

Der neunte Vorbote: Die Prophezeiung

„Und was würde *direkt nach der Katastrophe* im Falle Amerikas bedeuten?"

„Nach dem 11. September."

„Wie wäre es mit dem 12. September?"

„Das wäre wirklich *direkt* danach. Warum?"

„Am 12. September 2001", sagte er, „am Morgen nach dem Anschlag, versammelten sich der Senat und das Repräsentantenhaus, um einen gemeinsamen Beschluss als Reaktion auf 9/11 zu verabschieden. Dies war die erste offizielle Reaktion der Nation auf die Katastrophe."

„*Hier* ist es geschehen", stellte ich fest.

„Der Schwur muss im Namen der ganzen Nation ausgesprochen werden. Hier, wo sich die Repräsentanten des Volkes in den beiden Häusern des Kongresses versammeln, ist der perfekte Ort, um diese Voraussetzung zu erfüllen."

„Das Repräsentantenhaus und der Senat."

„Das höchstgestellte Mitglied innerhalb des Senats ist der Sprecher der Mehrheitsfraktion, ihr Fraktionsführer. Als oberster Repräsentant des Senats ist der Sprecher der Mehrheitsfraktion in der Position, die Reaktion des Volkes auf die Katastrophe in dessen Namen zu verkünden."

Wir stiegen die Marmorstufen hinauf.

„Am Morgen nach dem 11. September", sagte er, „erklärte Amerika seine Reaktion auf die Katastrophe in Form eines Beschlusses durch den Kongress, repräsentiert durch den Fraktionsführer der Mehrheitsfraktion. Das war ein wichtiger Moment in der Geschichte Amerikas. Die Reaktion der Nation auf eine göttliche Warnung bestimmt ihre Zukunft."

Endlich gelangten wir auf den obersten Stufen an und der Prophet setzte seinen Bericht fort.

„Der Rauch stand noch über Ground Zero, als die amerikanische Regierung die Bekanntgabe ihrer Reaktion auf die Anschläge vorbereitete. Nicht nur das eigene Volk, sondern die ganze Welt wartete auf die Stellungnahme der Regierung. Der Parteiführer der Mehrheitsfraktion ging zum Podium des

Der Vorbote

Senats, um sie zu verkünden. ‚Herr Präsident', sagte er, ‚ich übergebe Ihnen diese Resolution.' Einer der Beamten las das Dokument dann vor:

Eine gemeinsame Resolution, die das Empfinden des Senats und des Repräsentantenhauses betreffs der Terroranschläge vom 11. September 2001 gegen die Vereinigten Staaten, ausdrückt.[1]

Der Beamte fuhr mit der Verlesung des Beschlusses fort. Darin wurden die Anschläge verurteilt, Beileid bekundet und zur Einheit im Krieg gegen den Terrorismus und zur Bestrafung aller Verantwortlichen und ihrer Helfer während der Anschläge aufgerufen."

„Das war zu erwarten", bemerkte ich.

„Das war es", erwiderte der Prophet, „doch dann begann der Fraktionsführer seine Rede. An deren Ende kam er zum Höhepunkt. Dies sind die Worte, die der Parteiführer der Mehrheitsfraktion des Senats im Kapitol direkt am Morgen nach dem 11. September verkündete, um die Reaktion der Nation auf die Katastrophe darzulegen. Hören Sie zu:

Ich weiß, dass diese Katastrophe kaum Raum für Inspiration übrig lässt, aber es gibt eine Passage in der Bibel, im Buch Jesaja, welche, so denke ich, in diesen Zeiten zu uns allen spricht ...

Ziegelsteine sind gefallen,
aber wir werden mit Quadern wiederaufbauen.
Maulbeerbäume wurden abgehauen,
aber wir werden Zedern an ihre Stelle setzen.[2]"

Mir fehlten die Worte. Ich wusste nicht genau, was ich erwartet hatte zu hören, aber das, was ich hörte, verschlug mir die Sprache. Mein Herz pochte. Ich war fassungslos. Der antike Schwur wurde tatsächlich vom Kapitol aus an das Volk verkündet. Der Schwur über die gefallenen Ziegelsteine und über die Sykomoren ertönte in den Hallen des amerikanischen Kongresses. Und das geschah direkt am Morgen nach 9/11."

Der neunte Vorbote: Die Prophezeiung

„Wie ist es dazu gekommen?", wollte ich wissen.

„Können Sie sich an den Vizepräsidentschaftskandidaten erinnern oder an den Stein oder den Baum? Wie ist es zu diesen Dingen gekommen? Sie sollten geschehen, also sind sie geschehen."

„Aber er hat Amerika mit einer Nation gleichgesetzt, die unter Gericht steht."

„Ja, unbeabsichtigt."

„Der Fraktionsführer der Mehrheitsfraktion im Senat verkündete öffentlich Gericht über Amerika."

„Er war blind dafür", meinte er, „und hatte keine Ahnung, was er da aussprach. In seinen Augen hielt er einfach eine inspirierende Rede."

„Doch ohne es zu wissen, spielte er seine Rolle in der Prophezeiung."

„Ja, und somit wurde der antike Schwur offiziell mit Amerika und dem 11. September verknüpft. Und genau wie der alte Schwur durch Jesajas Aufzeichnung zu einem Bericht über das Volk Israel und zu einer Prophezeiung *für alle Menschen* wurde, so wurden dieselben Worte nun auch in den Annalen des amerikanischen Kongresses aufgezeichnet und wurden zu einem Bericht über das amerikanische Volk."

„Aber der Parteiführer war kein Prophet."

„Nein."

„Aber sie sagten, es handelte sich um eine Prophezeiung. Wie kann jemand, der kein Prophet ist, ein prophetisches Wort verkünden?"

„Im Johannesevangelium", erwiderte er, „im 11. Kapitel, sagt der Hohepriester Kaiphas: ,*Es ist besser für euch, ein Mensch sterbe für das Volk.*' Das war der Beginn der Geschichte, an deren Ende die Kreuzigung des Messias stand. Aber diese Worte sagen uns noch etwas anderes. Sie waren prophetisch und sagten voraus, dass ein Mann, Jesus, für die Menschen sterben würde, um sie zu retten. Kaiphas war kein Prophet. Er war ein gottloser Mann und doch prophezeite er. Nicht seine Person war von Bedeutung, sondern das Amt, welches er inne-

Der Vorbote

hatte. Das Evangelium berichtet dazu: ‚*Das sagte er aber nicht von sich aus, sondern weil er in dem Jahr Hohepriester war, weissagte er.*' Er war der oberste Repräsentant des Volkes und *prophezeite auf Grund seines Amtes*."

„Demnach *prophezeite* der Fraktionsführer auch *auf Grund seines Amtes*?"

„Der Fraktionsführer war der oberste Repräsentant der höchstgestellten repräsentativen Körperschaft Amerikas. Auf Grund dieses Amtes wurde er zum Instrument, um die Nation zu vertreten, in ihrem Namen zu sprechen, ihre Reaktion auf die Anschläge zu verkünden und ein prophetisches Wort an sie zu richten."

„Es kann also jemand prophezeien, ohne ein Prophet zu sein. Wie funktioniert das?"

„Das Schlüsselwort lautet *Inspiration*. Wenn ein Prophet spricht, ist er durch den Geist *inspiriert*. Doch Propheten sind nicht die Einzigen, die unter Einfluss des Geistes sprechen oder handeln können. Die Bibel selbst wird als das *inspirierte Wort Gottes* bezeichnet, weil diejenigen, die sie schrieben, durch den Geist Gottes inspiriert wurden. Das waren nicht nur Propheten. Sogar diejenigen, die keine Ahnung haben, was sie tun oder sagen, oder solche, die aus anderen Beweggründen sprechen oder handeln – so wie es Kaiphas tat – sogar ein Politiker, ob er es gut meint oder nicht, kann unter der *Inspiration* des Geistes Gottes sprechen."

„*Inspiration*", wiederholte ich, „benutzte er dieses Wort nicht in der Rede?"

„Ja, das tat er. Er sagte: ‚Ich weiß, dass diese Katastrophe kaum Raum für *Inspiration* übrig lässt.'³ Hiermit leitete er die Prophezeiung ein."

„Aber es war nicht seine Absicht, dieses Wort in diesem Sinne zu nutzen."

„Natürlich nicht. Er meinte: *Das soll euch inspirieren!* Doch das Wort beinhaltet noch viel mehr. *Inspiration* kommt vom lateinischen *inspiratio* und bedeutet so viel wie angehaucht."

„Angehaucht durch wen?"

Der neunte Vorbote: Die Prophezeiung

„Durch den Wind, durch den Atem oder durch den Geist. Inspiration bedeutet durch den Geist Gottes angehaucht. Das Wort wird genauer definiert als *übernatürlicher oder göttlicher Einfluss auf die Propheten, Apostel und die Heiligen, um sie zu befähigen, göttliche Wahrheiten zu kommunizieren.*"

„Also hat das Wort eine Doppelbedeutung."

„Ja, genau wie die prophetischen Worte von Kaiphas eine doppelte Bedeutung hatten. Die eine wollte er ausdrücken. Die andere, die prophetische Bedeutung, wollte er eigentlich nicht äußern. Genauso war es mit dem Fraktionsführer des Senats. Was er zum Ausdruck bringen wollte, war: *Die folgende Rede soll euch inspirieren.*"

„Und so werden es auch die meisten seiner Zuhörer verstanden haben."

„Ja", sagte der Prophet, „aber es gab eben auch eine Botschaft hinter seinen Worten, die er nicht kommunizieren wollte: *Die folgenden Worte stammen nicht von mir, sondern haben einen göttlichen Ursprung, genau wie die Worte der Propheten. Was Sie gleich hören werden, ist eine prophetische Botschaft.*"

„Sogar der Begriff *Inspiration* kam ihm durch Inspiration in den Sinn."

„Ja, und sogar die Empfänger der Botschaft erhielten sie durch Inspiration."

„Was meinen Sie damit?", fragte ich.

„Wenn Sie einen Brief schreiben, dann adressieren Sie ihn. Sie bestimmen jemanden, zu dem er gesendet werden soll. Biblische Prophezeiungen enthalten auch oftmals prophetische Adressaten, in Form von Einleitungen.

In Jesajas Prophezeiung sieht das so aus: ‚Der Herr hat ein Wort gesandt wider Jakob, ... Israel, ... Ephraim und die Bürger Samarias.' Die Prophezeiung ist also an die Menschen von Jakob, Israel und Samaria adressiert. Doch nun wird dieselbe Botschaft an ein anderes Volk, eine andere Nation gesendet."

„Amerika."

„Ja."

„Also musste er den Adressaten ändern. Der Empfänger der Prophezeiung musste neu benannt werden."

„Richtig", sagte er. „Und genau das ist passiert. Der Fraktionsführer der Mehrheitsfraktion im Senat ließ die Einleitung der Prophezeiung aus, welche Israel als den Adressaten identifiziert. Stattdessen äußerte er Folgendes:

> *Es gibt eine Passage in der Bibel aus dem Buch Jesaja, welche, so denke ich, in diesen Zeiten zu uns allen spricht.*[4]

Ich wiederhole noch einmal, wir sprechen hier von einer Botschaft mit doppelter Bedeutung. Der Sprecher wollte eigentlich sagen: ‚*Es gibt eine Passage in der Bibel, die uns in solchen Krisenzeiten trösten kann.*' Und natürlich wimmelt es in der Bibel von Versen, die uns trösten oder ermutigen können."

„Aber Jesaja 9,9 ist keiner von diesen."

„Nein", sagte der Prophet, „nicht im Geringsten."

„Und was hat er nun gesagt, obwohl er es nicht sagen wollte?"

„Was er nicht ausdrücken wollte, aber tatsächlich sagte, war: ‚*Es gibt eine Botschaft in der Bibel, die heute an Amerika gerichtet ist. Diese Botschaft ist eine prophetische Warnung, die an eine Nation gerichtet ist, die Gott einst kannte. Sie ist für eine bestimmte Zeit niedergeschrieben worden, für eine Zeit, in der der Nation Gericht droht.*' Und nachdem er den Schwur verkündet hatte, fügte der Fraktionsführer seine eigenen Worten hinzu:

> *Ziegelsteine sind gefallen, aber wir werden mit Quadern wiederaufbauen. Maulbeerbäume wurden abgehauen, aber wir werden Zedern an ihre Stelle setzen. Genau das werden wir tun!*[5]

Genau das werden wir tun. Nur fünf Worte. Genug, um den Schwur von Israel auf Amerika zu übertragen. Jetzt war er nicht mehr nur der Schwur eines alten Volkes. Er wurde auch nicht nur einfach zitiert. Das Zitat wurde nun selbst zum Schwur. Der Fraktionsführer schwörte. Das *Wir* des alten Israels wurde nun zum *Wir* des modernen Amerikas. Anstelle in

Der neunte Vorbote: Die Prophezeiung

der Hauptstadt eines uralten Königreiches fand dieser Akt des nationalen Stolzes nun im Kapitol in Washington D.C. statt. Das alte Drama begann sich auf dem Boden des amerikanischen Senats erneut abzuspielen. Und die logische Schlussfolgerung des Parteiführers lautete:

Genau das werden wir tun! Wir werden wiederaufbauen und erstarken![6]

Das war die Bestätigung des Schwurs: ‚*Genau das werden wir tun!*‘ Mit anderen Worten: ‚Amerika wird genau so handeln wie das alte Israel in seinen Tagen des Gerichts.'"

„Und was heißt das?"

„Das Wort *das* in dem Satz ‚*Genau das werden wir tun!*‘ kann sich nur auf den antiken Schwur beziehen. Anders ausgedrückt heißt das, dass Amerika weiterhin im Trotz gegen Gott verharren wird. Es wird sich weiter von Seinen Wegen entfernen und Seinen Ruf zur Buße ignorieren. Und es wird dabei noch konsequenter sein als zuvor. Amerika wird dem Kurs des alten Schwurs folgen."

„Damit ist Jesaja 9,9 zur landesweiten Politik geworden."

„So könnte man es sagen."

„Und was passierte, nachdem der Schwur ausgesprochen wurde?", fragte ich.

„Jeder stimmte ihm zu", antwortete er.

„Sie verstanden nicht, was sie gerade gehört hatten?"

„Nein. Sie hatten keine Ahnung davon, dass durch die Rede des Fraktionsführers Amerika mit einer Nation gleichgesetzt wurde, die sich in Rebellion gegen Gott und dadurch in Gefahr von Gericht befand."

„Und wie ging es weiter?"

„Wie es weiterging? Es erfüllte sich. Es handelte sich um eine Prophezeiung. Sie sagte den zukünftigen Weg der Nation voraus. *Genau das werden wir tun!* Amerika ging denselben Weg, den auch das alte Israel ging. Es wählte dieselbe Strategie und folgte in den Fußspuren der Israeliten. So wurde es an diesem Morgen nach dem 11. September vorhergesagt."

Der Vorbote

„Er sprach von dem gefällten Baum. Wusste er, dass tatsächlich ein Baum im Zuge der Anschläge am Ground Zero gefällt wurde und dass er denselben Namen trug wie der Baum aus Jesaja 9,9?"

„Nein, er wusste nichts. Seine Version übersetzte ihn als *Maulbeerbaum*. Dennoch liegt diesem Wort das hebräische S*chakam* zu Grunde, – die Sykomore also. Und selbst wenn er gewusst hätte, was er sagte, hätte er doch nicht ahnen können, dass sich alles erfüllen würde. Als er die Prophezeiung am 12. September aussprach, war der Ground Zero immer noch ein Trümmerfeld. Erst viel später wurde die Geschichte mit der Sykomore bekannt. Und dennoch sprach er davon. Er konnte am 12. September auch nicht wissen, dass eines Tages ein Kran einen zwanzig Tonnen schweren Gazit-Stein am Ground Zero ablassen würde, um die gefallenen Ziegelsteine zu ersetzen. Doch es geschah drei Jahre, nachdem er es vorausgesagt hatte."

„Die Zeder sollten wir nicht vergessen!", bemerkte ich. „Er konnte unmöglich wissen, dass eines Tages ein Baum, der dem biblischen Erez entsprechen würde, den Platz der gefallenen Sykomore einnehmen wird."

„Das geschah erst Jahre später und nur weil irgendjemand entschieden hatte, diesen speziellen Baum zu spenden. Er konnte davon noch nichts wissen, aber dennoch prophezeite er, dass der eine Baum den anderen ersetzen werde. All die Vorboten wurden bereits am Folgetag des 11. Septembers prophezeit. Die Prophezeiung wurde in den Annalen des Kongresses aufgezeichnet, sodass die ganze Nation davon wissen konnte. Amerika reagierte auf die Anschläge genau wie das alte Israel auf die Invasion der Assyrer. Es verharrte im Trotz und schlug einen Weg ein, an dessen Ende Gericht stand."

Ich schwieg. Der Prophet hielt ebenfalls inne, um mir Zeit zu geben, das Gehörte zu verarbeiten. Nach einer Weile zeigte er mir noch etwas.

„Kommen Sie, Nouriel! Ich möchte, dass Sie sich etwas ansehen." Er führte mich zur anderen Seite des Kapitols und deutete auf ein nahestehendes Gebäude.

Der neunte Vorbote: Die Prophezeiung

„Wissen Sie, was das ist?"
„Wahrscheinlich sollte ich das."
„Sie schauen auf das Gebäude des Obersten Gerichtshofs, die letzte Instanz im Land. Und doch gibt es ein höheres Gericht als dieses, welches die Nationen richtet. Um den biblischen Ansprüchen zu genügen, braucht es zwei Zeugen, bevor etwas als erwiesen gilt und ein Urteil in einem Gerichtsverfahren gesprochen werden kann:

> *Es soll kein einzelner Zeuge gegen jemand auftreten wegen irgendeiner Missetat oder Sünde, was für eine Sünde es auch sei, die man tun kann, sondern durch zweier oder dreier Zeugen Mund soll eine Sache gültig sein.*[7]

Das Prinzip der zwei Zeugen bezieht sich zunächst auf den Bereich der Rechtsprechung. Doch kann dieses Prinzip auch auf das Gericht über Nationen angewendet werden. Im Fall Amerikas muss also die Verbindung zu Jesaja 9,9 durch zwei Zeugen bestätigt werden."
„Der Fraktionsführer im Senat am Morgen nach dem 11. September war der erste Zeuge."
„Richtig. Und wer war der zweite Zeuge?"
„Der Vizepräsidentschaftskandidat, als er drei Jahre später – am Jahrestag von 9/11 – seine Rede hielt. Er gebrauchte dieselben Worte, die auch der Fraktionsführer in den Mund nahm."
„Richtig. Und damit bezeugten beide, dass Amerika sich auf dem Weg des alten Israels befand und dass der 11. September mit Jesaja 9,9 in Verbindung steht. Der Eine erzählte was war, der Andere was sein wird. Die Prophezeiung erfüllte sich."
„Und keiner von beiden", ergänzte ich, „wusste, was er sagte oder was der Andere gesagt hatte oder wie sich ihre Worte tatsächlich in der Realität erfüllen würden."
„Nein", sagte der Prophet. „Doch das verleiht ihrem Zeugnis nur noch mehr Gewicht."
„Und alles begann direkt am Morgen nach dem 11. September. Hier. Mit einer Warnung und der Verkündigung von

Der Vorbote

Gericht. Die Prophezeiung ging vom Kapitol aus und würde sich in all ihren Einzelheiten erfüllen."

———◆◆◆———

Es wurde still. Der neunte Vorbote war nun offenbar und ich war immer noch erschüttert. Diese mysteriöse Prophezeiung war tatsächlich vom Sitz der amerikanischen Regierung aus – in Verbindung mit 9/11 – verkündet worden. Ich war fassungslos angesichts all dieser Fakten: Die vielen Verbindungen, die scheinbaren Zufälle, die Wiederholung aller Schritte des alten Israels und das alles mitten in Amerika. Ich wollte schweigen, um alles zu verarbeiten, aber ich hatte das Gefühl, wenn ich nicht bald etwas sagte, würde er verschwinden und wir würden uns nie wiedersehen. Wir waren beim letzten Vorboten angelangt. Also brach ich das Schweigen.
„Ich habe noch eine Frage."
„Ja."
„Wenn Amerika demselben Muster wie das alte Israel folgt, also dieselben Zeichen miterlebt, dieselben Worte ausspricht, dieselben Fehler macht und dieselbe Reaktion zeigt ...?"
„Ja?"
„Wie kann Amerika dann dem Schicksal Israels entkommen?"
Er antwortete nicht. Ich sprach weiter.
„Und wenn die Verkündigung des Schwurs nur der *erste* Schritt im Gericht Israels war, und nicht der letzte, was ist dann mit Amerika? Was hält die Zukunft für Amerika bereit?"

Kapitel 14

Eine zweite Warnung

ת א

Und wieder schwieg der Prophet. Er sah die Washington Mall hinunter und wirkte gedankenverloren. „Dies war der *letzte* Vorbote", stellte ich fest, um ihn aus seinen Gedanken zu holen „Was kommt als Nächstes?"
„Was kommt als Nächstes?"
„Was geschieht jetzt?", fragte ich. „Wohin führt das alles?"
„Die Vorboten sind Zeichen. Wofür, Nouriel?"
„Sie sind Zeichen der Warnung."
„Und für was noch?"
„Dafür, dass die Warnung verworfen wird."
„Und was bezweckt eine Warnung normalerweise?"
„Sie soll verhindern, dass etwas passiert. Sie soll eine Bedrohung, eine Gefahr abwenden."
„Was geschieht, wenn eine Warnung gegeben wird und keiner sie ernst nimmt? Wenn die Alarmglocken läuten und niemand sie hört?"
„Dann trifft es ein."
„Dann trifft es also ein."
„Aber muss das sein?", erkundigte ich mich.
„Wenn ein Warnruf zurückgewiesen wird, dann muss es geschehen. Ja."
„Aber Menschen können sich ändern und eine Nation kann einen anderen Kurs einschlagen."
„Ja. Darin besteht die Hoffnung. Das ist, was ein Warnruf beabsichtigt. Auf eine Kursänderung folgt ein anderes Ende. Aber auf einen unveränderten Kurs folgt ein unverändertes Ende. Dann muss es geschehen."

„Und so war es im alten Israel?"

„Jeder Fall ist einzigartig. Aber wie es sich insgesamt abspielt, bleibt gleich."

„Wenn Amerika keine Kursänderung vornimmt, was dann? Ein weiterer 11. September?"

„Ein weiterer 11. September wäre möglich oder auch ein anderer 11. September. Oder war der 11. September selbst ein Vorbote?"

„Was meinen Sie damit?", fragte ich.

„Die erste assyrische Invasion in Israel war an und für sich eine Katastrophe. Aber gleichzeitig war sie der Vorbote einer noch größeren, zukünftigen Katastrophe, eine Warnung vor der Zerstörung der Nation. Eine Katastrophe kann auch ein Warnruf sein."

„Von was könnte der 11. September ein Vorbote sein?"

„Es war der Tag, an dem Wahrzeichen fielen. Aber was ist der Fall eines Wahrzeichen?", wollte er von mir wissen.

„Keine Ahnung", gab ich zurück.

„Wird dieser Fall nicht selbst zu einem Wahrzeichen?"

„Ich verstehe das nicht."

„Sie werden es aber."

„Demnach wird zuerst die Warnung gegeben und dann kommt eine endgültige Katastrophe."

„Vielleicht gibt es mehr als nur eine Gefahrenwarnung", entgegnete der Prophet. „Wenn eine Warnung ignoriert wird, dann wird eine zweite kommen."

„Dann *wird* eine zweite kommen, oder dann *könnte* eine zweite kommen?"

„Dann *wird* eine zweite kommen."

„Dann kommt jetzt also eine zweite Warnung?"

„Eine zweite Warnung", bestätigte er, „ein zweites Alarmsignal, eine zweite Erschütterung."

„Eine zweite Erschütterung Amerikas?"

Er wandte sich zu mir und sah mir direkt in die Augen.

„Es wird eine zweite kommen", sagte er wieder.

Eine zweite Warnung

Dann reichte er mir ein Siegel. Es war dasselbe, das ich ihm gerade zurückgegeben hatte.

„Das Siegel des neunten Vorboten? Ich habe es Ihnen eben zurückgegeben."

„Ja", erwiderte er.

Dann ging er die Stufen des Kapitols hinunter. Ich folgte ihm. Als er meine Schritte hörte, blieb er stehen und wandte sich um. „Nein, Nouriel", sagte er. „Das war der letzte Vorbote. Unsere Zeit ist zu Ende."

Er ging weiter die Stufen hinunter. Ich blieb, wo ich war. Ich rief ihm nach, wie schon sooft. Diesmal allerdings mit noch größerer Eindringlichkeit. Womöglich könnte es meine letzte Chance sein, jemals eine Antwort zu bekommen.

„Was mache ich jetzt damit?"

„Womit?"

„Mit allem. Mit allem, was Sie mir gezeigt haben."

„Vergessen Sie es nicht."

„Das reicht nicht. Ich brauche etwas Konkretes. Was mache ich jetzt damit? Ganz konkret?"

Als er den ersten Treppenabsatz erreicht hatte, drehte er sich um. „Konkret?"

„Ja, genau", erwiderte ich.

„Sie gehen nach Hause. Sie gehen nach Hause und halten Ausschau."

„Und wonach halte ich Ausschau?"

„*Eine zweite Warnung wird kommen*", gab er zurück.

Er ging die nächsten Treppenstufen hinunter und ich die ersten. Auf dem Absatz zwischen den beiden Treppen stehend, beobachtete ich, wie er sich vom Capitol entfernte. Er lief die Washington Mall entlang und verschwand schließlich aus meinem Blickfeld.

———◆◆◆———

Ana wartete auf mehr, auf die Fortführung des Berichts. Sie hoffte, es wäre nicht das Ende der Geschichte. Aber Nouriel schwieg.

„Was machten Sie, nachdem er weggegangen war?", informierte sie sich.

„Ich ging nach Hause."

„Und ...?"

„Ich hielt Ausschau."

„Wonach genau?"

„Wonach genau? Da war ich mir selbst nicht sicher. Ich konzentrierte mich auf die Prophezeiung. Ich ging zur Bibliothek und stellte dort Nachforschungen an. Stunde um Stunde. Ich vertiefte mich in die Kommentare zu Jesaja 9,9."

„Und?"

„Ich fand eine Verbindung. Was der Prophet mir beim Weggehen gesagt hatte und was in den Kommentaren zu Jesaja 9,9 stand, passte zusammen."

„Wie das?"

„In einem der Kommentare fand ich Folgendes:

Da er eine rettende Kraft ist, wird sich der göttliche Zorn nicht legen, bevor seine Absicht erfüllt ist ... Wenn ... Israel sich der einen Ausdrucksform des Zorns widersetzte, musste deshalb eine andere gefunden werden."[1]

„Was bedeutet das?", erkundigte sie sich.

„Es bedeutet, dass hinter der ersten Katastrophe, dieser ersten Invasion durch die Assyrer, ein Sinn steckte. Ein heilsamer Zweck. Die Katastrophe sollte das Volk korrigieren, aufwecken, sodass es zu Gott umkehre. Die Absicht war ihre Rettung."

„Aber das wussten Sie doch schon", erwiderte sie. „Was fanden Sie in dem Kommentar, was anders war oder was zu den Aussagen des Propheten passte?"

„Der Kommentar sagt, dass diese Absicht nicht aufgegeben wird, bis sie erreicht ist. Wenn eine Nation eine Ausdrucksform dieser Absicht ablehnt, *muss eine andere Ausdrucksform gefunden werden.*

Eine zweite Warnung

Und in einem zweiten Kommentar zu Jesaja 9,9 fand ich dann Folgendes:

Die ersten Maßnahmen Gottes, mit denen er sein Urteil vollzog, führten nicht zur Veränderung oder Buße ... seines Volkes Israel. Mit der ersten disziplinierenden Strafe wollte Gott sein Volk wiederherstellen, aber das Volk weigerte sich starrköpfig, zu ihm umzukehren ... Da der erste Strafakt kein demütiges Schuldbekenntnis auslöste, war eine zweite Strafe nötig.²

Beide Kommentare stellten zwischen Jesaja 9,9 und demselben Prinzip eine Verbindung her. Ein weiterer Kommentar bestätigt dies:

Da die erste Stufe an Gerichten nicht zu einer echten Umkehr zu Jehova, dem allmächtigen Richter, führte, wird eine zweite kommen."³

„,Eine zweite wird kommen.' Das hat der Prophet Ihnen immer wieder gesagt, als Sie ihn zum letzten Mal sahen."

„Er sagte es wieder und wieder. Er wusste, das Ende war noch nicht gekommen. Jesaja 9,9 war der Auftakt. Es war nur der Beginn einer Ereigniskette. Es kommt noch mehr."

„Falls Jesaja 9,9 durch die Vorboten mit Amerika verbunden ist, heißt das, dass 9/11 nicht das Ende dieser Angelegenheit ist? Dann ist es noch nicht vorbei. Dann kommt noch mehr."

„Ja. Dann wird eine zweite kommen."

„Eine zweite. Was meint *eine zweite* genau?"

„Eine zweite Warnung, ein Alarmsignal, eine zweite Maßregelung, eine zweite Erschütterung."

„Aber was genau? In welcher Form wird es kommen?"

„Der Prophet sprach von den Vorboten als Symbolen. Das war ein Schlüssel. Das World Trade Center war ein Symbol der weltweiten Finanz- und Wirtschaftsmacht Amerikas. Was deutet der Zusammenbruch des World Trade Centers folglich an?"

„Einen Zusammenbruch der Wirtschaft?"

„Ja, so wie es in einer Krise des Wirtschafts- und Finanzwesens der Fall ist."

„Sprechen wir von der Krise, die die *Große Rezession* auslöste?"

„Ja."

„Es besteht eine Verbindung zwischen der amerikanischen und weltweiten Wirtschaftskrise und dem 11. September?"

„Ja."

„Inwiefern?"

„Es geht alles auf die Prophetie zurück. Alles. Der Crash der Wallstreet, der Aufstieg und Absturz des Kreditmarktes, der Irakkrieg, der Zusammenbruch des Immobilienmarktes, die Zwangsvollstreckungen, die Zahlungsverzüge, die Konkurse, die staatlichen Übernahmen. Alles. Politik, Außenpolitik, Weltgeschichte. Alles, was danach geschah. Es geht alles auf diese geheimnisvolle, uralte Prophetie zurück."

„Das ist eine gewagte Behauptung", sagte sie. „Eine sehr gewagte, um genau zu sein."

„Darüber bin ich mir im Klaren", meinte er.

„Und es gibt niemanden sonst, der das erkennt? Was ist mit all den Wirtschaftsleuten, Sachverständigen, Expertenkommissionen und Geheimdiensten? Die wissen alle nichts davon?"

„Ich weiß nicht. Ich schätze Nein."

„Aber warum können *Sie* es dann wissen?", fragte sie. „Wie haben Sie alles zusammengefügt?"

„Das habe ich Ihnen erzählt", erwiderte er. „Ich habe es nicht selbst herausgefunden. Es wurde mir gezeigt."

„Ich verstehe das, – das mit den Vorboten. Aber jetzt sprechen Sie von dem, was geschah, *nachdem* Ihnen die Vorboten gezeigt wurden. Wie kommt es, dass Sie diese Dinge wissen, wo Sie doch den Propheten zum letzten Mal auf dem Capitol Hill gesehen haben?"

„Das war nicht das letzte Mal."

„Ist er denn noch einmal aufgetaucht?"

„Als wir uns damals auf den Stufen des Capitols trennten, verließ er mich zum ersten Mal, ohne mir ein Siegel zu geben,

Eine zweite Warnung

– beziehungsweise ohne mir ein neues Siegel zu geben. Ich ging davon aus, dass es nichts mehr zu offenbaren gäbe. Ich dachte nicht, dass ich ihn je wiedersehen würde. Dennoch lief ich dann und wann am Hudson entlang bis zu der Stelle, wo wir uns zum ersten Mal begegnet waren. Ich hegte die Hoffnung, dass er wiedererscheinen würde. Aber es geschah nie. Mehrere Jahre vergingen. Gerade als ich jede Hoffnung auf ein Wiedersehen mit ihm aufgegeben hatte ..."

„... tauchte er wieder auf?"

„Tauchte er wieder auf."

„Aber als Sie ihn das letzte Mal gesehen hatten, hatte er Ihnen gesagt, seine Zeit mit Ihnen sei zu Ende."

„Sie *war* auch zu Ende. Beim ersten Mal erschien er, um den ersten Teil des Geheimnisses zu offenbaren. Der erste Teil war zu Ende. Aber da gab es noch mehr."

„Er tauchte wieder auf, aber diesmal, um die zweite Ebene des Geheimnisses zu lüften?"

„Genau wie er angedeutet hatte: ‚*Eine zweite wird kommen.*' Es ging noch weiter."

Kapitel 15

Der Jesaja 9,9-Effekt

את

Damit verstummte er. Auch sie blieb still, um ihm eine Sprechpause zu gönnen. Allerdings fürchtete Ana, er würde überhaupt nicht mehr fortfahren zu sprechen, wenn sie zu lange wartete. So brach sie schließlich das Schweigen.
„Sie werden mir doch den zweiten Teil des Geheimnisses erzählen, nicht wahr?"
„Wenn Sie Zeit dafür haben", erwiderte er.
„Zeit spielt keine Rolle", sagte sie. „Ich möchte den zweiten Teil erfahren."
„Ich weiß, wie beschäftigt Sie sonst sind."
„Nicht im Moment, Nouriel."
„Ich wollte nur sichergehen."
„Warten Sie, bevor Sie weitererzählen. Wie wäre es mit einem kleinen Spaziergang? Ich muss mich ein bisschen bewegen, wenn das für Sie okay ist."
„Ja, gerne."
Sie verließen das Büro, fuhren mit dem Aufzug ins Erdgeschoss, gingen hinaus ins Freie und spazierten die Straße entlang. Noch viele Straßen würden sie in jener Nacht durchstreifen. Vorbei an Bürogebäuden, Geschäften, Verkaufsständen, Wohnhäusern und vorbei an Menschen, die genau wie sie spät nachts durch die Stadt wanderten. Die beiden achteten kaum auf die Umgebung, so sehr fesselte sie das uralte Geheimnis und die Worte des Propheten.
„Wann sahen Sie ihn wieder?", erkundigte Ana sich.
„Ich arbeitete mehrere Wochen an einem Projekt in Lower Manhattan. Während meiner freien Zeit erkundete ich die

Der Jesaja 9,9-Effekt

Gegend zu Fuß. Eines Tages kam ich zur New Yorker Börse. Ich sah mir das Gebäude näher an, insbesondere die Seite mit den Säulen. Ich erinnere mich nicht mehr genau daran, was ich dachte, als ich die Stimme hörte."

„Die Stimme des Propheten."

„Es war mehrere Jahre her, seit ich sie zuletzt gehört hatte."

———◆◆◆———

„Sie haben es wohl nicht vergessen, nicht wahr?", sagte er.

Ich wandte mich um. Er hatte sich nicht verändert. Ebenso wenig wie sein langer, dunkler Mantel. Er sah genauso aus wie damals, als ich ihn das letzte Mal gesehen hatte. „Was vergessen?", fragte ich.

„Was ich Ihnen gezeigt habe."

„Ich habe alles aufgenommen. Nein, ich habe nichts davon vergessen."

„Gut. Und wie geht es Ihnen, Nouriel?" Das hatte er mich noch nie gefragt.

„Gut soweit", erwiderte ich. „Und Ihnen? Was haben Sie in den letzten Jahren gemacht?"

„Beobachtungen angestellt", antwortete er.

„Beobachtungen angestellt."

„Und jetzt beginnen wir mit dem zweiten Teil."

„Dem zweiten Teil von ..."

„Dem Geheimnis. Sind Sie bereit?"

„Ich glaube nicht, dass ich jemals bereit war."

„Dann fangen wir an. Wir konzentrieren uns nun auf das, was danach kommen wird, ausgehend von der Prophetie. Was folgt auf Jesaja 9,9?"

„Was meinen Sie damit?"

„Was folgt auf Jesaja 9,9?"

„Jesaja 9,10."

„Nicht die Zahl. Die Worte."

„Ich weiß es nicht auswendig."

DER VORBOTE

„Jesaja 9,9:

*Ziegelsteine sind gefallen,
aber wir werden mit Quadern wiederaufbauen.
Maulbeerbäume wurden abgehauen,
aber wir werden Zedern an ihre Stelle setzen.*

Und nun Jesaja 9,10:

*Doch der HERR macht stark gegen sie ihre Bedränger,
nämlich Rezin, und ihre Feinde stachelt er auf.*

Was steht in Jesaja 9,10?", wollte er wissen.

„Dass auf die erste Erschütterung der Nation eine zweite folgt?"

„Und warum ist das so?"

„Weil die Nation durch die erste nicht aufwachte und nicht umkehrte."

„Jesaja 9,9 ist ein von Trotz motivierter Schwur. Jesaja 9,10 birgt die Prophezeiung einer zukünftigen Katastrophe. Die beiden sind miteinander verbunden. Das eine führt zum anderen. Das Erste bringt das Zweite hervor."

„Der Schwur ruft also die zukünftigen Katastrophen für die Nation hervor?", überlegte ich.

„Das ist richtig", gab er zur Antwort, „aber nicht ausschließlich. Wenn es sich nur um einen Schwur und nichts weiter gehandelt hätte, wäre es anders ausgegangen. Was das Volk *tat*, nachdem der Schwur geleistet wurde, das bestimmte seine Zukunft."

„Und was war das?"

„Es setzte den Schwur um. Mit Quadern und Zedern. Das Volk entschloss sich zum Wiederaufbau und setzte alles daran, größer und stärker aus der Katastrophe hervorzugehen."

„Indem es das Geschworene erfüllte und damit der ersten Katastrophe die Stirn bot, beschwor das Volk schließlich die zweite herauf."

„Ja, oder anders ausgedrückt, wurde das zweite Desaster genau durch die Bemühungen ausgelöst, es zu verhindern."

Der Jesaja 9,9-Effekt

„Aber warum?"

„Was geschieht, Nouriel, wenn ein Gärtner seinen Garten von Unkraut zu befreien versucht, indem er dem Unkraut die Blätter abreißt?", fragte er.

„Die Blätter wachsen nach", antwortete ich.

„Und wenn er den Stängel abschneidet?"

„Dann sprosst ein anderer hervor."

„Der Gärtner müht sich umsonst ab. Er kann niemals Erfolg haben. Man kann ein Problem nicht dadurch lösen, dass man sich seiner Symptome annimmt. Man muss sich mit dem befassen, was dahintersteckt. Im Falle des Gärtners liegt das Eigentliche verborgen unter der Oberfläche, dort, wo sich die Wurzeln befinden. Selbst wenn er ein Problem löst, wird ein anderes wieder auftauchen, und dann noch eins, und noch ein weiteres, bis er sich endlich mit dem zugrundeliegenden Problem befasst, der Wurzel selbst."

„Israels eigentliches Problem war geistlicher Natur, – seine Trennung von Gott. Alles andere war nur ein Symptom, ein Ausdruck des zugrundeliegenden Problems. Der Schwur ‚*Wir werden wiederaufbauen*' ist das Gleiche wie ein Gärtner, der dem Unkraut die Blätter abreißt, um es loszuwerden."

„Genau so ist es. Das Problem war letztlich nicht die nationale Sicherheit oder die Verteidigung oder die Assyrer, noch nicht einmal der Angriff. Wenn das zugrundeliegende Problem eines Volkes geistlicher Natur ist, dann werden es alle politischen, ökonomischen oder militärischen Bemühungen nicht lösen. Solche Dinge können nur Symptome, wie Ziegel und Maulbeerbäume, behandeln. Ein geistliches Problem kann nur durch eine geistliche Lösung beseitigt werden. Bleibt diese aus, wird jedes andere Bemühen im Endeffekt eine weitere Krise hervorrufen."

„Also ist die einzige Lösung eine erneute Hinwendung zu Gott."

„Doch Israel entschied sich anders. Das Volk verhärtete sich und versuchte, stärker zu werden, ohne sich mit seinem geistlichen Niedergang zu befassen. Und dem Anschein nach funktionierte diese Strategie, zumindest eine kleine Weile. Das Aufräumen der Ruinen, die eigene Beharrlichkeit und der Wiederaufbau schufen ein Gefühl von nationalem Wiederaufleben. Das alles war aber eine Illusion. Das Urteil war nicht aufgehoben. Es wurde nur verschleiert. Das Wurzelproblem wurde nie angegangen. Sie entfernten sich immer weiter von Gott und so war das Wiederaufleben nur oberflächlich. Sie hatten geschworen, wiederaufzubauen. Aber was sie bauten, war ein Kartenhaus. Zu seiner Zeit würde das Ganze zusammenbrechen."

„Und das alles hatte mit dem Schwur begonnen."

„Es war der Schwur, der alles ins Rollen brachte", sagte er. „Derselbe trotzige Geist, der zu dem Schwur geführt hatte, brachte Israel schließlich dazu, sich erneut zu erheben. Sie stellten ihre Stärke zur Schau und forderten durch eine Reihe strategischer Manöver das assyrische Reich heraus. Diese Herausforderung führte zur Katastrophe. Es war der Schwur und der Geist hinter dem Schwur, die eine Kette von Ereignissen auslösten. Am Ende stand die Zerstörung der Nation."

„Die Vorboten sind Manifestationen des Schwurs", stellte ich fest. „Es lässt sich also nicht verhindern, dass das Ganze zu einer ..."

„Katastrophe führt? Die Vorboten führen entweder zur Katastrophe oder zur Rettung. Wenn sie beachtet werden, führen sie zur Rettung. Bei Missachtung rufen sie eine Katastrophe hervor. Nun, Nouriel, es ist zwar Jahre her, aber haben Sie womöglich noch das letzte Siegel?"

Ich griff in die Manteltasche und zog es heraus.

„Das Siegel, welches er Ihnen am Kapitol gegeben hatte?", fragte Ana.

„Ja, das mit dem Bild einer Schriftrolle darauf, das Siegel des neunten Vorboten."

„Aber Sie hatten nicht mehr an ein Wiedersehen geglaubt."

Der Jesaja 9,9-Effekt

„Das stimmt."

„Warum trugen Sie dann das Siegel noch immer bei sich?"

„Ich wusste nicht, *dass* ich es bei mir trug, bis ich in meine Manteltasche fasste. Nach jenem letzten Treffen hatte ich eine Zeitlang darauf geachtet, es immer bei mir zu haben, so wie ich es mit jedem Siegel gemacht hatte. Nachdem ich die Hoffnung aufgegeben hatte, ihn wiederzusehen, nahm ich das jedoch nicht mehr so ernst. Dennoch fand ich es nun in der Tasche meines Mantels wieder, den ich gerade *zufällig* an jenem Tag trug."

„Sie gaben ihm also das Siegel."

„Und während er es untersuchte, sprach er weiter."

„Wenn eine Nation den Ruf Gottes zur Umkehr ablehnt und die Vorboten nicht beachtet, kommt der nächste Schritt. Wir gehen jetzt also zur zweiten Stufe über, die vier Geheimnisse birgt."

„Vier Geheimnisse ..."

„Sehen Sie das hier?", fragte er und zeigte mir das Bild auf dem Siegel. Er deutete auf etwas, das wie ein Schatten rund um die Schriftrolle herum aussah, ein schattenhaftes Doppelbild. Es war nur schwach zu sehen und sicherlich nichts, was mir oder sonst irgendjemandem als bemerkenswert aufgefallen wäre.

„Ist das von Bedeutung?", fragte ich.

„Es ist ein Doppelbild. Ein zweites Bild."

„Ein zweites Bild wie in *Eine zweite wird kommen*?", überlegte ich laut.

„Wie in *Eine zweite wird kommen*, ja. Was könnte es bedeuten?"

„Die Prophetie hat einen zweiten Teil. Sie führt noch weiter, zu einer zweiten Manifestation."

„Der *Jesaja 9,9-Effekt*."

„Und der wäre?"

Der Vorbote

„Folgendermaßen:

Das Bemühen einer Nation, dem Gericht, das über sie verhängt ist, die Stirn zu bieten, ohne Buße zu tun, setzt eine Ereigniskette in Gang, die genau das Unheil hervorruft, das sie zu verhindern suchte."

„Und das hat alles mit Amerika zu tun?", forschte ich nach.

„Sieben Jahre nach dem 11. September", erklärte er, „brach die amerikanische Wirtschaft zusammen und löste dadurch eine Weltwirtschaftskrise aus. Hinter diesem Crash und den Folgen steckte etwas viel Tieferes als nur Ökonomie."

„Hinter dem Crash der Wall Street und der amerikanischen Wirtschaft steckte ..."

„Jesaja 9,9."

„Wie das?"

„Es gibt zahllose Erklärungen für einen wirtschaftlichen Zusammenbruch", sagte er. „Es lässt sich kein einzelner Faktor ausmachen. Man muss nur tief genug forschen, um immer weitere Gründe zu finden. Aber gemäß dem *Jesaja 9,9-Effekt* muss das zweite Unheil auf das erste zurückzuführen sein und auf die Reaktion der Nation auf jenes erste Unheil."

„Dann ließe sich der Zusammenbruch der Wirtschaft und der Wall Street mit 9/11 begründen."

„Ja, es ist tatsächlich so", sagte er. „Der Rauch hing noch über Ground Zero, da wurde vom Capitol Hill der uralte trotzige Schwur proklamiert. In den darauf folgenden Tagen und Jahren kämpfte die Nation darum, den Inhalt diesen Schwurs zur Realität werden zu lassen. Beim Wiederaufbau ging es nie um Ground Zero allein. Es ging vielmehr um den Wiederaufbau der gesamten Nation. Erinnern Sie sich, was beim Setzen des Quadersteins verkündet wurde:

Er wird für immer als symbolischer Grundstein für den Wiederaufbau New Yorks und der Nation stehen.[1]

In voller Länge wurde der uralte Schwur in Washington D.C. proklamiert, der Hauptstadt der USA. In beiden Fällen ging es

Der Jesaja 9,9-Effekt

eindeutig um mehr als um Ground Zero und New York. Es ging um Amerika als Nation. Und die Nation als Ganzes würde den Schwur umsetzen. Genau wie im alten Israel, so würde es auch im Amerika nach dem 11. September sein. Der Schwur würde Realität werden. Jesaja 9,9 würde zur Außen- und Innenpolitik Amerikas werden."

„Wie das?"

„Was bedeutete ‚Wir werden wiederaufbauen' im alten Israel?", fragte er.

„Es bedeutete, dass sie den Schaden reparieren und ihre zusammengestürzten Gebäude, Türme und Häuser wiederaufbauen wollten."

„Und ihre *Mauern*", fügte er hinzu. „Sie würden ihre Mauern wiederaufbauen und ihre Verteidigung stärken, um für zukünftige Angriffe gerüstet zu sein. Auf dieselbe Weise machte sich Amerika nach dem 11. September daran, seine Schutzwälle wiederaufzubauen, seine Abwehrsysteme zu festigen und zu verstärken. Im Zuge dessen wurde das Ministerium für Innere Sicherheit – Homeland Security – eingerichtet, der globale Krieg gegen den Terror und die beiden Kriege in Afghanistan und im Irak begonnen. All das war eine Reaktion auf 9/11. Amerika machte es exakt so wie das alte Israel in Jesaja 9,9. Es versuchte der ersten Katastrophe die Stirn zu bieten. Tatsächlich enthielt die Rede zu Beginn des Nationalen Kriegs gegen den Terror die Worte: ‚Wir *werden wiederaufbauen.*' Amerika führte Krieg gegen 9/11. Es versuchte die daraus folgenden Konsequenzen zu verdrehen, jedwede Auswirkungen zu überwinden und die Gefährdung für nichtig zu erklären. In den Jahren, die auf den Angriff folgten, war Amerikas Innen- und Außenpolitik faktisch eine Umsetzung des uralten Schwurs."

„Aber war das denn verkehrt?", wollte ich wissen. „Was hätte man denn sonst machen sollen?"

„Ist es verkehrt, wenn der Gärtner das Unkraut am Stängel abschneidet", gab er zurück, „statt sich mit seiner Wurzel zu befassen? Die Sache liegt tiefer. Ein geistliches Problem lässt sich nicht militärisch oder politisch lösen. Geschieht keine erneute Hinwendung zu Gott, bleibt das Wurzelproblem bestehen und wird sich in anderer Form manifestieren. Darin beginnt der *Jesaja 9,9-Effekt* zu wirken. Der Versuch einer Nation, dem Gericht zu trotzen, ohne Buße zu tun, endet damit, dass er eine zukünftige Katastrophe hervorruft. Er endet damit, dass er ihre eigene Schwächung herbeiführt."

„Dann wurde der *Jesaja 9,9-Effekt* ins Rollen gebracht, als Amerika gelobte, stärker als zuvor aus der Katastrophe hervorzugehen und gegen den 11. September Krieg zu führen?"

„Ja. Und jede Kampagne, die aus diesem Trotz geboren war, produzierte letztlich einen Rückschlag."

„Wie das?", fragte ich.

„Die Bemühung, Amerikas nationale Sicherheit und Schutz zu stärken, kostete sehr viel Geld. Der Krieg gegen den Terror, die Militäreinsätze in Afghanistan und Irak kosteten den Bundeshaushalt Milliarden Dollar. Gelder, die andernfalls eingesetzt worden wären, um Amerikas Wirtschaft zu stärken, wurden jetzt für andere Zwecke verwendet und fehlten bei den Investitionen. Der Irakkrieg bewirkte einen Anstieg des Ölpreises, was das nationale Bruttoinlandsprodukt zusätzlich belastete. Durch die enorm hohen Ausgaben der Regierung für den nationalen Krieg gegen den Terror explodierten die Staatsschulden. Sehr zum Schaden der Konjunktur. Und jenseits der finanziellen Auswirkungen, spaltete das, was Amerika nach dem 11. September in Angriff nahm, die Nation weiter."

„Und all das endete schließlich im wirtschaftlichen Zusammenbruch?"

„Zum Teil", sagte er. „Aus all diesen Gründen war es eine weitere Manifestation des *Jesaja 9,9-Effekts*, der den Zusammenbruch der amerikanischen und der Weltwirtschaft herbeiführen sollte. Und auch das wurde aus den Ruinen des 11. September geboren. Der kritischste Effekt der Katastrophe auf die amerikanische Wirtschaft und die Weltwirtschaft begann sechs Tage nach dem Anschlag."

„Als eine Reaktion auf die Katastrophe?"

Der Jesaja 9,9-Effekt

„Ja", sagte er, „wie in dem uralten Schwur. Schon im Januar 2001, als die US-Wirtschaft allmählich schwächer wurde, senkte die Notenbank wiederholt den Leitzins, und zwar bis auf 3,5 Prozent im Sommer desselben Jahres. Dann kam der 11. September. Die erste ökonomische Auswirkung des Anschlags war die Schließung der New Yorker Börse am selben Tag. Der Markt blieb sechs Tage lang geschlossen. Als er am folgenden Montag wieder öffnete, erlitt er den größten Kurseinbruch in der bisherigen Geschichte der Wall Street.[2] Der 11. September versetzte der bereits angeschlagenen Wirtschaft einen empfindlichen Schlag. In den Tagen und Monaten danach herrschte große Angst, dass die Katastrophe die Wirtschaft ausbluten lassen könnte. 9/11 und die Reaktion der Nation wirkten sich noch lange auf die Konjunktur aus. Das geschah lange nachdem mit den Ruinen des Ground Zero die ersten Ängste verschwunden waren. Lange nachdem sogar eine gewisse wirtschaftliche Erholung eingesetzt hatte.

Der 11. September beeinflusste die amerikanische Wirtschaft nicht nur weiterhin, sondern veränderte sie, – und damit auch die Weltwirtschaft."

„Was passierte sechs Tage nach dem Anschlag?"

„Der *Jesaja 9,9-Effekt* beginnt mit der Reaktion der Nation auf das erste Unheil."

„Das heißt, der Effekt beginnt mit der Proklamation des Schwurs auf dem Capitol Hill am folgenden Tag."

„Ja", sagte der Prophet, „aber das waren nur Worte: ‚Wir werden wiederaufbauen.' Am folgenden Montag jedoch sollten diese Worte in die Realität umgesetzt werden. Das war der Tag, an dem die Notenbank versuchte, den Markt durch Geldspritzen liquide zu halten, um eine ökonomische Katastrophe zu verhindern und sicherzustellen, dass Amerika tatsächlich wiederaufbauen und sich erholen könnte."

„Wie das alte Israel versuchte, den Konsequenzen ihres ersten Unheils zu trotzen."

„Ja. Außer dass das Setzen der Quadersteine als Zeichen des Genesung Amerikas in erster Linie ökonomischer Natur war. Demzufolge senkte die Notenbank am Montag nach 9/11 ihren Leitzins noch mehr. Ein erster konkreter Akt des Wiederaufbaus der Nation. Der Zins war schon auf 3,5 Prozent herabgesetzt gewesen. Aber der 11. September war ein extremes Ereignis und daher jetzt Ursache für ein weiteres extremes Absenken. An jenem Montagmorgen, dem 17. September, senkte die Notenbank den Leitzins um 50 Basispunkte. Im Verlauf der nächsten drei Monate sollte er noch mehrmals herabgesetzt werden, bis er am 11. Dezember 2001 die 1,75-Prozent-Marke erreichte.[3] Der 11. September zwang den Zinssatz den Schwellenwert der Inflationsrate zu unterschreiten."

„Und das ist das Gleiche wie kostenloses, freies Geld zu schaffen."

„Eine ganze Weile drückte das Schatzamt die Zinssätze weiterhin auf ein extrem niedriges Niveau. Im Juni 2003 hatte der Satz die 1-Prozent-Marke erreicht und blieb mehrere Jahre lang unter 2. Erst danach wurde er wieder angehoben. Aber das drastische Absenken und lange Niedrighalten der Zinssätze als Reaktion auf den 11. September setzte eine Ereigniskette in Gang, die die amerikanische und weltweite Wirtschaft zu Boden zwang."

„Wie genau kam es dazu?", erkundigte ich mich.

„Die extremen Zinssätze brachten die Möglichkeit mit sich, leicht an Geld zu kommen", erklärte er. „Man konnte problemlos Schulden machen, problemlos leihen, leichter als früher eine Hypothek aufnehmen. Der einfachere Zugang zu Hypotheken bewirkte auf dem bereits im Aufschwung begriffenen Immobilienmarkt eine Explosion über alle üblichen ökonomischen Grundsätze hinaus und schuf damit einen nie dagewesenen Bau- und Immobilienboom. Der explodierende Immobilienmarkt führte dazu, dass Hausbesitzer mit der Sicherheit des immer weiter steigenden Wertes ihrer Häuser Geld liehen und ausgaben. Das Phänomen sorgte für Kreditblasen in der gesamten Wirtschaft. Dieses wiederum begünstigte einen massiven Zufluss von Kapital aus Asien, was das Problem zusätzlich verschlimmerte. Der Aktienmarkt bewegte sich

Der Jesaja 9,9-Effekt

weiter auf hohem Niveau mit einem Volumen von Geldern, die geliehen und fremdfinanziert waren. Dieser Effekt verbreitete sich auf der ganzen Welt. Das Senken der Zinssätze nach dem 11. September wurde von Zentralbanken auf dem ganzen Erdball kopiert. Das bedeutete, dass dieselben Dynamiken, die auf den 11. September zurückzuführen waren und in Amerika wirkten, jetzt auf der ganzen Welt reproduziert wurden, – mit ähnlichen Konsequenzen: Kreditblasen, Bau- und Immobilienbooms und explodierende Märkte."

„Was sich also rund um den Globus in der Weltwirtschaft verbreitete, war in gewisser Hinsicht der weitergeführte Effekt des 11. September."

„Und des *Jesaja 9,9-Effekts.*"

„Aber war das verkehrt?", fragte ich.

„Nicht verkehrter als herabgefallene Ziegel durch Quadersteine zu ersetzen und Maulbeerbäume durch Zedern, – wenn das alles gewesen wäre. Aber es *ging* um mehr, sogar um viel mehr. Eine Nation war im geistlichen Niedergang und raschen Abfall von Gott begriffen. Gott rief sie zurück, ließ eine Erschütterung zu, um sie aufzuwecken, um sie vor dem Gericht zu retten. Aber die Nation entschied sich, nicht zu ihm zurückzukehren. Und somit war jede Mühe, jede Anstrengung im Grunde nur ein Akt des Trotzes, schaltete nur Symptome aus, brachte Warnglocken zum Verstummen, ohne eine Lösung für das zugrunde liegende Problem herbeizuführen."

„Der törichte Gärtner."

„Die Hilfsmaßnahmen verschleierten das Problem nur. Genau wie es beim alten Israel geschehen war. Auf die assyrische Invasion folgte die Initiative, das, was zerstört worden war, wiederaufzubauen: zusammengestürzte Gebäude, Mauern, Türme, Wohnhäuser. Eine enorme Bauwelle durchzog das Land."

„Wie ein Bauboom."

„Wie ein Bauboom. Und ebenso führte 9/11 nicht nur zum Wiederaufbau des Zerstörten, sondern darüber hinaus zu einer massiven Bauwelle im ganzen Land. Einem Bauboom, der mit dem Niedrighalten der Zinsen zusammenhing, verbunden mit Amerikas Trotz angesichts des 11. September, verbunden mit Jesaja 9,9 und den Worten: *Wir werden wiederaufbauen.*"

„Und mit den Worten, die nur wenige Tage vor der Zinssenkung vom Capitol Hill proklamiert wurden."

„Ja", bestätigte der Prophet. „Und da der Wirtschaftsboom mit Jesaja 9,9 verbunden war, dem *Jesaja 9,9-Effekt*, musste er letztlich zusammenbrechen. *Das Bemühen einer Nation, dem Gericht, das über sie verhängt ist, die Stirn zu bieten, ohne Buße zu tun, setzt eine Ereigniskette in Gang, die genau das Unheil hervorruft, das sie zu verhindern suchte.* Die Worte aus Jesaja 9,9 führten zu Israels Fall, und all sein Wiederaufbauen und all sein Wohlstand wurden zerstört. Damit entpuppten sich all diese Anzeichen des nationalen Wiederauflebens als hohl und leer, als trügerisch von Anfang an."

„Ein Kartenhaus", fügte ich hinzu.

„Genauso verhielt es sich im Falle Amerikas", fuhr er fort. „Das extreme und lang anhaltende Senken der Zinsen säte den Samen für künftiges Unheil. Die Kreditexplosion führte zu einer massiven Schuldenexplosion. Die erhöhte Liquidität barg viele wirtschaftliche Gefahren. Die übliche Vorsicht und Zurückhaltung beim Leihen und Schuldenmachen wurde über Bord geworfen. Banken machten Anleihen, die sie sonst nie hätten machen können. Verbraucher gaben Geld aus, das sonst nie ausgegeben worden wäre. Leute kauften Häuser, die sie sich sonst nie hätten leisten können. Persönliche Verschuldung, Regierungsschulden und Unternehmensanleihen grassierten. Und mit dem immer höheren Druck, immer größere Profite zu machen, ließen sich Investmentfirmen und Geldhäuser auf immer riskantere Transaktionen und Praktiken ein."

„Ein wirtschaftliches Kartenhaus."

„Genau wie Israels Wiederaufleben ein Kartenhaus war", ergänzte er, „so war es auch Amerikas Wiederaufleben nach dem 11. September. Solange die Kredite flossen, die Aktienwerte stiegen und der Immobilienmarkt boomte, konnte die

Der Jesaja 9,9-Effekt

Illusion aufrechterhalten werden. Aber mit einem nicht mehr boomenden Immobilienmarkt, mit stagnierendem Aktienmarkt oder versiegenden Kreditflüssen würde die Illusion nicht länger bestehen bleiben."
„Und so geschah es."
„Im September 2008 begann das amerikanische Finanzsystem zu implodieren und löste damit das größte ökonomische Desaster seit der Großen Depression aus. Die von Amerika angeführte weltweite Explosion der Wirtschaft wurde zu einer von Amerika angeführten Weltwirtschaftsimplosion. Das Kartenhaus brach zusammen. Und riss die Welt mit sich. Damit steckte Jesaja 9,9 hinter dem gesamten globalen Wirtschaftskollaps. Alles begann in den Ruinen des 11. September."
„Konnten auch andere die Verbindung zwischen der wirtschaftlichen Implosion und dem 11. September erkennen?"
„Im Lauf der Zeit wurde es immer mehr Analysten klar. Ein Beobachter drückte es so aus:

Wir können die Anfänge der Krise auf die Terroranschläge des 11. September zurückführen ... Nach dem 11. September senkte [Greenspan] die Zinssätze immer weiter, um Finanzinnovationen voranzutreiben ... Nach dem 11. September wurden die Amerikaner angehalten, in patriotischer Gesinnung Geld auszugeben, Geld auszugeben und noch mehr Geld auszugeben, um der strauchelnden Wirtschaft aufzuhelfen. ... Im außergewöhnlichen politischen und psychologischen Klima der Zeit ermutigten die damals machthabenden US-Politiker ein Gewähren und Aufnehmen von Krediten, wie es ansonsten niemals erlaubt worden wäre, um solches Ausgeben zu fördern."[4]

„Jesaja 9,9, – übertragen in moderne Wirtschaftswissenschaft."
„Genau. Und in einer anderen Quelle heißt es:

Nach den Terroranschlägen des 11. September baute sich das finanzielle Kartenhaus langsam auf. Als die US-Regierung versuchte, durch wiederholtes Senken der Zinssätze die Wirtschaft wiederzubeleben, ergriffen Familien die Gelegenheit, ihre Hypotheken zu refinanzieren. Jetzt ist der Kollaps des Hypothekenmarktes auf der ganzen Welt zu spüren."[5]

„*Da er eine rettende Kraft ist*", zitierte ich, was ich gelesen hatte, „*wird sich der göttliche Zorn nicht legen, bevor seine Absicht erfüllt ist ... Wird sich der einen Ausdrucksform des Zorns widersetzt, muss eine andere gefunden werden.*"
„Woher haben Sie das?", erkundigte er sich.
„Aus einem Kommentar zu Jesaja 9,9."
„Sehr gut, Nouriel. Sie haben nachgeforscht."
„Amerika hat sich der einen Ausdrucksform widersetzt", sagte ich. „Deshalb wurde eine andere gefunden."
„Die Warnung wurde abgelehnt", bestätigte der Prophet. „Der Stängel war abgeschnitten. Aber die Wurzel brachte einen neuen hervor. Somit war die ökonomische Krise, die Amerika und die Welt beherrschte, in gewisser Weise die Fortsetzung des 11. September."
„Oder der 11. September in Form eines wirtschaftlichen Zusammenbruchs."
„Ja. Der 11. September manifestierte sich jetzt in einer anderen Ausdrucksform."
„Es kommt eine zweite Warnung", murmelte ich.
„Achten Sie darauf, Nouriel, die Dynamik nimmt immer größere Ausmaße an. Es beginnt damit, dass der uralte Schwur ausgesprochen wird. Dann wird ein bestimmter Kurs eingeschlagen, die Politik einer gesamten Nation angepasst und schließlich kommt es zu einem Zusammenbruch, der weltweite Auswirkungen hat. Auf all das, von der Notenbank zur weltweiten Wirtschaft, weisen die Vorboten hin."
„Sie wirken sich in der gesamten Welt aus. Und niemand erkennt die Zusammenhänge mit der uralten Prophezeiung."

Der Jesaja 9,9-Effekt

Er antwortete nicht, sondern fasste in seine Manteltasche. Er holte ein Siegel heraus und gab es mir. Ich erkannte es sofort. Es war ein anderer der neun Vorboten.

„Ist Ihnen klar, dass Sie mir dieses Siegel schon einmal gegeben haben?", vergewisserte ich mich.

„Ja."

„Es ist Siegel des sechsten Vorboten."

„Richtig erkannt."

„Der gefallene Maulbeerbaum. Der Baum von Israels Gericht."

„Warum gebe ich Ihnen das Siegel zum zweiten Mal?", wollte er wissen.

„Weil es etwas mit der zweiten Erschütterung zu tun hat."

„So ist es", sagte er. „Aber auch noch aus einem anderen Grund."

„Nämlich?"

„In dem Maulbeerbaum liegen zwei Geheimnisse verborgen. Eines verweist auf die letzten Tage des alten Israels und das andere verweist auf die ersten Tage …"

„Die ersten Tage des alten Israels?"

„Die ersten Tage Amerikas."

Kapitel 16

Die Entwurzelung

את

„Schauen Sie sich noch einmal das Siegel an", bat er mich.
„Was sehen Sie?"
„Die Sykomore."
„Sehen Sie genauer hin! Nicht auf das Hauptmotiv. Links davon. Was sehen Sie?"
„Eine Art Wall."
„Es *ist* ein Wall, eine Mauer, eine Wand."
„Und?"
Er setzte sich in Bewegung und bedeutete mir, ich solle mitkommen. Während wir langsam die Straße entlangschlenderten, führten wir unser Gespräch fort. „Der Herr", sagte er, „sandte durch den Propheten Hesekiel ein Wort:

So will ich die Wand niederreißen, die ihr mit Kalk übertüncht habt, und will sie zu Boden stoßen, dass man ihren Grund sehen soll. Wenn sie fällt, sollt ihr auch darin umkommen. Und ihr sollt erfahren, dass ich der Herr bin.[1]

Dass man ihren Grund sehen soll. Auf welchen *Grund* nimmt die Prophetie Ihrer Meinung nach Bezug, Nouriel?"
„Auf den Grund einer Wand. So scheint es."
„Der Grund ist das Fundament, das, worauf etwas ruht oder gebaut ist. Entsprechend ist das Fundament einer Nation das, worauf sie gegründet ist, – oder das, worin sie ruht oder ihr Vertrauen investiert. Die Nationen des Altertums vertrauten auf ihre Götzen. Moderne Nationen vertrauen auf ihre Stärke, ihr Militär, ihre Wirtschaft, ihre Ressourcen. Aber hier heißt es, dass am Tage des Gerichts das Fundament einer Nation bloß-

Die Entwurzelung

gelegt wird. Ihre Götzen fallen und ihre Kräfte versagen. Eines der Kernmerkmale von Gericht: Das Fundament wird bloßgelegt. Der Herr sagte das auch durch den Propheten Jeremia:

*Siehe, was ich gebaut habe,
das reiße ich ein,
und was ich gepflanzt habe,
das reiße ich aus ...*[2]

Was aufgebaut wurde, ist *vom* Fundament aus aufgebaut. Und was abgerissen wird, wird *bis* auf den Grund abgerissen. So baute der Herr Israel auf, wie man ein Haus baut. Und er pflanzte es, wie man einen Baum pflanzt. Aber in den Tagen des Gerichts über Israel würde das Aufgebaute eingerissen und das Gepflanzte ausgerissen, entwurzelt werden. Hier haben wir zwei Bilder für Gericht, wenn es ein Volk trifft: *Einreißen und Entwurzeln.*"

„Wiederholen Sie das", bat ich.

„Was soll ich wiederholen?", fragte er nach.

„Jeremias Prophezeiung."

„Siehe, was ich gebaut habe, das reiße ich ein."

„Ziegelsteine sind gefallen", fügte ich ein.

„Und was ich gepflanzt habe, das reiße ich aus."

„Man hat *Maulbeerbäume abgehauen"*, ergänzte ich.

„Ja, Nouriel. Es folgt dem gleichen Muster."

„Es ist dasselbe Muster und dieselbe Reihenfolge wie Jesaja 9,9: Erst das Einreißen, – die gefallenen Ziegelsteine. Dann das Ausreißen, – der Maulbeerbaum. Genau das geschah am 11. September. Erst stürzten die Gebäude ein und dann wurde die Sykomore entwurzelt. Dieselben Bilder für Gericht und in derselben Reihenfolge."

„Ja", stimmte der Prophet zu, „und das ist noch nicht alles. Das World Trade Center war das emporragende Symbol der Finanzkraft Amerikas. Diese war über Jahrhunderte hinweg stark gewachsen und steht schon seit geraumer Zeit eng mit der Insel Manhattan in Verbindung. Seit Langem ist Manhattan das ökonomische und finanzielle Zentrum der Nation.

Der Vorbote

Schon zu Beginn des 17. Jahrhunderts diente die Insel als Handelsvorposten für die Holländer. Jene ersten Händler und Siedler hielten es bald für notwendig, sich vor Indianern, Piraten und anderen vermeintlichen Gefahren zu schützen. Deshalb bauten sie einen Wall. Entlang des Walls eröffneten Händler Geschäfte und richteten Lagerhäuser ein. Mit der Zeit wurde der Wall zur zentralen Stelle für Handel und Kommerz auf der Insel. Irgendwann verloren die Holländer die Insel an die Briten. Diese rissen den Wall ab. Dennoch behielt diese Straße ihren Namen."

„*Wall Street!*", ergänzte ich.

„Genau."

„Die Straße, auf der wir jetzt gerade sind, ist die Wall Street."

„Ja. Diese Straße war der Ausgangspunkt des finanziellen Aufstiegs Amerikas. Diese Insel wurde zum Finanzzentrum der Nation. Die Wall Street kontrollierte die ein- und ausgehenden Geldflüsse und finanzierte Amerikas Aufstieg zur Supermacht in Wirtschaft, Handel und Industrie. Hier, auf dieser Straße, wuchsen und schrumpften die Vermögen der Nation. Meistens wuchsen sie jedoch. Die Wall Street wurde schließlich selbst zum Inbegriff der amerikanischen Finanzkraft. Dann, im 20. Jahrhundert entwickelte sich Amerika zum wichtigsten Wirtschaftsgiganten der Welt. Die Wall Street gewann weiter an Einfluss. So wurde sie gewissermaßen selbst zum weltweiten Finanzzentrum."

„Ganz schön beeindruckend", meinte ich, „für eine Straße, die als Wall angefangen hat."

„Ganz schön beeindruckend", wiederholte er, „für egal welche Art von Straße. Aber wie kam es dazu? Diese Straße war nur ein paar Hundert Meter lang und hatte jahrzehntelang nicht einmal ein Kopfsteinpflaster. Wie konnte sie zu Amerikas Finanzzentrum werden und das Fundament für Amerikas Aufstieg zur weltweiten Finanzsupermacht legen?"

„Ich denke, das müssen Sie mir erzählen."

„Im März 1792 gab es ein geheimes Treffen in einem Hotel in Manhattan. Dort kamen 24 führende Geschäftsleute der

Die Entwurzelung

Stadt zusammen. Zweck des Treffens war es, den Handel mit Aktien und Anleihen zu ordnen und zugleich vor Wettbewerb zu schützen. Zwei Monate später, am 17. Mai 1792, setzten sich die Geschäftsleute wieder zusammen, diesmal in der Wall Street 68. Sie unterzeichneten ein Dokument, um die Ziele des ersten Treffens zu besiegeln. Das war die Geburtsstunde der New Yorker Aktienbörse. Das Dokument hieß *Buttonwood Agreement*. Die Organisation, die aus dieser Übereinkunft entstand, erlangte als *Buttonwood Association* Berühmtheit, später als *New York Stock and Exchange Board* und schließlich als *New York Stock Exchange* – die New Yorker Börse. Erst wurde sie national und im 20. Jahrhundert dann weltweit zur führenden Aktienbörse. So wurde im Mai 1792 mit dem Unterzeichnen des *Buttonwood Agreements* die Grundlage für Amerikas Aufstieg zur Finanzsupermacht gelegt. Wissen Sie, was *buttonwood* bedeutet, Nouriel?"

„Nein."

„Es ist der Name eines Baums", erklärte er.

„Was hat ein Baum mit der Gründung der Wall Street zu tun?"

„Die 24 Geschäftsleute trafen sich gewöhnlich unter einem Buttonwood-Baum auf der Wall Street, um ihre Transaktionen vorzunehmen. Unter diesem Baum unterzeichneten sie auch die Vereinbarung, die der Startschuss für die New Yorker Aktienbörse war. So wurden also sowohl das Gründungsdokument als auch die Gründungsversammlung nach dem Baum benannt, unter dem alles begann. Die Wall Street, so wie wir sie kennen, und Amerikas Finanzmacht, so wie wir sie kennen, begannen offiziell unter einem Buttonwood-Baum."

„Darf ich etwas fragen?"

„Natürlich."

„Um was für eine Art Baum handelt es sich bei diesem Buttonwood?"

„Sie kennen ihn bereits."

„Die Art?"

„Eine Sykomore."

„Eine Sykomore."

„Buttonwood", sagte er, „ist eigentlich nur ein anderes Wort für Sykomore."

„Die Wall Street nahm ihren Anfang durch ein Dokument, das man im Wesentlichen auch als *Sycamore Agreement* bezeichnen könnte?"

„Ja, in der Tat."

„Und die New Yorker Aktienbörse ist eigentlich die *Sycamore Association*."

„Das könnte man auch so sagen", erwiderte er.

„Die Anfänge der Finanzmacht Amerikas mitsamt ihren weltverändernden Konsequenzen, all das begann unter den Zweigen einer Sykomore."

„Ja", bestätigte er, „unter den Zweigen einer Sykomore."

„Und der 11. September?"

„Das World Trade Center war ein emporragendes Sinnbild davon, wie weit diese Macht inzwischen reichte. Die Sykomore hingegen war das Symbol ihres Ursprungs."

„Ihrer *Grundlage*", sagte ich, „Ein Fundament für die Macht einer Nation."

„... welches in den Tagen des Gerichts bloßgelegt wird: ,*So will ich die Wand niederreißen, die ihr mit Kalk übertüncht habt, und will sie zu Boden stoßen, dass man ihren Grund sehen soll.*'"

„Eine Sykomore ist in der Gründungsstunde Amerikas zu finden. Wie auch im Schatten des World Trade Center auf dem Ground Zero."

„Ganz genau", bestätigte er. „Und am 11. September verursachte der Fall des einen den Fall der anderen."

„Der Fall des Symbols, das für die Wall Street steht, erschütterte die Finanzmacht."

„Ja", bestätigte der Prophet. „Der 11. September traf die Wall Street und die amerikanische Wirtschaft empfindlich, nicht nur in den ersten Tagen nach dem Angriff. Nein, die langfristige Schädigung der Wirtschaft gipfelte sieben Jahre später im Crash der Wall Street."

Die Entwurzelung

„So war die Sykomore nicht nur eine Warnung vor Gericht. Sie war gleichzeitig ein detailgetreuer Hinweis auf einen wirtschaftlichen Zusammenbruch."

„Das Abschlagen einer Sykomore ist ein biblisches Zeichen für Gericht", fasste er zusammen. „Aber derselbe Baum symbolisiert auch die Macht Amerikas."

„Das heißt also, der Fall der Sykomore ..."

„... sagte den Fall der finanziellen und ökonomischen Macht Amerikas voraus", ergänzte er. „Genau so ist es."

Er lief voraus, wartete aber auf mich, als er bemerkte, dass ich langsamer lief.

„Kommen Sie, Nouriel, ich möchte Ihnen etwas zeigen." Er führte mich zum Ende der Wall Street. Dort befand sich im Hof einer alten Kirche ein merkwürdiges Gebilde aus Bronze.

Er zeigte darauf. „Wissen Sie, was das hier ist?"

„Keine Ahnung."

„Das hier war eines der ersten Denkmäler für 9/11. Am 11. September 2005 wurde es enthüllt. Der Künstler wollte damit ein Detail der Tragödie verewigen. Eines, das für viele zu einer Quelle der Inspiration geworden war.

„Aber es bedeutet viel mehr, als er darstellen wollte?", fragte ich.

„Ja", erwiderte er. „Wissen Sie, was es darstellt?"

„Es sieht aus wie eine Art Wurzelwerk."

„Es *ist* ein Wurzelwerk. Es ist das Wurzelwerk eines bestimmten Baums, – einer Sykomore."

„Einer bestimmten Sykomore?"

„Ja. Es ist das Wurzelwerk der Sykomore von Ground Zero."

„Wie entstand dieses Kunstwerk?"

„Der Künstler bildete es den Wurzeln des gefallenen Baums nach. Als ein Symbol der Hoffnung.

„Aber eine gefallene Sykomore ist kein Symbol der Hoffnung", protestierte ich. „Es ist ein Zeichen des Gerichts."

„Und ein Zeichen der Entwurzelung", fügte er hinzu. „Man stellte das Kunstwerk hier, am Ende der Wall Street, auf. Genau die Straße, die von einer Sykomore symbolisiert wird, trägt jetzt das Bild einer entwurzelten Sykomore."

„Der Grundstein für Amerikas Finanzmacht", sagte ich. „Bloßgelegt."

„Und außerdem", antwortete er, „ist es eine Botschaft der Propheten:

Siehe, was ich gebaut habe,
das reiße ich ein,
und was ich gepflanzt habe,
das reiße ich aus ...[3]

„Was bedeutet das?", wollte ich wissen. „Was bedeutet das speziell für Amerika?"

„Wenn eine lebende Sykomore den Aufstieg Amerikas zur führenden Finanzmacht der Welt symbolisiert, für was steht dann eine entwurzelte Sykomore?"

„Für seinen Fall", antwortete ich. „Sie müsste für Amerikas Fall stehen."

„Gott ließ zu, dass die Macht Amerikas hier – symbolisch gesprochen – gepflanzt wurde, Wurzeln schlug, wuchs und sich über die ganze Welt verzweigte. Die Nation erlebte eine Blütezeit. Sie konnte an weltweiter Macht und wirtschaftlichem Wohlstand gewinnen. Doch sie verließ Gottes Wege, lehnte sie ab. Deshalb wurde ein Zeichen gesetzt. Wenn sich Amerika jetzt weiterhin weigern würde, umzukehren, würden die Segnungen und der Wohlstand, den die Sykomore symbolisierte, weggenommen werden. Das, was aufgebaut worden war, würde niedergerissen werden. Das, was gepflanzt worden war, würde entwurzelt werden."

———— ❖❖❖ ————

Nach einer kurzen Pause bat er mich um das Siegel. Ich reichte es ihm und bekam ein anderes. „Können Sie sich auch an dieses hier erinnern?", wollte er wissen, als ich es mir ansah.

„Natürlich. Das ist der Erez-Baum."

Die Entwurzelung

„Der siebte Vorbote."

„Möchten Sie, dass ich auf dem Siegel etwas anderes entdecke?", vermutete ich.

„Was sehen Sie im Hintergrund? Um den Baum herum?"

„Grashalme."

„Sehen Sie genauer hin."

„Getreide, Weizenhalme."

„Wie viele?", fragte er. „Wie viele Halme?"

„Sechs", antwortete ich. „Drei auf jeder Seite des Baums."

„Sechs Weizenhalme", sagte er, „und einen siebten, den Sie nicht sehen."

„Wie soll denn da ein siebter sein, wenn ich ihn nicht sehen kann?"

„Er ist da", sagte er. „Er ist da in seiner Abwesenheit."

„Er ist da in seiner Abwesenheit", wiederholte ich. „Ist das ein weiteres Geheimnis?"

„Dieses nächste Siegel, Nouriel, eröffnet einen neuen Bereich weiterer Geheimnisse."

„Hat das mit der zweiten Erschütterung zu tun?", erkundigte ich mich.

„Mit der zweiten und mit der ersten, und mit dem, was beide verbindet."

„Wie im *Jesaja 9,9-Effekt*?"

„Ja, aber diesmal liegen die Zusammenhänge weniger im natürlichen Bereich."

„Sie sind übernatürlich?"

„Das könnte man so sagen."

„Und sie verbinden den 11. September mit der Wirtschaftskrise?"

„Sie verbinden sie nicht nur. *Sie bestimmten beide,* bis hin zu dem Zeitpunkt, an dem sie jeweils stattfanden."

„Ein uraltes Geheimnis?"

„Ja. Ein uraltes Geheimnis, das die Weltwirtschaft und alle ihre Transaktionen bestimmte. Ein Geheimnis, das vor über dreitausend Jahren im Sand einer Wüste im Nahen Osten seinen Anfang nahm."

Kapitel 17

Das Geheimnis der Schmitta

א ת

„Mit diesen Worten verschwand er."

„Was passierte dann?"

„Ich versuchte, dem Geheimnis des Siegels auf die Spur zu kommen. Da waren sechs Weizenhalme und ein unsichtbarer siebter. Sechs einer Art und ein siebter einer anderen Art. Ich fand heraus, dass das ein biblisches Muster war: Die Wochentage, sechs Tage einer Art und ein siebter Tag, der Sabbat, der anders ist als die übrigen."

„Was haben die Wochentage mit dem Weizen zu tun?", überlegte sie.

„Das wusste ich auch nicht. Aber das war alles, was ich herausbekam."

„Ist er dann wieder aufgetaucht?"

„Ja, ein paar Wochen später. Ich befand mich auf dem Heimweg von einer Konferenz in einem anderen Staat. Ich fuhr durch eine ländliche, hügelige Gegend. Auf beiden Seiten der Straße lagen Getreidefelder. Sie zogen sich bis in die Hügel hinauf. Im ganzen Feld waren Wellenbewegungen durch den heftigen Wind zu beobachten. Ich war fasziniert von diesem Tanz aus Wind, Weizen, Sonnenlicht und Schatten. Ich musste einfach hinsehen. Gleichzeitig behielt ich natürlich die Straße im Blick. Da bemerkte ich etwas, das nicht in das Bild hineinpasste. Zuerst dachte ich an eine Vogelscheuche. Ich wusste nicht, was es sonst sein sollte: Eine Gestalt auf dem Hügelkamm, die aussah wie ein Mann."

„Mit langem, dunklem Mantel?"

Das Geheimnis der Schmitta

„Er war es. Er war nicht klar erkennbar wegen der Entfernung, aber ich wusste es einfach. Ich fuhr also rechts ran und stieg aus. Dann bahnte ich mir einen Weg durch die Felder in Richtung Hügelkamm."

„Nouriel!", begrüßte er mich, als ich näher kam. „Was führt Sie in diese Gegend?"
„Eine gute Frage. Was führt mich hierher?", erwiderte ich.
„Macht es denn irgendeinen Sinn, Sie zu fragen, was Sie mitten in einem Weizenfeld suchen?"
„Ich bin hier zumindest nicht, um das Feld zu bearbeiten."
„Wusste ich's doch, es macht keinen Sinn", gab ich zurück.
„Ich bin aus demselben Grund wie Sie hier."
Ich blickte mich um. Das Weizenfeld endete kurz vor dem Hügelkamm. Von allen Seiten umgaben uns Felder, die bis an die fernen Hänge heranreichten.
„Also", brach er die Stille, „haben Sie herausgefunden, was es mit dem Siegel auf sich hat?"
„Es hat irgendwie mit den Wochentagen zu tun."
„Wie kommen Sie darauf?", fragte er.
„Es sind sechs Weizenhalme und ein siebter. Ich weiß nur von diesem, weil Sie mir davon erzählt haben. Die sechs waren sichtbar, der siebte nicht. Die biblische Woche folgt diesem Muster, sechs plus eins."
„Sie haben es nicht herausgefunden", sagte er, „aber Sie waren nah dran."
„Nämlich?"
„Das Muster stimmt: Sechs einer Art und dann ein siebter. Jeder Weizenhalm steht für einen Zeitabschnitt. Soweit so gut. Es geht dabei jedoch nicht um Tage."
„Um was dann?"
„Israel unterschied nicht nur die Tage nach diesem Muster, sondern auch die Jahre: Sechs Jahre lang sollten sie arbeiten,

säen und ernten, Weinstöcke pflanzen und die Weinlese einbringen. Im siebten Jahr sollten sie ruhen. Das war das Sabbatjahr. Das Gesetz des siebten Jahres gab Mose ihnen in der Sinaiwüste. Es hatte folgenden Wortlaut:

Wenn ihr in das Land kommt, das ich euch geben werde, so soll das Land dem Herrn einen Sabbat feiern. Sechs Jahre lang sollst du dein Feld besäen und sechs Jahre lang deinen Weinberg beschneiden und den Ertrag einsammeln. Aber im siebten Jahr soll das Land seinen Sabbat der Ruhe haben, einen Sabbat für den Herrn, an dem du dein Feld nicht besäen noch deinen Weinberg beschneiden sollst.[1]"

„Dann steht also jeder Halm für ein Jahr", sagte ich. „Jeder Halm steht für eine Ernte."

„Genau. Und der fehlende Halm?"

„Der fehlende Halm steht für das siebte Jahr. Er ist nicht da, weil das siebte Jahr das Sabbatjahr ist. Da wird keine Ernte eingeholt."

„Gut kombiniert", lobte er. „Das siebte Jahr bekam den Namen *Schmitta*. Das Wort *Schmitta* bedeutet *Befreiung, Erlass, Ruhenlassen*. Während des Sabbatjahres sollte alle Landarbeit ruhen. Es durfte nicht gepflügt, nicht gesät, beschnitten oder geerntet werden. Die Früchte sollten liegen gelassen werden:

Auch was nach deiner Ernte von selbst wächst, sollst du nicht ernten; und die Trauben deines unbeschnittenen Weinstocks sollst du nicht lesen, weil es ein Sabbatjahr für das Land ist.[2]

Schauen Sie dorthin, Nouriel. Was ist das?"

„Ein Feld ohne Früchte, ein Feld ohne Ernte", antwortete ich.

„Ein Feld, auf dem nur die Reste der vergangenen Ernte stehen. Es ist Brachland. Das Land ruht. Im Schmitta-Jahr ließ man jedes Feld in Israel so brachliegen und in Ruhe."

„Aber wovon lebten dann die Leute?"

„Sie aßen das, was von selbst wuchs:

Das Geheimnis der Schmitta

Sechs Jahre sollst du dein Land besäen und seinen Ertrag einsammeln; aber im siebten sollst du es brach liegen und ruhen lassen, damit sich die Armen deines Volkes davon ernähren können; und was sie übriglassen, das mögen die Tiere des Feldes fressen. Dasselbe sollst du mit deinem Weinberg und mit deinem Ölbaumgarten tun.[3]

Im siebten Jahr musste jeder Landbesitzer sein Land für die Notleidenden zur Verfügung stellen. Die Feldfrüchte der Reichen gehörten dann auch den Armen. Das, was das Land hervorbrachte, wurde in einem ganz realen Sinn Allgemeinbesitz."

Inzwischen wehte der Wind heftig und drückte den Weizen noch tiefer zu Boden. So entstanden noch schnellere und dramatischere Wellenbewegungen. Der Prophet wartete ein wenig, während ich all das aufnahm. Dann fuhr er fort:

„Die Schmitta berührte nicht nur die Felder, sondern auch die Menschen. Der ‚Erlass' fand noch auf einer ganz anderen Ebene statt:

Am Ende von sieben Jahren sollst du einen Schuldenerlass anordnen. Dies ist aber die Ordnung des Erlasses: Jeder Schuldherr soll das Darlehen seiner Hand erlassen, das er seinem Nächsten geliehen hat; er soll seinen Nächsten oder seinen Bruder nicht bedrängen; denn man hat einen Schuldenerlass des Herrn ausgerufen.[4]

Das letzte Loslassen im Schmitta-Erlassjahr betraf den wirtschaftlichen Bereich. Es transformierte ihn völlig. Im siebten Jahr wurden alle Schulden aufgehoben. Jeder, der etwas verliehen hatte, durfte es nicht mehr zurückfordern. Wer Schulden hatte, wurde davon befreit. Jeder Kredit wurde annulliert, jede Schuld ausgelöscht."

„Und das alles fand am *Ende* des siebten Jahres statt?", fragte ich.

„Ja, am Ende, an einem bestimmten Tag, dem 29. Tag des hebräischen Monats Elul. Das war der letzte Tag des Kalenderjahres, ganz am Ende des siebten Jahres. So bildete der 29. Elul den Höhepunkt und Abschluss der Schmitta. Die Konten im ganzen Land wurden auf null gesetzt."

„Alle Schulden wurden aufgehoben und alle Kredite annulliert. Führte das nicht zu einem Wirtschaftschaos?"

„Das hätte passieren können", meinte er. „Die meisten Wirtschaftssysteme stützen sich in irgendeiner Weise auf ein Kredit- und Darlehenswesen. Eine so umfassende Veränderung musste also immense Auswirkungen auf die Wirtschaft haben. Tatsächlich haben auch die Rabbis im Lauf der Jahrhunderte immer wieder nach Möglichkeiten gesucht, diese Forderungen zu umgehen. Sie hatten Angst vor einer wirtschaftlichen Katastrophe."

„Aber es war als Segnung gedacht", erwiderte ich, „als ein Sabbat."

„Ja, ein Jahr der Freilassung und Freiheit, ein Jahr, in dem man von seiner Arbeit ruhen und Gott näherkommen sollte. Und doch konnte es dem Augenschein nach einem wirtschaftlichen Zusammenbruch gleichen."

„Das Schmitta-Jahr war als eine Segnung gedacht. Was hat es dann mit dem Gericht zu tun oder mit Jesaja 9,9 oder mit Amerika?"

„Die Schmitta *wäre* ein Segen gewesen, wenn Israel sie eingehalten und nicht gegen Gott rebelliert hätte. Doch sie hielten das Sabbatjahr nicht ein. Das hatte symbolische Aussagekraft. Das Volk hatte Gott aus seinem Leben verbannt. Die Leute dienten lieber Götzen. Statt in den Sabbatjahren zu ruhen, strebten sie rastlos nach Zuwachs und Gewinn. Dass die Schmitta gebrochen wurde, war ein Zeichen. Man hatte Gott aus Feld und Arbeit, Regierung und Kultur, Haus und Leben ausgeschlossen. Die Schmitta *war* als Segnung gedacht. Dass sie gebrochen wurde, verkehrte den Segen jedoch in Fluch."

„Was heißt das?", wollte ich wissen.

„Die Schmitta kam trotzdem", erläuterte der Prophet, „aber nicht, weil man sich für sie entschieden hätte, sondern als Gericht. Fremde Armeen überrannten das Land, zerstörten die

Das Geheimnis der Schmitta

Städte, plünderten die Felder und führten die Leute gefangen ins Exil. Und das Land ruhte. Die Felder lagen brach. Kaufen und Verkaufen der Feldfrüchte und aller Handel kamen zum Stillstand. Privates Eigentum wurde bedeutungslos. Und innerhalb eines Augenblicks wurde jede Schuld, jeder Kredit und jedes Darlehen aufgehoben. So oder so, – die Schmitta kam."

„Findet sich in der Bibel eine ausdrückliche Verbindung zwischen Schmitta und Gericht?"

„Ja", antwortete er. „Diese Verbindung wurde bereits am Berg Sinai verdeutlicht, ganz am Anfang:

Euch aber will ich unter die Heidenvölker zerstreuen und das Schwert hinter euch her ziehen, so dass euer Land zur Wüste wird und eure Städte zu Ruinen. Dann wird das Land seine Sabbate genießen, solange es verwüstet liegt und ihr im Land eurer Feinde seid. Ja, dann wird das Land ruhen und seine Sabbate genießen dürfen. Solange es verwüstet liegt, wird es ruhen, weil es nicht ruhen konnte an euren Sabbaten, als ihr darin wohntet.[5]

Diese Vorhersage erfüllte sich Jahrhunderte später, als die babylonischen Armeen ins Land einfielen und es verwüsteten. Seine Bewohner wurden scharenweise in die Gefangenschaft geführt. Das Volk blieb 70 Jahre im Exil. Warum 70? Die Antwort verbirgt sich im Geheimnis der Schmitta."

„War 70 die Anzahl der nicht eingehaltenen Sabbatjahre?"

„Richtig."

„Das heißt, das Land lag 70 Jahre lang brach. Somit wurde die Forderung der Schmitta erfüllt, wenn auch unfreiwillig."

„Wieder richtig."

„Darin liegt eine gewisse Ironie. Das Volk strebte nach Wohlstand und vertrieb dabei Gott und die Schmitta aus ihrem Leben. Aber jetzt war es die Schmitta, die das Volk vertrieb, mitsamt ihrem Wohlstand. All ihre Gewinne wurden null und nichtig gemacht."

„Und in der Schmitta", sagte er, „lag auch das Geheimnis der Zeitspanne verborgen."

„Der Zeitspanne?"

„Der Zeitspanne ihres Gerichts. 70 Jahre für 70 Schmittas."

„So wurde die Schmitta, die als Segen gedacht war, zu einem Zeichen von Gericht."

„Ganz genau", sagte er. „Lassen Sie uns alles zusammenfügen. Dazu müssen wir zunächst die Einzelteile kennen. Nehmen Sie das auf."

„Ich nehme schon alles auf", entgegnete ich. „Mein Gerät ist eingeschaltet."

„Das meine ich nicht. Haben Sie Ihren Notizblock dabei?"

„Ja."

„Und einen Stift?"

„Ja."

„Sie sind daran gewöhnt, schnell zu schreiben, Nouriel. Notieren Sie."

Und so stenografierte ich, was er mir diktierte:

„Die Auswirkungen der Schmitta erstrecken sich auf die Bereiche Finanzen, Wirtschaft, Arbeit und Beruf, Produktion, Handel und Konsum.

Die Felder und Weinberge liegen im siebten Jahr brach. Die nationale Gesamtproduktion nimmt daher stark ab.

Arbeit und Beschäftigung kommen zum Stillstand.

Die Felder werden teilweise zu Allgemeinbesitz.

Der An- und Verkauf von landwirtschaftlichen Produkten ist eingeschränkt.

Die Früchte der Arbeit werden liegengelassen.

Kredite werden gekündigt und Schulden erlassen.

Wenn eine Nation beabsichtigt, Gott aus ihrem Wandel auszuschließen, verwandelt sich das Wesen der Schmitta. Sie wird von einem Gefäß des Segens zu einem Gefäß des Gerichts. Sie bringt Gericht über den Wohlstand der Nation.

Das Geheimnis der Schmitta

Haben Sie das alles?", fragte er.

„Ja. Aber was hat das mit Amerika zu tun? In Amerika gab es nie ein Sabbatjahr."

„Das stimmt. Es wurde nur einer Nation geboten. Es geht hier allerdings nicht um die buchstäbliche Einhaltung der Schmitta oder um irgendeine Verpflichtung, sie zu halten."

„Worum geht es dann?", fragte ich.

„Hier", erklärte er, „geht es um ihren Einfluss und ihre Auswirkung."

„Was bedeutet das?"

„Es geht um die Schmitta *als ein Zeichen*."

„Die Schmitta als ein *Zeichen*?"

„Ja, als Zeichen an eine Nation, die Gott aus ihrem Leben verdrängt und durch Götzen und Gewinnstreben ersetzt hat. Es geht um die Schmitta als ein Zeichen des Gerichts, ein Zeichen, das besonders den Finanz- und Wirtschaftssektor einer Nation betrifft."

„Ich verstehe immer noch nicht, was das mit Amerika zu tun hat."

„Hinter dem Zusammenbruch der Wall Street und der Implosion der amerikanischen und der weltweiten Wirtschaft, hinter all dem steckt auf geheimnisvolle Weise die Schmitta."

„Das müssen Sie mir erklären."

„Eine Reihe von Auslösern brachte den Zusammenbruch der Wirtschaft Anfang September 2008 ins Rollen. Damals dominierten zwei Unternehmen etwa die Hälfte des amerikanischen Hypothekenmarktes: Die *Federal National Mortgage Association* und die *Federal Home Loan Mortgage Corporation*."

„*Fannie Mae* und *Freddie Mac*."

„Richtig", bestätigte er, „und Anfang September standen beide Unternehmen, und mit ihnen der Hypotheken- und der Immobilienmarkt, am Rande des Zusammenbruchs. Die Bundesregierung übernahm am 7. September – durch einen der dramatischsten Eingriffe in die Wirtschaft seit der Großen Depression – die Kontrolle über beide Unternehmen und unterstellte sie der eigenen Aufsicht."

Der Vorbote

„Das heißt, sie wurden quasi verstaatlicht."
„Diese Übernahme löste weltweit Besorgnis aus. Und dann, gerade zu der Zeit, als der Hypothekenmarkt infolgedessen wankte, ereignete sich ein noch verheerenderer Zusammenbruch."
„Der Fall der *Lehman Brothers*."
„Zu Beginn des 21. Jahrhunderts war *Lehman Brothers* der führende Finanzkonzern. Als sich der Subprime-Hypothekenmarkt auflöste, verlor Lehman rapide an Ansehen und Kapital. Ein Geschäft, dass die angeschlagene Firma hatte retten sollen, platzte. Damit stürzten ihre Aktien ab und die ganze Börse mit ihnen. Am folgenden Tag teilte *Lehman Brothers* einen Verlust von fast vier Milliarden Dollar mit. Einen Tag später fielen die Aktien der Bank um weitere 40%. Es verbreitete sich die Nachricht, dass ein Käufer gesucht würde. Die US-Notenbank und die Leiter der Wall Street bemühten sich in den darauffolgenden Tagen verzweifelt, Lehmans Ende abzuwenden. Ohne Erfolg. Am Montagmorgen, dem 15. September 2008, ereignete sich der zweite Crash, nur eine Woche nach dem ersten. Diesmal jedoch wurde der Fall von keinem Sicherheitsnetz aufgefangen. *Lehman Brothers* veröffentlichte eine Bankrotterklärung. Es war der bis dahin größte Bankrott in der amerikanischen Geschichte. Die Nachricht ging um die ganze Welt. Der Fall der *Lehman Brothers* wiederum löste den Crash der Wall Street und die weltweite Finanzkrise aus."
„Die schlimmste Wirtschaftskrise seit der Großen Depression", ergänzte ich. „Aber was hat das mit dem Geheimnis der Schmitta zu tun?"
„In den Tagen des Propheten Jeremia lag Jerusalem in Schutt und Asche. Das Volk war in die Gefangenschaft weggeführt worden. Der Schlüssel für das Timing diesen Gerichts verbarg sich im Geheimnis der Schmitta."
„Das Timing des wirtschaftlichen Zusammenbruchs hat demnach eine Bedeutung?"
„Der Zusammenbruch der *Lehman Brothers* und der amerikanischen Wirtschaft geschah innerhalb einer Woche. In

Das Geheimnis der Schmitta

dieser Woche jährte sich eine andere amerikanische Katastrophe."

„Der 11. September."

„Ja, der 11. September", bestätigte er. „Die Pleite von *Fannie Mae* und *Freddie Mac* fand am 7. September statt. Die Pleite der *Lehman Brothers* begann zwei Tage später, am 9. September, als sie 45% an Wert verloren. Am 10. September meldeten sie einen Verlust von fast 4 Milliarden Dollar. Am Tag danach stürzten ihre Aktien zum zweiten Mal ins Bodenlose."

„Am 11. September."

„Dieser zweite Einsturz am 11. September versetzte *Lehman* den Todesstoß. Die Notenbank setzte daraufhin eine Reihe an Aktionen in Gang und berief Sondersitzungen ein. Doch es endete im Fall der *Lehman Brothers*. Das war der Auslöser für den Zusammenbruch der amerikanischen und weltweiten Wirtschaft. An eben jenem 11. September schrillte eine zweite Alarmglocke: Der Generaldirektor der *AIG* gab der Notenbank in New York bekannt, dass auch seine Firma in großer Gefahr stand, bankrott zu gehen. Zwei Warnsignale vor einem kommenden Kollaps, die beide am 11. September auftauchten. Die Nation gedachte an die Katastrophe vom 11. September 2001. Und gleichzeitig bahnte sich eine zweite Katastrophe an. Diesmal betraf sie den wirtschaftlichen Bereich."

„Und die Zeit zwischen den beiden Ereignissen?"

„Sieben Jahre", sagte der Prophet. „Dazwischen lagen sieben Jahre."

„Sieben Jahre. Das ist genau die biblische Zeitspanne, die den Bereich *Finanzen* und *Wirtschaft* einer Nation betrifft."

„Ja", erwiderte er, „und das Gericht über diesen Bereich. Sieben Jahre zwischen der ersten und der zweiten Erschütterung. Was geschieht am Ende der sieben Jahre, Nouriel?"

„Am Ende der sieben Jahre kommt der Schulderlass."

„,Am Ende von sieben Jahren sollst du einen Schuldenerlass anordnen.' Was genau wurde den Menschen erlassen?", fragte er.

„Kredite und Schulden", antwortete ich.

„Und worum ging es bei all diesen Pleiten?"

„Um Kredite und Schulden", erwiderte ich.

„Der Kollaps von 2008 fand nicht nur sieben Jahre nach den Anschlägen des 11. September statt, er betraf auch konkret das Schmitta-Prinzip. Der Zusammenbruch von *Fannie Mae*, *Freddie Mac* und *Lehman Brothers* hatte jeweils mit dem Thema Kredit und Schulden zu tun. Im Fall der ersten beiden griff die Regierung ein. Es war eine Rettungsaktion. Beiden Unternehmen wurden ihre Schulden in Höhe von mehr als fünf Billionen Dollar erlassen."

„Ein Schuldenerlass."

„Der Schuldenerlass", sagte der Prophet, „ist, egal ob vorübergehend oder endgültig, eine Form der Schmitta."

„Und im Fall der *Lehman Brothers*?"

„Im Fall der *Lehman Brothers* nahm der Erlass eine andere Form an. Die Regierung verweigerte eine Rettungsaktion und das Unternehmen ging bankrott. Mit ihrer Bankrotterklärung ..."

„... wurden ihre Schulden ausgelöscht und ihre Darlehen getilgt."

„Eine andere Form der Schmitta", erklärte er, „ein anderer Schuldenerlass."

„Die Dynamik der Schmitta löste den amerikanischen und weltweiten Kollaps aus."

„Ja, und ihr Einfluss ging noch viel weiter."

„Wie meinen sie das?", wollte ich wissen.

„Aktienmärkte bauen auf Investitionen auf. Eine Einzelperson investiert Geld in der Annahme, dass diese Investition Gewinn bringt. Äußerlich ähnelt das Krediten und Verbindlichkeiten. Bankinstitute tätigen ebenfalls Investitionen. Ihre Gelder stellen Darlehen, Kredite und Verbindlichkeiten dar."

„Aber im Schmitta-Jahr werden Kredite und Schulden erlassen."

„Genau. Der Fall der *Lehman Brothers* löste eine Lawine von finanziellen Zusammenbrüchen aus, von der Wall Street bis nach Asien. Er sorgte monatelang für ständig neue Erschütte-

Das Geheimnis der Schmitta

rungen der Aktienmärkte weltweit. Sie stürzten immer weiter in die Tiefe. Riesige Vermögen lösten sich über Nacht in Luft auf. Der Zusammenbruch der Aktienmärkte auf der ganzen Welt bedeutete, dass investierte Gelder verschwunden waren und nicht zurückgezahlt werden konnten. Zumindest nicht in absehbarer Zukunft. Kredite und Schulden, und zwar im Wert von Billionen Dollar, sind im Grunde genommen gelöscht worden. ‚*Jeder Schuldherr soll das Darlehen seiner Hand erlassen, das er seinem Nächsten geliehen hat*‘, – eine Schmitta."

„Wie weit reichte der Erlass von Schulden in der Schmitta zurück?", erkundigte ich mich.

„Bis zum Ende der vorigen Schmitta", erklärte er, „zum letzten Schuldenerlass."

„Die Schmitta löschte alle Schulden der vergangenen sieben Jahre aus?"

„Ja."

„Als der Aktienmarkt im September 2008 zusammenbrach, was wurde dabei ausgelöscht?"

„Alle Gewinne der letzten sieben Jahre und noch einige mehr."

„Und es gab weltweite Auswirkungen."

„Die gesamte Weltwirtschaft war betroffen. Märkte brachen zusammen, Investitionen verschwanden. Es gab jede Menge Rettungsaktionen seitens der Regierungen, Bankrotte von Einzelnen und Gesellschaften, Zwangsvollstreckungen. Im Grunde genommen war all das eine finanzielle Annullierung."

„Der Schuldenerlass fand in jedem Fall statt. Sei es durch Bankrott, Hilfsprogramme oder ausgelöschte Konten. Alles eine Form der Schmitta."

„Nicht nur eine Form", entgegnete er. „Der globale wirtschaftliche Zusammenbruch war selbst eine riesige Schmitta. Sie setzte sich nur aus zahllosen kleineren zusammen."

„Wie weit reicht dieses zyklische Muster?", wollte ich wissen. „Jedes siebte Jahr in der Vergangenheit ... Was ist mit der Zukunft?"

„Das ist ein Thema für sich", sagte er. „Gerade geht es um die Schmitta als ein *Zeichen* für Gericht."

Der Vorbote

„Sie sprachen von einem konkreten Tag. An diesem wurden die Konten ausgelöscht und die Kredite und Verbindlichkeiten auf null gesetzt."

„Am 29. Elul, am Ende des siebten Jahres. Das war der Höhepunkt und das Ende der Schmitta. Alle verbliebenen Darlehen, Kredite und Schulden mussten auf null gesetzt werden."

„Spielt dann der 29. Elul eine Rolle in dem Geheimnis?", fragte ich.

„Mit dem Fall der *Lehman Brothers* stürzte die Börse um mehr als 499 Punkte ab. Das stürzte die Finanzmärkte weltweit in eine Krise. Der US-Kongress versuchte verzweifelt, die Implosion zu stoppen. Schließlich hatten sie einen neuen Gesetzesentwurf ausgetüftelt. Er beinhaltete die größte Rettungsaktion der Regierung in der Geschichte Amerikas. Doch es gab eine überraschende Wende in den Ereignissen, die die Beobachter schockierte. Der Antrag wurde abgelehnt. An jenem Morgen, dem 29. September, läutete die Eröffnungsglocke der New Yorker Börse nicht. Viele sahen darin ein Omen. Dann erreichte die Nachricht, dass der Rettungsplan abgelehnt worden war, den Aktienmarkt. Die Wall Street kollabierte. Innerhalb eines einzigen Tages stürzte sie um mehr als siebenhundert Punkte ab. Das war der Höhepunkt der ersten Phase der Weltwirtschaftskrise. Betrachtet man den Punktverlust, war es der schlimmste Tag in der Geschichte der Wall Street. Ein Finanzanalyst fasste die Geschehnisse des 29. September folgendermaßen zusammen:

> *Dieses Ereignis erschütterte mehr als alles andere das Vertrauen in den Markt. Im Verlauf der nächsten beiden Wochen fiel der Dow Jones um fast 2.700 Punkte. Das entsprach fast 25%. Der Schaden war eingetreten.*[6]

Das war der Höhepunkt des globalen Zusammenbruchs und der heftigste Börsencrash innerhalb eines einzigen Tages in der Geschichte der Wall Street. Warum geschah das?", fragte er. „Warum geschah es gerade zu diesem Zeitpunkt?"

Ich schweige. Er wartete, bevor er mir seine Antwort gab.

Das Geheimnis der Schmitta

„Der größte eintägige Börsencrash in der Geschichte der Wall Street fand am 29. Elul statt, – dem krönenden, wichtigsten Tag der hebräischen Schmitta."

„Mein Gott!", brach es aus mir heraus. Ich wusste nicht, was ich sonst hätte sagen sollen.

„Der Tag, an dem die Konten gelöscht werden müssen", wiederholte er.

„Der Tag, an dem Kredite und Schulden auf null gesetzt werden. All das geschah an *exakt* dem biblischen Tag, an dem es geschehen musste."

„An exakt dem biblischen Tag, der ganz konkret den Finanzbereich einer Nation bestimmen soll."

„Und das Timing? Sie sagten, die Schmitta enthalte den Schlüssel zum Geheimnis der Gerichtszeiten."

„Haben Sie das nachgeprüft", unterbrach Ana, „alles, was der Prophet Ihnen erzählte, die Fakten?" Sie klang jetzt etwas unsicher.

„Ja", erwiderte ich.

„Und alles stimmte?", fragte sie.

„Alles stimmte."

„Das ist unglaublich", sagte sie. „Der größte Crash in der Geschichte der Wall Street und der Zusammenbruch der Weltwirtschaft. All das ist die Manifestation eines uralten Geheimnisses. Es ist unglaublich."

„Das habe ich Ihnen angekündigt."

„Ich erinnere mich."

„Und es geht noch weiter."

„Fahren Sie fort", bat sie mich.

Der Prophet sprach über die Zahl Sieben. „Die Schmitta", sagte er, „hat mit der Zahl Sieben zu tun. Sie findet im *sieb-*

ten Jahr statt. Sie beginnt und endet im Monat Tischri, dem *siebten* Monat des biblischen Jahres. Alles dreht sich um die Zahl Sieben. Könnte die Schmitta einen Hinweis hinterlassen haben? Einen Hinweis, der mit dem Geheimnis der Zahl Sieben in Zusammenhang steht?"

„Ich verstehe nicht, worauf Sie anspielen", erwiderte ich.

„Der nach Punkten größte Börsenkrach in der Geschichte der Wall Street fand am letzten, am krönenden Tag der Schmitta statt. An jenem Abend begann mit Sonnenuntergang Tischri, der *siebte* Monat des hebräischen Jahres. Auslöser war die Ablehnung der größten Regierungs-Rettungsaktion in der Geschichte Amerikas. Es ging dabei um eine Summe von ..."

„... *sieben*hundert Milliarden Dollar", erinnerte ich mich.

„Und wie viel stürzte an jenem Tag die Börse ab?"

„Sagen Sie es mir."

„Der Absturz belief sich auf 7%. Wie vielen Punkten entsprachen diese 7%? Wie viele Punkte gingen in jenem größten Börsenkrach in der Geschichte der Wall Street verloren?"

„Ich weiß es nicht", erwiderte ich.

„*Sieben*hundert*sieben*und*sieb*zig Punkte gingen an jenem Tag verloren."[7]

„*Sieben, sieben, sieben.*"

„Am letzten Tag des siebten Jahres."

„Ist Ihnen klar, wie viele Dinge hier zusammentreffen mussten?", fragte ich. „Damit all das geschehen konnte, damit alles darauf hinauslief? Die ganze Wall Street, die gesamte amerikanische Wirtschaft, die ganze Weltwirtschaft, jede Transaktion, jede gekaufte und verkaufte Aktie, alles. Alles musste genau positioniert sein. Nur so konnte es genau so geschehen, zu genau diesem Zeitpunkt und in genau dieser Höhe. Wer wäre in der Lage, so etwas zu inszenieren?"

„Gott", erwiderte er.

„Er ist wohl der Einzige."

„Was ich Ihnen bisher erzählt habe, betrifft das *Ende* des Sabbatjahres, Nouriel. Was ist mit dem *Anfang*? Zeigte irgendetwas den Anfang der Schmitta an?"

Das Geheimnis der Schmitta

„Eine gute Frage", meinte ich. Es gab nicht oft Gelegenheit, so mit dem Propheten zu sprechen.

„Fette und wohlhabende Jahre gingen der Schmitta voraus. Kaufen, Geldausgeben, Investieren, der Aktienmarkt, der Immobilienmarkt, die Kreditmärkte, alles boomte. Als sich das Schmitta-Jahr näherte, vermehrten sich jedoch die Hinweise auf eine Gefährdung der Wirtschaft. Die Rate der Kreditausfälle und Zwangsvollstreckungen im Immobilienmarkt wuchs. Die Finanzinstitutionen, die diese Darlehen und Hypotheken stützten, gerieten selbst in die Krise. Aber das erste deutliche Vorzeichen dessen, was noch kommen sollte, fand ein Jahr vor dem Weltwirtschaftskollaps statt. Das Scheitern des amerikanischen Immobilien- und Kreditmarkts hallte in Großbritannien wider. Im frühen September 2007 brach die *Northern Rock* zusammen, der fünftgrößte Hypothekengeber Großbritanniens. Es war seit über einem Jahrhundert die erste britische Institution, die einen Bankenansturm erlitt. Noch vor Ende der Krise war die *Northern Rock* Staatseigentum."

„Der Schuldenerlass."

„Es war der erste derartige Kollaps im Laufe der zunehmenden Kreditkrise. Ein Vorschatten der Pleiten, Zusammenbrüche und Interventionen, die die amerikanische und weltweite Wirtschaft bald überziehen würden."

„Eine erste Schmitta."

„Der Fall der *Northern Rock* ereignete sich am 13. September 2007. Im hebräischen Kalender war der 13. September 2007 der erste Tag des Monats Tischri. Der 1. Tischri ist der Tag, mit dem das Schmitta-Jahr *beginnt*."

„So markierten also der Tag der Pleite von *Northern Rock* und der Tag des größten Börsenkrachs der Geschichte Anfang und Ende der biblischen Schmitta."

„So ist es", sagte der Prophet.

„Exakt Anfang und Ende?"

„Exakt den Anfang und exakt das Ende."

„Und was ereignete sich dazwischen?"

Der Vorbote

„Jahrelang war der Aktienmarkt gestiegen. In weniger als einem Monat nach Beginn der Schmitta wendete sich das Blatt. Bis zum frühen Oktober kam sein langer Anstieg zum Stillstand. Er begann zu fallen. Im weiteren Verlauf des Schmitta-Jahres fiel der Aktienmarkt weiter: ein langsamer Börsenkrach. Milliarden und Abermilliarden Dollar gingen verloren."

„Der Erlass von Krediten und Schulden."

„Kreditmärkte waren angespannt. Die Immobilienpreise stürzten ab. Immer mehr Hauseigentümer sahen sich außerstande, ihre Hypotheken pünktlich zu bedienen. Sie gerieten in den Strudel der Zwangsvollstreckung."

„Darlehenskündigungen, ein weiteres Auslöschen von Krediten und Schulden."

„Sie konnten schlichtweg nicht mehr zahlen. Die Firmen, die hinter diesen Hypotheken standen, erlitten immer größere Verluste."

„Jeder Schuldherr soll das Darlehen seiner Hand erlassen."

„Die Lage der Wirtschaft verschlechterte sich zunehmend. Man bemühte sich, die Verluste abzufangen. Das löste weitere Krisen aus. Wellen der Erschütterung erfassten die Finanzwelt. Einige der mächtigsten Kreditinstitute des Landes versagten. Manche wurden durch Rettungsaktionen und Aufkäufe der Regierung gerettet. Andere gingen Bankrott. Jedes Versagen, jeder Erlass, jede Schmitta löste die nächste und wieder die nächste aus. Die Weltwirtschaft fiel weiter auseinander. Ende August, Anfang September näherte sich das Jahr der Schmitta seiner letzten Phase, dem Höhepunkt. Zu dieser Zeit erreichte auch die Finanzkrise ihren Höhepunkt."

„Mit dem Zusammenbruch der *Fannie Mae* und *Freddie Mac*."

„Ja", sagte er, „und dann der *Lehman Brothers* und schließlich der Weltwirtschaft. Alles erreichte am 29. September 2008 seinen Höhepunkt. Am letzten und äußersten Tag der Schmitta."

„Es folgt alles dem uralten Muster."

„Apropos uraltes Muster, Nouriel. Lesen Sie mir bitte vor, was Sie aufgeschrieben haben."

Das Geheimnis der Schmitta

Ich nahm meinen Schreibblock hervor und begann das, was er mir diktiert hatte, vorzulesen:

„Die Auswirkungen der Schmitta erstrecken sich auf die Bereiche Finanzen, Wirtschaft, Arbeit und Beruf, Produktion, Handel und Konsum."

„Demzufolge", sagte der Prophet, „begann die weltweite Krise im Finanzbereich. Aber sie ging noch viel weiter. Es dauerte nicht lange, bis praktisch jeder Wirtschaftszweig betroffen war. Die Krise griff schnell auf andere Bereiche über: Arbeitsmarkt, Handel, Produktion und Konsum. Fahren Sie fort."

„Die Felder und Weinberge liegen im siebten Jahr brach. Die nationale Gesamtproduktion nimmt daher stark ab."

„Die Krise verursacht also einen Rückgang der industriellen Arbeitsvorgänge, da die Nachfrage zurückgeht. Unternehmen reduzieren ihre Größe. Fabriken fahren ihre Produktion herunter. Betriebe bleiben geschlossen."

„Arbeit und Beschäftigung kommen zum Stillstand."

„Die Krise trifft also die erwerbstätige Bevölkerung. Arbeiter werden entlassen. Die Arbeitslosenzahl steigt beachtlich."

„Die Felder werden teilweise zu Allgemeinbesitz."

„Immer mehr Privatunternehmen werden von der Regierung aufgekauft, gerettet und verstaatlicht. Oder sie werden zunehmend der Öffentlichkeit unterstellt."

„Der An- und Verkauf von landwirtschaftlichen Produkten ist eingeschränkt."

„Handel und Konsum leiden unter massiven Verlusten. Die Kunden geben weniger aus. Die Verkäufer suchen immer verzweifelter nach Möglichkeiten, ihren Absatz zu steigern."

„Die Früchte der Arbeit werden liegengelassen."

„Geschäfte bleiben demnach auf ihrer Ware sitzen. Die Lager sind überfüllt. Die wirtschaftliche Schädigung der exportabhängigen Nationen ist enorm."

„Kredite werden gekündigt und Schuld erlassen."

„Damit", sagte er, „ist die gesamte weltweite Krise eine Manifestation des uralten Geheimnisses der Schmitta."

„Ich habe eine Frage."

„Nur zu."

„Der Börsenkrach ereignete sich am 29. Elul, dem letzten Tag des siebten Jahres. Das war der *letzte* Tag eines Zyklus von sieben hebräischen Jahren."

„Stimmt", bestätigte er.

„Das Geheimnis muss noch mehr beinhalten. Die Ereignisse des 29. Elul sind nur der *Abschluss* dessen, was sieben Jahre zuvor angefangen hat."

„Und?"

„Etwas muss sieben Jahre vor dem Crash stattgefunden haben. Etwas, was damit zusammenhing. Etwas, was darauf hinführte. Etwas, was den siebenjährigen Zyklus einläutete."

„Nun, Nouriel, wie finden wir heraus, ob es so etwas gab?"

„Wir zählen einfach sieben Jahre zurück."

„Wo landen wir dann?"

„Im Jahr 2001. Im September 2001. Im Monat des ..."

„Im Monat des Anschlags vom 11. September", führte er meinen Gedanken zu Ende.

„Dann hat der Siebenjahreszyklus irgendwann um den 11. September 2001 herum angefangen. Die Weltwirtschaftskrise war nur der Abschluss. Das passt zum *Jesaja 9,9-Effekt*. Es war der 11. September und die Reaktion der Nation auf den 11. September, die sieben Jahre später zu dem wirtschaftlichen Zusammenbruch führten."

„Gut, Nouriel. Aber Sie suchten nach einem Ereignis der Schmitta. Wir suchen nach einem großen Ereignis im Bereich der *Wirtschaft*."

„Gab es solch ein Ereignis?", erkundigte ich mich.

Das Geheimnis der Schmitta

„Ja", erwiderte er.

„Und welches?"

„Es geschah am Montag, dem 17. September 2001. Es ereignete sich im Bereich der Wirtschaft. Es passt zu dem, was sieben Jahre später geschah. Es ließ es bereits erahnen."

„Und das war?"

„Es war der bis dahin größte Zusammenbruch der Börse nach Punkten in der Geschichte der Wall Street. Dieser Rekord blieb sieben Jahre bestehen, sieben Jahre, bis zum Krach im Jahr 2008.[8] Beachten Sie, Nouriel, worum es sich hier handelt."

„Worum handelt es sich?", fragte ich.

„Eine Periode von sieben Jahren, die mit einem Börsenkrach beginnt und mit einem weiteren Börsenkrach endet. Wir haben eine Zeitspanne von sieben Jahren. Eingerahmt von den beiden größten Zusammenbrüchen in der bisherigen Geschichte der Wall Street."

„Ein Sieben-Jahres-Zyklus, der mit zwei massiven Kredit- und Schuldenerlassen beginnt und endet."

„Was haben wir hier?"

„Die Schmitta", antwortete ich.

„Korrekt."

„Es geschah zur gleichen Zeit wie die erste und die zweite Erschütterung."

„Das Geheimnis reicht noch tiefer", sagte er. „Was glauben Sie, Nouriel, was den Börsenkrach am 17. September 2001 ausgelöst hat?"

„Was denn?", fragte ich.

„Der Anschlag vom 11. September. Der 11. September war schuld daran, dass die New Yorker Börse sechs Tage lang schließen musste. Bei der Wiedereröffnung am folgenden Montag verbuchte sie den größten Verlust in ihrer bisherigen Geschichte. Der Crash vom 17. September 2001 war das Nachbeben des 11. September."

„So wie der Crash 2008 auch ein Nachbeben des 11. September war. Ein erweitertes Nachbeben, dem *Jesaja 9,9-Effekt* folgend. So waren beide Zusammenbrüche Nachbeben des 11. September. Zwei Erschütterungen. ‚*Eine zweite Warnung wird kommen.*'"

„Die beiden Ereignisse waren untrennbar miteinander verbunden, nur dass sieben Jahre dazwischen lagen. Doch es geht noch weiter. Das biblische Jahr basiert auf dem hebräischen Mondkalender. Nicht auf dem westlichen, gregorianischen Kalender. Deshalb darf der Siebenjahres-Zyklus der Schmitta nicht auf dem westlichen Jahr basieren, sondern auf dem biblischen hebräischen Jahr. Damit endet die Schmitta immer am 29. Elul, egal, welcher Tag das nach dem westlichen Kalender ist. Im Jahr 2008 fiel der 29. Elul auf den 29. September, den Tag des Börsenkrachs. Aber in anderen Jahren kann dasselbe Datum nach biblischem Kalender auf verschiedene Tage nach westlichem Kalender fallen."

„Und?"

„Was geschieht also, wenn wir sieben Jahre von dem größten Börsenkrach der Geschichte zurückgehen. Zurück zu dem anderen größten Börsenkrach der Geschichte. Jener im Jahr 2001, der direkt durch 9/11 ausgelöst wurde. Auf welchen Tag fiel er *nach dem biblischen hebräischen Kalender?*"

„Sagen Sie es mir."

„*Auf den 29. Elul.* Es geschah alles am 29. Tag des Elul, *exakt demselben Tag*. Exakt dem Tag nach biblischem Kalender, der seit uralter Zeit für das Aufheben von Krediten und Schulden vorgesehen ist."

„Oh mein Gott", entfuhr es mir. „In beiden Fällen?"

„In beiden Fällen." Er nickte andächtig.

———◆◆◆———

Ana wirkte erschüttert und sichtlich blass. Nouriel unterbrach seine Ausführungen, um sie nach ihrer Meinung zu fragen. „Was denken Sie dazu?"

„Das ist mehr als erstaunlich", meinte sie. „Die zwei heftigsten Börsencrashs in der Geschichte Amerikas fanden *beide* an

Das Geheimnis der Schmitta

exakt demselben biblischen Tag statt. Genau an jenem Tag, den die Bibel für Kredit- und Schuldenerlasse vorsieht! Und auch die Zeitspanne von exakt sieben Jahren stimmt. Das ist genau die Zeitspanne, die in der Bibel hierfür angeordnet ist. Atemberaubend!" Sie hielt inne, um sich zu sammeln.

„Niemand hat es bemerkt?", wunderte sie sich.

„Anscheinend nicht."

„Sie hatten Recht, Nouriel."

„Wovon reden Sie?"

„Sie kamen in mein Büro kamen und fingen an, mir von diesem uralten Geheimnis zu erzählen. Sie sagten, dass es die Erklärung für alles liefern würde. Vom 11. September bis zur Wall Street. Von der Weltwirtschaft bis zu meinem Bankkonto. Ich hielt Sie für verrückt."

„Ich weiß."

„Nein, ich meine *wirklich* verrückt, geisteskrank."

„Was hätten Sie auch sonst davon halten sollen?"

„Es klang einfach zu schräg. So etwas gehört ins Kino oder in Fantasy-Romane. Nicht ins wahre Leben. Ich hätte mir das nie vorstellen können."

„Wie denn auch?"

„Ich bitte Sie wirklich um Entschuldigung, Nouriel."

„Sie brauchen sich nicht zu entschuldigen. Ich hätte an Ihrer Stelle genauso gedacht."

„Es ist einfach so unglaublich."

„Ich weiß."

„Der 17. September ..."

„Was ist mit dem 17. September?"

„Es begann schon vorher, nicht wahr?", fragte sie.

„Ja."

„Warum war das so?"

„Der *Jesaja 9,9-Effekt*."

„Ich erinnere mich. Es ging um die Zinssätze. Am 17. September senkte die Notenbank massiv die Zinssätze."

„Das stimmt. Es war der Anfang der extremen Drückung der Zinssätze nach dem 11. September. Der erste konkrete Akt, dem 11. September zu trotzen. Sieben Jahre später endete das Ganze in der Weltwirtschaftskrise."

„Das bedeutet, dass der *Jesaja 9,9-Effekt* am Tag der Schmitta seinen Anfang nahm", dachte sie laut.

„Ja, das folgt wohl daraus, nicht wahr?", pflichtete er bei.

„Deshalb", fuhr sie fort, „bedeutet das, dass am Tag des ersten Börsenkrachs 2001 der Samen für den zweiten gesät wurde."

„Das ergibt Sinn", stimmte er zu.

„Warum ergibt das Sinn?"

„Weil eine Schmitta zur nächsten führt und die erste Katastrophe zur zweiten."

„Jetzt habe *ich* eine Frage an *Sie*, Nouriel."

„Gerne, fragen Sie."

„Der 29. Elul kommt jedes Jahr einmal vor. Stimmt das?"

„Ja."

„Aber es gibt nur *einen* 29. Elul, der den Siebenjahres-Zyklus beenden kann. Nur *einer* hätte der tatsächliche Erlasstag sein können. Der eine, der nur einmal in *sieben Jahren* vorkommt. An was für einem 29. Elul ereignete sich der Börsenkrach im Jahr 2008?"

„Ich habe dem Propheten die gleiche Frage gestellt."

„Und was hat er geantwortet?"

„Ja."

„Ja?"

„Es war genau der Tag. Der Börsenkrach 2008 fand genau an jenem 29. Elul statt, der nur einmal in sieben Jahren vorkommt. An dem einen und einzigen Tag, den es einmal in sieben Jahren gibt."

„Unglaublich!"

„Und ist Ihnen klar, was das bedeutet?"

„Was?", fragte sie.

„Der Börsenkrach sieben Jahre zuvor, ausgelöst durch 9/11, war der andere größte Börsenkrach der Geschichte. Dieser Crash fand ebenfalls genau an solch einem 29. Elul statt. Einem, der nur einmal in sieben Jahren vorkommt."

Das Geheimnis der Schmitta

„Dann haben sich also die beiden größten Börsencrashs der Wall Street an einem Tag mit aussagekräftiger Bedeutung ereignet. Am selben Datum nach biblischem Kalender. An dem einen Tag im biblischen Jahr, der für den Erlass von Schulden bestimmt ist. Mit exakt sieben Jahren Abstand. Und dann auch noch genau an jenem hebräischen Tag, der einmal in sieben Jahren vorkommt. Das ist wirklich erstaunlich."

„Doch es ist wahr."

„Was hat Ihnen der Prophet sonst noch mitgeteilt?"

———◆◆◆———

Ich fragte ihn, ob die biblische Schmitta immer noch eingehalten würde.

„Ja", sagte er, „als eine Art Ritual."

„Dann fand dieses Ritual auch am Tag des Zusammenbruchs statt?", wollte ich wissen.

„Ja", antwortete er. „Die religiösen Juden begingen das Ende der Schmitta und schlossen das siebte Jahr mit rituellen Handlungen. Sie fegten ihre Kredite und ihre Schulden symbolisch weg. Und am selben Tag griff die Macht einer mysteriöseren Schmitta um sich und verursachte den Kollaps der Wall Street. Astronomische Summen von Krediten und Schulden verschwanden. Nicht symbolisch, sondern in Wirklichkeit."

„Aber das Geheimnis der Schmitta wäre ohne den Anschlag vom 11. September nicht Wirklichkeit geworden. Ohne 9/11 wäre der Aktienmarkt nie am 29. Elul zusammengebrochen. Der 11. September muss somit in das Geheimnis der Schmitta eingewoben sein."

„So muss es sein", bestätigte er, „und so war es auch."

„Genauso muss es sich mit dem Crash 2008 – genau sieben Jahre später – verhalten. Alle weiteren Schlüsselereignisse müssen ebenfalls Teil desselben uralten Geheimnisses sein. Vom Untergang der *Lehman Brothers* bis zum Votum auf dem Capitol Hill. Von den Aktionen der Notenbank bis zur weltweiten Krise. Jedes weitere Ereignis mit Auswirkung auf die Wirtschaft, egal ob politisch, militärisch oder kulturell."

„Ja, auch sie sind Teil davon", erwiderte er. „So musste es sein und so war es auch."

„Das ist ..." Ich konnte den Gedanken nicht zu Ende führen. Mir fehlten die Worte, um auszudrücken, was es war. In diesem Moment nahm der Wind erneut zu und fegte kräftig über die Felder. Das verlängerte unsere Gesprächspause.

„Es gibt noch etwas, das notiert werden sollte." Er wandte sich mir zu und sah mir direkt in die Augen. „Das hebräische Wort *Schmitta* hat noch eine weitere Bedeutung."

„Nämlich?"

„*Fallen* oder *Fallenlassen*."

„So wie in einem Zusammensturz?"

„Ja, so wie in einem Zusammensturz. Man könnte *Schmitta* als *Jahr des Fallens* oder als *Jahr des Fallenlassens* übersetzen."

„Das ist das Geheimnis hinter dem, was geschehen ist, nicht wahr?"

„Ja, hinter allem. Der Fall des Aktienmarktes, der Fall des Immobilien- und des Kreditmarktes, der Fall von Handel und Gewerbe. Alles fiel. Jeder Bankrott, jede Zwangsvollstreckung, jedes finanzielle Scheitern, jeder Absturz eines wichtigen Wirtschaftsindikators, der globale Zusammenbruch selbst. Alles war ein Fallen. Und der ganze weltweite Kollaps begann mit dem Fall der *Lehman Brothers*."

„Welcher nicht nur ein Fall war", sagte ich, „sondern ein *Fallenlassen*. Die Notenbank beschloss, *Lehman Brothers fallen zu lassen*."

„Genau so ist es."

„So begann der weltweite Zusammenbruch aufgrund einer Handlung der amerikanischen Regierung. Sie führte einen Akt der Schmitta aus."

„Es geht sogar noch viel weiter."

„Inwiefern?"

„All die Aktionen, Reaktionen und Transaktionen verursachten den Zusammenbruch. Es kam, wie es kommen musste. Und

Das Geheimnis der Schmitta

zu genau den Zeiten, die in dem uralten Mysterium angeordnet waren. Das, was die Wall Street und die Weltwirtschaft zum Kollabieren brachte, hätte niemals ein Mensch inszenieren können."

„Dann geschah es durch die Hand ..."

„Gottes", ergänzte der Prophet. „Es war Seine Schmitta. Es war Sein *Fallenlassen*."

„Sein Fallenlassen der ..."

„Der amerikanischen Weltwirtschaftsordnung. Es war ein Vorschatten. Der Beginn des Endes der amerikanischen Führungsrolle in der Welt."

„Und all das wurde vom 11. September ausgelöst", staunte ich.

„All das enthält eine prophetische Botschaft", erwiderte er. „Genau wie in den Tagen des Propheten Jeremia, als er das zerstörte Land begutachtete. Es gab weder Ernten noch Früchte. Er begriff das Zeichen der Schmitta. Jenes zeichenhafte Signal, das diesem widerspenstigen Volk gegeben wurde. Es vertraute auf seine eigene Kraft und seinen Wohlstand und hatte Gott aus seinem Leben verabschiedet."

„Und jetzt taucht dieses Signal wieder auf."

„Als ein Zeichen für eine andere Nation, die Gott genauso aus ihrem Leben verdrängt hat. Ein Warnzeichen, dass sich ohne Seine Gegenwart ihre Segnungen in Fluch wandeln werden und ihr Wohlstand in Gericht."

Schweigend standen wir da und beobachteten den Wind, der über die Felder strich. Schließlich brach der Prophet die Stille.

„Sind Sie bereit, Nouriel?"

„Bereit?"

„Für das nächste Geheimnis?"

„Ich weiß nicht. Ich bin noch dabei das letzte zu verdauen."

„Haben Sie das Siegel?"

„Ja." Ich gab es ihm, und er reichte mir dafür ein anderes.

„Sind Sie sicher, dass Sie mir dieses hier geben wollten?", fragte ich.

„Warum?"

„Es ist das Siegel mit der Schriftrolle."

„Stimmt."

„Das haben Sie mir schon gegeben, schon zweimal."

„Und jetzt ein drittes Mal."

„Es geht um die Prophetie aus Jesaja 9,9", rief ich mir ins Gedächtnis. „Was soll ich noch Neues darin finden?"

„Nichts", sagte er.

„Was meinen Sie damit?"

„Es geht diesmal nicht um das Siegel. Es geht um das Aushändigen."

„Das verstehe ich nicht."

„Wie oft gab ich es Ihnen nun?"

„Dreimal."

„Erst ging es um das Erste. Dann das Zweite. Jetzt kommt noch ein Drittes. Genauer gesagt ein Dritter."

„Was für ein Dritter?"

„Ein dritter Zeuge."

Kapitel 18

Der dritte Zeuge

את

„*Der dritte Zeuge.* Das war alles, was er mir sagte."
„Gab er Ihnen keinen weiteren Hinweis?", erkundigte sich Ana.
„Nein."
„Damit war das Treffen zu Ende?"
„Ja. Ich bahnte mir einen Weg durch das Weizenfeld, zurück zu meinem Auto. Ich blickte mich auf halbem Wege noch einmal um. Der Prophet befand sich immer noch auf dem Hügelkamm. Er stand so da wie ganz am Anfang, als ich ihn zum ersten Mal sah.
‚Soll ich Sie mitnehmen?', rief ich ihm zu.
‚Wohin?' rief er zurück.
‚Ich weiß nicht. Vielleicht zu unserem nächsten Treffpunkt?'
‚Dann würden wir uns dort nicht treffen können', erwiderte er.
Am Auto angekommen, drehte ich mich erneut um. Er stand immer noch da. Ich fuhr los und sah ein letztes Mal zurück. Nur ein paar Sekunden später. Er war weg."
„Dann hatten Sie diesmal wirklich nicht viel, was Ihnen weiterhelfen hätte können."
„Nein. Nur einen klitzekleinen Hinweis und ein Siegel, das ich schon zweimal bekommen hatte. Ich dachte anfangs kaum darüber nach. Das Geheimnis, das mir soeben gezeigt worden war, fesselte mich noch immer. Ich musste es erst verarbeiten. Erst nach einer Stunde Fahrt machte ich mir Gedanken über das nächste Puzzleteil des Geheimnisses. Und über die Bedeutung des Siegels."

„Ich verstehe das nicht", meinte sie. „Was sollten Sie noch herausbekommen? Er hatte Ihnen schon zweimal die Bedeutung des Siegels enthüllt. Was fehlte? Und wie sollten Sie eine Antwort darauf finden?"

„Genau hier lag die Schwierigkeit. Das Siegel war das des neunten Vorboten. Es zeigte die Schriftrolle. Es stand für die Prophezeiung und den Schwur, so wie er vom Capitol Hill proklamiert worden war. Als ich das Siegel zum zweiten Mal bekommen hatte, ging es um den Schwur selbst. Dieses Mal sollte es um seine Auswirkung gehen, den *Jesaja 9,9-Effekt*."

„Was bedeutete es, dass er Ihnen das Siegel ein drittes Mal gab?"

„Abgesehen von dem Siegel selbst hatte ich nur einen Hinweis."

„Der dritte Zeuge."

„Genau. Mehr brauchte ich auch nicht."

„Wieso?"

„Die ersten beiden Zeugen waren bereits offenbar."

„Das reichte Ihnen, um weiterzukommen?"

„Das Siegel war mit einem Ort verbunden. Wo hatten beide Zeugen den Schwur wortwörtlich ausgesprochen?"

„In der Hauptstadt."

„Richtig. Gerade, als mir das auffiel, kam ich an einem Wegweiser vorbei."

„Nach Washington?"

„Ja."

„Sie nahmen diesen Wegweiser als *Zeichen*?"

„Musste ich doch, oder?"

„Jetzt hören Sie sich wie der Prophet an."

„Ich änderte meine Fahrtroute. Ich nahm die Ausfahrt und machte mich auf den Weg nach Washington, genauer gesagt zum Capitol Hill. Die Fahrt dauerte einige Stunden. Als ich ankam, war es später Nachmittag, früher Abend. Ich ging zum Kapitol, zu derselben Treppe, auf der er mir den neunten Vorboten offenbart hatte."

„Was geschah dann?"

Der dritte Zeuge

„Was dann geschah? Was geschah, war, dass er schon da war. Er war schon da!"

„Aber als Sie losfuhren, stand er doch noch auf dem Hügel."

„Ja, und außer meinem Auto war weit und breit kein Fahrzeug zu sehen. Trotzdem war er vor mir da. Er wartete."

„Haben Sie ihn je gefragt, wie er das machte?", wollte sie wissen.

„Nein. Es reichte mir, die Geheimnisse verstehen zu wollen. Hätte ich auch noch den Propheten verstehen wollen, wäre das zu viel gewesen. Er stand also da. Mitten auf dem Absatz zwischen den Treppen und sah über die Mall hinweg. Die Sonne ging gerade unter. Der Wind wehte wieder heftig. Ich stieg die Treppen hoch und gesellte mich zu ihm auf die Terrasse."

———◆◆◆———

„Gut, dass Sie so schnell hierhergekommen sind", lobte er mich, als ich zu ihm trat.

„Trotzdem waren Sie vor mir da."

„Erinnern Sie sich an unser erstes Treffen an diesem Ort?"

„Natürlich", sagte ich. „Sie erzählten mir vom neunten Vorboten."

„Der neunte Vorbote – Jesaja 9,9 in Form einer Prophezeiung. Hier wurde die Prophezeiung am Tag nach 9/11 proklamiert. Hier schwor die Nation, stärker als jemals zuvor aus der Katastrophe hervorzugehen. Sieben Jahre später wurde der Schwur zunichte gemacht."

„Mit dem wirtschaftlichen Zusammenbruch."

„Ja", sagte er. „Was war der Hauptgrund hierfür?"

„Der Fall der *Lehman Brothers*."

„Welche Entscheidung beeinflusste diesen Fall maßgeblich?"

„Die Entscheidung der US-Regierung, *Lehman Brothers* fallen zu lassen."

„Wann wurde diese Entscheidung publik gemacht?"

„Das weiß ich nicht."

„Am ersten Tag der Krisensitzungen in New York. Der Finanzminister teilte der Wall Street-Führungsriege diese Entscheidung der Regierung mit. Man wollte die angeschlagene Firma nicht retten. Die *Lehman Brothers* wurde fallen gelassen. Das war die verhängnisvollste aller Entscheidungen. Sie löste den Zusammenbruch der amerikanischen Wirtschaft und der Weltwirtschaft aus. Verkündet und besiegelt wurde die Entscheidung am Freitag vor dem großen Crash. Am 12. September."

„Am 12. September", sagte ich. „Das ist doch der Tag, an dem …"

„Der Tag, an dem die Prophezeiung auf diesem Hügel verkündet wurde. Sieben Jahre lagen zwischen der Proklamation des Schwurs und der Bekanntgabe jener Entscheidung, die den Kollaps der Wirtschaft verursachen sollte. Sieben Jahre, auf den Tag genau."

„Also wurde der Zusammenbruch der Wirtschaft an dem Tag ausgelöst, als sich die Proklamation des uralten Schwurs zum siebten Mal jährte."

„Ebenso wie derselbe Schwur in den alten Zeiten zum Zusammenbruch des alten Israel geführt hatte."

„Ein sehr gefährlicher Schwur."

„Nouriel, wissen Sie noch, was in der Bibel zum Thema Zeugen steht?", erkundigte er sich.

„Damit eine Wahrheit als solche galt", erinnerte ich mich, „oder ein Urteil gültig war, musste es zwei Zeugen geben."

„Ja, aber die Schrift nennt auch eine weitere Zahl:

Auf der Aussage von zwei oder drei Zeugen soll jede Sache beruhen.[1]
Durch zweier und dreier Zeugen Mund soll jede Sache bestätigt werden.[2]

Das gilt auch, wenn es um das Gericht über einer Nation geht. Der erste Zeuge erschien am Tag nach der Katastrophe. Er proklamierte von diesem Hügel aus die uralte Prophetie. Der zweite Zeuge tauchte drei Jahre später auf und hielt eine Rede. Sie drehte sich ausschließlich um dieselbe uralte Prophetie.

Der dritte Zeuge

Jeder stellte eine Verbindung zwischen den Anschlägen vom 9. September und Jesaja 9,9 her. Zwischen Amerika und dem alten Israel. Und jeder gelobte: ‚Wir werden wiederaufbauen'. Jeder verkündete, ohne es zu wissen, Gericht über Amerika. So haben zwei Zeugen schon gesprochen."

„Aber die Schrift erwähnt einen dritten."

„Könnte es also einen dritten Zeugen geben? Einen dritten Zeugen, der die Verbindung zwischen der uralten Prophetie, 9/11 und der Wirtschaftskrise herstellt? Ein dritter Zeuge als Zeichen dafür, dass das Gericht nicht zu Ende ist? Als Zeichen, dass das Gericht sogar in die nächste Phase eingetreten ist? Gibt es womöglich einen dritten Zeugen, der von höchster Ebene und mit noch größerer Autorität spricht?"

„Höher als der Fraktionsführer im Senat?", fragte ich.

„Wissen Sie, wo wir sind?"

„Auf dem Capitol Hill."

„Nein, ich meine genau hier, auf dieser Terrasse."

„Nein", antwortete ich.

„Das ist der Ort, wo die Präsidenten in ihr Amt vereidigt werden."

„Hier findet die Amtseinführung statt!"

„Die Amtseinführung – ein Ereignis voller Hoffnung und Erwartung. Hat sich eine Nation jedoch von Gott entfernt und steuert auf Gericht zu, besteht nur durch Buße Grund zur Hoffnung. Findet keine Kursänderung statt, ist das Ende vorherbestimmt. Alles Hoffen findet ein jähes Ende."

„Der dritte Zeuge ist ...?"

„Der dritte Zeuge ist der Präsident der Vereinigten Staaten höchstpersönlich."

„Wie das?", staunte ich.

Da begann er zu erzählen: „Wir schreiben den 24. Februar 2009. Es ist Abend. Der neue Präsident kommt einen Monat nach seiner Amtseinführung auf diesen Hügel. Er betritt die Kammer im Abgeordnetenhaus und schreitet durch den Mittelgang zum Podest. Begrüßt wird er mit tosendem Applaus. Die nationale Wirtschaft befindet sich weiterhin im freien Fall.

Der Vorbote

Die Zukunft ist ungewiss. Noch bevor er die ersten Worte ausspricht, wird die Rede als wichtigste Ansprache seiner jungen Amtszeit gerühmt. Zum ersten Mal würde er sich als Präsident gleichzeitig an den Kongress und die Nation wenden. Dies ist sein Moment, Amerika eine Antwort auf die größte nationale Krise seit 9/11 zu geben. Die Kammer wird still. Er beginnt:

Sehr geehrte Sprecherin des Repräsentantenhauses, sehr geehrter Herr Vizepräsident, sehr geehrte Kongressmitglieder, sehr geehrte First Lady der Vereinigten Staaten: Ich bin heute Abend nicht nur hier, um zu den hochverehrten Männern und Frauen dieser Kammer zu sprechen. Ich wende mich auch freimütig und direkt an jene Männer und Frauen, die uns hierherberufen haben. Viele Amerikaner sehen uns in diesem Moment zu. Ich bin mir darüber im Klaren, dass der Zustand unserer Wirtschaft jene in große Sorge versetzt.[3]

Er stellte die Weichen und umriss die Größenordnung der Krise. Dann nahm seine Rede eine Wendung:

Mag unsere Wirtschaft auch geschwächt und unsere Zuversicht erschüttert sein. Auch wenn wir schwere und unsichere Zeiten durchleben. Ich möchte, dass heute Abend jeder Amerikaner weiß: Wir werden wiederaufbauen.[4]"

„Das ist der Schwur", sagte ich. „Das ist Jesaja 9,9!"
„Merken Sie, wie komisch das ist, Nouriel? Der Kontext, in dem der Schwur verkündet wurde, ist einfach sonderbar. *Wir werden wiederaufbauen,* – das wurde nach dem 11. September verkündet. Aber inmitten einer Wirtschaftskrise erscheinen diese Worte unnatürlich, unangebracht. Außer wenn es sich alles in ein tieferes Geheimnis einfügen soll, das die beiden Katastrophen miteinander verbindet."

„Der Präsident wusste nicht, dass er die zentrale Aussage aus Jesaja 9,9 in den Mund nahm?"

„Hatten der erste oder der zweite Zeuge eine Ahnung davon, was sie sagten?"

Der dritte Zeuge

„Nein", meinte ich, „aber sie wussten, dass sie die Bibel zitierten."

„Dennoch ahnten sie nicht im Geringsten, was es bedeutete. Der Präsident wusste nicht einmal, dass er überhaupt etwas zitierte. Er tat es auch nicht. Er versuchte lediglich die Nation zu inspirieren. Nichtsdestotrotz kam die zentrale Aussage des uralten Gelübdes über seine Lippen. Er hatte keine Quelle und benutzte doch dieselben Worte. Das macht das Ganze noch verblüffender."

„Es geschah eben zufällig", wandte ich ein. „Wie alles andere."

„Es geschah, weil es geschehen musste. Auf die eine oder andere Weise. Die Worte mussten ausgesprochen werden, eine weitere Verbindung zu dem Geheimnis hergestellt werden. Ein Zeugnis dafür, dass das, was mit 9/11 seinen Anfang nahm, nicht zu Ende war. Nein, es war noch am Wirken und griff weiter um sich."

Während unserer Unterhaltung auf der Terrasse war es dunkel geworden. Die Monumente der Washington Mall wurden von weißem, gelbem und orangefarbenem Licht angeleuchtet, ebenso das Kapitol selbst.

Der Prophet fuhr fort: „Die Worte ‚*Wir werden wiederaufbauen*' waren in der Rede zu Beginn des Kriegs gegen den Terror gefallen. In der Rede des früheren Präsidenten. Damals hatte der Satz seine Berechtigung. Er war konkret auf den Wiederaufbau in New York bezogen. Jetzt jedoch wurden diese Worte geäußert, quasi ohne Berechtigung oder ohne einen entsprechenden Rahmen. Einfach nur ‚WIR WERDEN WIEDERAUFBAUEN'. Die zentrale Erklärung aus dem verhängnisvollen Schwur Israels. Der amerikanische Präsident machte sie nun zur zentralen Erklärung seiner gesamten Ansprache."

„Quasi ohne Berechtigung. Aber", zweifelte ich noch etwas, „wie konkret lassen sich drei Wörter mit Jesaja 9,9 verbinden?"

„Das ist eine gute Frage", erwiderte er. „Stellen Sie sich vor, Sie hätten folgendes Experiment gemacht: *Vor* der Rede des

Der Vorbote

Präsidenten tippen Sie diese drei Wörter in irgendeine der größeren Suchmaschinen im Internet ein: *Wir werden wiederaufbauen,* nur diese drei Wörter und nichts anderes. Was passiert? Praktisch jede Suchmaschine führt Sie zu der uralten Prophetie. Dieser Vers würde höchstwahrscheinlich in den ersten Seiten der Resultate erscheinen, wenn nicht sogar auf der allerersten Seite. So spezifisch sind die drei Wörter mit der uralten Prophetie verbunden. Nun wiederholen Sie das Experiment in der Nacht *nach* der Rede. Sie tippen diese drei Wörter erneut ein. Jetzt werden Sie nicht mehr zu dem uralten Schwur geleitet. Nun werden die Worte des amerikanischen Präsidenten angezeigt. Im weiteren Verlauf der Nacht wiederholen Sie dieses Experiment. Sie werden Zeuge, wie die Worte des Präsidenten den uralten Schwur weiter und weiter auf der Liste nach hinten schieben. Oder anders gesagt: Der Schwur des amerikanischen Präsidenten übernimmt jetzt den Platz des uralten Schwurs."[5]

„Damit manifestierte sich das Geheimnis im World Wide Web."

„Vor einem weltweiten Publikum. Durch Fernsehen, Radio, Presse und Internet. Durch den Präsidenten der Vereinigten Staaten, dem die Nation und der Großteil der Welt lauschte. Der Schwur war Teil einer Rede. Genau wie bei den ersten beiden Zeugen erwies er sich noch einmal als Krönung und Höhepunkt dieser Rede."

„Wie ging das", fragte ich, „ohne am Ende der Rede vorzukommen?"

„Es ist unwichtig, wann er ausgesprochen wurde. Die Rede des Präsidenten wurde von Nachrichtenagenturen weltweit aufgegriffen. Sie alle mussten eine Headline finden. Unter den Tausenden Worten dieser Rede fiel die Wahl am häufigsten auf jene Worte des uralten Schwurs:

- CBS News:
  Obama: ‚*Wir werden wiederaufbauen*'.
- CNN:
  Obama: ‚*Wir werden wiederaufbauen*'.

Der dritte Zeuge

- MSNBC:
  Obama heute Abend: ‚Wir werden wiederaufbauen'.
- *The Guardian:*
  Obama: ‚Wir werden wiederaufbauen'.
- National Public Radio:
  Obama verspricht: ‚Wir werden wiederaufbauen'.
- *Times Online:*
  Obama spricht zu Amerika: ‚Wir werden wiederaufbauen'.
- *Fox News:*
  Obama sagt: ‚Das Land wird wiederaufbauen'.
- *Al Jazeera:*
  Obama verspricht, dass die USA ‚wiederaufbauen werden'.
- *Drudge Report:*
  Obama sagt, die ‚USA werden wiederaufbauen'.
- Associated Press:
  Obama: ‚Wir werden wiederaufbauen'.
- *New York Times:*
  Obama schwört: ‚Wir werden wiederaufbauen'.
- Jesaja 9,9:
  ‚Wir werden wiederaufbauen'."

„Von der *New York Times* bis zur *Al Jazeera*", staunte ich, „sie alle wählten den zentralen Ausspruch aus Jesaja 9,9. Und keiner hatte eine Ahnung davon."

„Genauso wenig wie jener, der es proklamierte. Dieses Prinzip kennen wir von den Vorboten. Nun durchzog es die Medienlandschaft weltweit. Beachten Sie noch etwas anderes, Nouriel. Der Präsident sagte nicht einfach nur: ‚Wir werden wiederaufbauen.' Er leitete diesen Satz ein:

Ich möchte, dass jeder Amerikaner weiß: Wir werden wiederaufbauen.[6]

Kommt Ihnen das bekannt vor?"

Der Vorbote

„Durchaus. Der Adressat einer prophetischen Botschaft muss genannt werden. Die Person oder das Volk, an die sie ergeht, wird identifiziert. So wurde das Wort jetzt an *jeden Amerikaner* gerichtet."

„Richtig", bestätigte er. „Damals erging die uralte Prophezeiung an das Volk Israel:

Das ganze Volk soll es erkennen.[7]

Der Präsident der Vereinigten Staaten gab der Botschaft einen neuen Empfänger. Jetzt sollte sie *jeder Amerikaner erkennen*. Wie die anderen Zeugen identifizierte auch er deutlich, wer das ‚Wir' in ‚Wir werden wiederaufbauen' ist. Der Präsident sprach den Schwur im Namen *aller Amerikaner* aus."

„Dadurch identifizierte der Präsident Amerika als eine Nation, die sich von Gott entfernt hat. Eine Nation, die sich dessen Willen widersetzt und auf Gericht zusteuert."

„Richtig", bestätigte der Prophet. „Genau wie es die beiden ersten Zeugen gemacht hatten. Zwei oder drei Zeugen müssen aussagen, damit eine Wahrheit oder ein Urteil gültig ist. Alle drei Zeugnisse müssen übereinstimmen. Letzteres erfüllte der Präsident durch eine weitere Aussage, die er seinem Versprechen hinzufügte:

‚Wir werden wiederaufbauen und wir werden wieder erstarken'.[8] "

„Warum kommt mir das so bekannt vor?", überlegte ich.

„Am Tag nach den Anschlägen vom 11. September wurde der uralte Schwur zum ersten Mal vom Capitol Hill aus verkündet. Der Sprecher der Mehrheitsfraktion im Senat besiegelte seine Rede und den Schwur mit diesen Worten:

Wir werden wiederaufbauen und wir werden wieder erstarken.[9] "

„Der Präsident wiederholte demnach die Worte, die am Tag nach dem 11. September auf dem Capitol Hill gesprochen wur-

Der dritte Zeuge

den", stellte ich fest. „Das kann er doch nicht mit Absicht getan haben."

„Nein", bestätigte der Prophet. „Nicht mit Absicht, aber unwissentlich, wie alles andere auch. Beachten Sie: Der Mehrheitsführer des Senats verkündete diese beiden Sätze. Seine Worte bezogen sich dabei ganz deutlich auf Jesaja 9,9. Nicht nur auf die Anschläge. Nun äußert der Präsident dieselben Worte. Diesmal jedoch auf den Wirtschaftskollaps bezogen. So wird also dieselbe Deklaration sowohl über die erste wie auch über die zweite Erschütterung ausgesprochen. Die beiden Ereignisse werden miteinander in Verbindung gesetzt. Durch Jesaja 9,9 wird alles miteinander verknüpft."

„Und beide Zeugen verkündeten die Botschaft von derselben Stelle aus."

„Ja", sagte er. „Die Zeugen verbindet nicht nur ihr Zeugnis, sondern auch der Ort, an welchem sie ihr Zeugnis gaben. Jeder der drei Zeugen proklamierte den Schwur in der Hauptstadt. Der erste und der dritte Zeuge nicht nur in derselben Stadt, sondern auch noch auf genau demselben Hügel."

„In genau demselben Gebäude."

„Und zusätzlich noch vor derselben Versammlung. Vor beiden Kammern des Kongresses."

„Sagte der Präsident noch irgendetwas, was mit Jesaja 9,9 in Zusammenhang stand?"

„Ja, mit Jesaja 9,9 und mit den Kommentaren. Die Leiter des alten Israel erklärten: ‚*Ziegelsteine sind gefallen, aber wir werden mit Quadern wiederaufbauen*'. Was meinten sie damit?"

„Sagen Sie es mir."

„Sie meinten, dass die gefallenen Ziegelsteine nicht über ihre Zukunft bestimmen würden. Auch nicht die Krise. Sie würden das Schicksal in die Hand nehmen. *Sie selbst* würden das tun. In den Kommentaren liest man:

> *Die arrogante Reaktion zeigt, wie halsstarrig und selbstherrlich das Volk Israel war. Sie dachten, sie könnten ihr eigenes Schicksal bestimmen.*[10]

Nachdem er also ‚Wir werden wiederaufbauen' verkündet hatte, erklärte der Präsident weiter:

Die Schwere dieser Krise wird nicht das Schicksal dieser Nation bestimmen.[11]

Das klingt nach *Ziegelsteine sind gefallen, aber wir werden mit Quadern wiederaufbauen.* Übersetzt in moderne politische Terminologie."
„Was *würde* seiner Aussage nach das Schicksal der Nation bestimmen?", fragte ich.
„Die Antwort sei in Amerika selbst zu finden:

Die Antwort auf unsere Probleme liegt nicht außer Reichweite. Sie ist in unseren Laboren und Universitäten zu finden. Auf unseren Feldern und in unseren Fabriken. In der Vorstellungskraft unserer Unternehmer und im Stolz der fleißigsten Nation der Erde.[12]

Mit anderen Worten: ‚Wir vertrauen auf unsere eigene Stärke und unsere großartigen Ressourcen. So überwinden wir diese Krise'."
„Wir werden wiederaufbauen ... mit Quadern", sagte ich, „und mit Zedern."
„Genau", pflichtete er mir bei. „*Wir werden unser Schicksal selbst bestimmen.* Im uralten Schwur ging es um noch mehr als um Wiederaufbau und Wiederherstellung."
„Es ging darum, stärker als zuvor aus der Krise hervorzugehen."
„Richtig. Und deshalb fügte der Präsident seinem Schwur eine weitere Deklaration hinzu. Hören Sie:

Wir werden wiederaufbauen. Wir werden uns vollständig erholen. Und die Vereinigten Staaten von Amerika werden am Ende stärker als je zuvor sein.[13]

Eine perfekte Zusammenfassung der uralten Prophetie. Lassen Sie uns die Worte des Präsidenten mit den Worten eines Kommentars zu Jesaja 9,9 vergleichen:

Der dritte Zeuge

Aus dem Kommentar: ‚Sie verkündeten prahlerisch, ihr zerstörtes Land wiederaufzubauen'.[14]

Vom Präsidenten: ‚*Wir werden wiederaufbauen. Wir werden uns vollständig erholen*'.[15]

Der Kommentar: „... und es stärker und herrlicher zu machen als je zuvor'.[16]

Der Präsident: ‚ *Und die Vereinigten Staaten von Amerika werden am Ende stärker als je zuvor sein*'.[17]"

„Es ist erschreckend", sagte ich. „Was für eine Ähnlichkeit!"
„Viel erschreckender ist", meinte der Prophet, „wohin es führte, damals."
„Und heute?", fragte ich.
„Die Antwort auf die Probleme der Nation", sagte er, „liegt nicht in ihren eigenen Kraft. Sie liegt in einer höheren Kraft, die viel größer ist als sie selbst. Nur hier können Antwort und Hoffnung gefunden werden. Alles andere wird letztendlich scheitern. Dann wirkt die Prophezeiung weiter. Das Gericht schreitet fort."
„Das Gericht schreitet fort. Alles wird nur schlimmer?"
„Nach außen hin nicht unbedingt. Nach 9/11 schien es so, als lebe die Wirtschaft wieder auf. Sie expandierte. Doch es war nur ein Kartenhaus. Unter der Oberfläche war eine ganz andere Dynamik am Wirken. Sie griff um sich. Und schließlich stürzte das Kartenhaus ein."
„Der *Jesaja 9,9-Effekt*."
„Das Gericht schreitet fort. In Zeiten von Katastrophen und Krisen. Aber ebenso in Zeiten scheinbarer Erholung und scheinbarer Normalität. Sogar in Zeiten scheinbaren Wiederauflebens, florierender Wirtschaft und zunehmenden Wohlstands. Nichts davon hindert oder beendet das Fortschreiten. Das Gericht schreitet fort. Egal, ob klar erkennbar oder im Verborgenen."
„Und wohin führt das Ganze?", fragte ich.
„Entweder zum Gericht oder es findet sich eine Antwort."

„In welche Richtung bewegen wir uns?"
„Was denken Sie, Nouriel?"
„Die Nation ist dabei, sich weiter von Gott zu entfernen."
„Das Fortschreiten des Gerichts ist nur eine Reaktion darauf. Die Nation wendet sich immer weiter von Gott ab. Sie missachtet die biblische Grundlage, auf der sie gegründet wurde. Gibt es keine Kursänderung, besiegelt sie selbst ihr Schicksal."

„Und was gäbe es für eine Antwort? Die Antwort ist ..."
„Das Siegel", erwiderte er.
„Die Antwort ist das Siegel?"
„Darf ich das Siegel haben?", fragte er. Ich reichte es ihm. Gleichzeitig legte er mir ein anderes in die rechte Hand.
„Das hier", sagte er, „ist das Siegel, das ich Ihnen ganz am Anfang gab, das Siegel des ersten Vorboten. Lassen wir die Geheimnisse der zweiten Erschütterung hinter uns und kommen zur Antwort. Dieses Siegel enthüllte die ersten Geheimnisse der Vorboten. So wird es auch das letzte offenbaren ...
– Und die Antwort."
„Ist das Geheimnis so wie all die anderen Offenbarungen oder nicht?"
„Dieses", sagte er, „ist *anders* als all die anderen Offenbarungen. Dennoch sind sie alle mit ihm verbunden."
„Wohin geht man, um seine Bedeutung herauszufinden?", wollte ich wissen.
„Seine Bedeutung liegt im Fundament verborgen."
„In welchem Fundament?"
„Im Fundament Amerikas."
„Wo?"
„Dort, wo sich Grund und Boden des Geheimnisses befinden."

Kapitel 19

Der Grund und Boden des Geheimnisses

א ת

„Das Siegel des ersten Vorboten", überlegte Ana. „Dabei ging es um ... Worum ging es noch einmal?"
„Um die Bresche", erwiderte er. „Den Riss in der Mauer. Darum, dass Schutz entzogen wurde."
„Doch es muss noch mehr gegeben haben. Etwas, das Ihnen nicht aufgefallen war."
„Genau."
„Haben Sie es gefunden?"
„Ja, als ich das Siegel sorgfältig untersuchte. Ich brauchte tatsächlich eine Lupe, um die Details auszumachen."
„Was entdeckten Sie?"
„Ein ganz winziges Bild an der rechten unteren Ecke der Wand. Ein Rechteck. Ein hochkant stehendes Rechteck mit einer Reihe Punkten über der oberen Kante. Sie sahen aus wie eine Art Krone."
„Was konnten Sie darin erkennen?"
„Zunächst nichts weiter als das: Eine Krone auf einer Kiste."
„Was könnte eine Krone auf einer Kiste darstellen?"
„Keine Ahnung", antwortete er. „Deshalb machte ich mich auf die Suche. Ich arbeitete zahllose Bücher, Sammlungen und Verzeichnisse von Symbolen durch. Nichts schien zu passen. Nichts machte Sinn. Doch dann stieß ich ganz zufällig darauf. Nein, nicht zufällig. Es schien nur damals so. An Zufälle glaube ich schon lange nicht mehr."
„Wie kam es dazu?"

„Ich war zu Hause. Ich sah mir eine Dokumentation über alte Mysterien im Fernsehen an. Da erschien es plötzlich auf dem Bildschirm."

„Die Krone auf der Kiste?"

„Ja."

„Um was handelte es sich?"

„Den Tempel in Jerusalem. Er sieht von vorne so aus. Wie ein hochkant stehendes Rechteck. Und obendrauf eine Reihe goldener Spitzen."

„Hat Ihnen das geholfen?"

„Da war der Tempel und da war der Riss. Wenn man es zusammenfügte: Ein Riss – im Tempel."

„Ein Riss im Jerusalemer Tempel?"

„Es konnte sich nicht um den Tempel in Jerusalem handeln", erwiderte er. „Nicht buchstäblich. Das Geheimnis hatte mit Amerika zu tun. Ich nahm also den Tempel als Sinnbild für einen Sakralbau. Eine Kirche, eine Synagoge, einen Schrein – irgendein Heiligtum."

„Ein Riss in einem Heiligtum?"

„Ja. Ich hielt Ausschau nach etwas, das mit einem Riss in einem Gotteshaus zu tun hatte. Und es musste für Amerika von Bedeutung sein."

„Und?"

„Auch nach langer Suche – nichts. Ich kehrte schließlich in den Battery Park zurück."

„Warum in den Battery Park?", erkundigte sie sich.

„Der Prophet hatte mir dort die Bedeutung des ersten Siegels zum ersten Mal offenbart."

„Und …?"

„Nichts. Die Zeit verging. Ich verlor mehr und mehr den Mut. Dann geschah etwas. Mir wurde der Schlüssel gegeben. In einer Weise, wie ich es noch nie erlebt hatte."

„Was meinen Sie damit?"

„Ein Traum. Ich bekam den Schlüssel in einem Traum."

„Interessant."

Der Grund und Boden des Geheimnisses

„Ich träumte vom Tempel in Jerusalem. Die Sonne schien. Die Tempelhöfe waren voller Leute. Es waren Tausende von Menschen dort. Sie trugen robenartige Gewänder. Sie kamen zu einem Fest zusammen. Es gab eine Prozession. Inmitten des Festzugs sah ich ein goldenes Objekt. Es musste einfach die Bundeslade sein."

„Woher wussten Sie das?", wollte sie wissen.

„Ich hatte sie schon einmal in einem Film gesehen", erklärte er. „Musiker bliesen Trompeten, spielten Harfen und schlugen Zimbeln. Die Menschenmenge sang voller Anbetung. Eine Wolke erfüllte den Tempel. Keine normale Wolke, sondern eine übernatürliche, leuchtende Wolke. Auf einer Art Bühne neben dem Tempel stand ein Mann. Er wandte sich um, um zu den Menschen zu sprechen. Es war der König. König Salomo."

„Woher wussten Sie, dass es König Salomo war?"

„Er trug eine Krone und ein königliches, goldenes Gewand. Ich wusste es einfach. Im Traum weiß man manche Dinge einfach. Intuitiv."

„Nun, König Salomo sprach zu den Menschen. Was sagte er?"

„Ich verstand es nicht. Nachdem er zu Ende geredet hatte, wandte er sich wieder dem Tempel zu. Er kniete nieder, bedeckte seinen Kopf mit dem goldenen Gewand und erhob die Hände zum Himmel. Er betete. Er leitete das Volk im Gebet an. Während sie beteten, ging ich durch die Menschenmenge hindurch zu der erhöhten Plattform. Dort kniete der König. Ich kam nahe an ihn heran. Bis auf ein paar Meter. Ich konnte aber nur seinen Rücken sehen. Er erhob sich, immer noch mit Blick auf den Tempel und mit dem goldenen Gewand über dem Kopf. Dann wandte er sich um. Ich sah sein Gesicht. Er war es nicht."

„Was meinen Sie damit – *er war es nicht*?"

„Es war nicht mehr König Salomo", antwortete er.

„Wer war es dann?"

„Es war Washington."

„Washington. Meinen Sie den Präsident Washington?"

„Washington", bestätigte Nouriel. „George Washington. Sein Gewand fiel zur Seite hin. Er stand genauso da, wie man sich ihn vorstellt. Mit weißgepuderter Perücke, dunkelbraunem Rock und Beinkleidern, weißen Seidenstrümpfen und dunklen Schuhen mit Silberschnallen. Er erhob beide Hände zum Himmel, genau wie es Salomo getan hatte. Er schloss die Augen und senkte die rechte Hand. So als wolle er etwas, das vor ihm war, anfassen, aber da war nichts. Seine linke Hand hielt er noch immer nach oben. Da kam ein Papier vom Himmel herab und landete darin. In diesem Moment senkte er seinen Blick. Er schien mir direkt in die Augen zu sehen. Dann ging er die Stufen der Bühne hinab und zum Tempel hinüber. Das Papier hielt er in der Hand. Als er die Ecke des Gebäudes erreichte, beugte er sich nieder. Er steckte das Papier in eine der Ritzen zwischen den massiven Steinblöcken. Es verschwand darin. Und mit dem Papier verschwand auch er. Ich sah mich um. All die Leute waren plötzlich weg."

„Wie ging es weiter?"

„Ich war allein, allein in den Tempelhöfen. Der Himmel verdunkelte sich. Der Wind blies immer stärker. Die Zeit schien schneller und schneller zu vergehen, bis um mich herum ein Wirbelwind von Aktionen, Ereignissen und Geräuschen war. Ein intensiver Wirbel von Dingen, die zu sehen und zu hören waren. Der Himmel wurde währenddessen immer dunkler und schließlich fast nachtschwarz. Was auch immer hier vor sich ging, es schien mir nichts Gutes zu sein. Und dann war es vorbei. So, als wäre gerade ein heftiger Sturm vorbeigezogen. Die Dunkelheit verflog. Alles wurde wieder heller. Ich wandte mich um, um den Tempel zu sehen. Er war weg. Er lag in Ruinen, seine massiven Steine auf dem Hügel verstreut. Alles war zerstört. Da bemerkte ich einen Mann, der von mir abgewandt dastand. Einen Mann in einem goldenen Gewand."

„Dem goldenen Gewand von König Salomo?"

„Ja. Er stand genau da, wo Washington gestanden hatte, bevor er verschwand. An der Ecke des Tempels. Nur gab es jetzt keine Ecke und keinen Tempel mehr. Nur noch Ruinen.

Der Grund und Boden des Geheimnisses

Es war aber dieselbe Stelle. Zu Füßen des Mannes lag ein Blatt Papier. Das Papier, das zwischen den Steinen versteckt gewesen war. Er bückte sich und hob es auf. Ich spürte, dass ich zu ihm gehen sollte. Als ich das tat, drehte er sich zu mir. Er war es!"

„Salomo?"

„Nein."

„Washington?"

„Nein."

„Wer dann?"

„Es war der Prophet."

„Der Prophet."

„Das goldene Gewand fiel herunter, zum Vorschein kam sein langer, dunkler Mantel. Er sah mir in die Augen. Dann gab er mir das Papier. Ich nahm es und begutachtete es. Ich wollte wissen, was darauf stand."

„Was stand darauf?", wollte sie wissen.

„Ich weiß es nicht."

„Warum nicht?"

„Weil ich aufwachte!"

„Schlechter Zeitpunkt", kommentierte Ana.

„Ich weiß nicht", meinte er. „Ich denke, es sollte genau so geschehen."

„Das Geheimnis, dem Sie auf der Spur waren! Der Prophet hatte gesagt, dass es im Fundament versteckt wäre. Das Papier in Ihrem Traum war ja in der Mauer eines Gebäudes versteckt gewesen."

„Das fiel mir auch auf", bestätigte er.

„Gingen Sie davon aus, dass der Traum von Bedeutung war? Eine Art Zeichen?"

„Ja."

„Wie war er also zu deuten?"

„Alles war auf den Tempel fokussiert. Der Tempel war auf dem Siegel. Das Siegel handelte von einem Riss. Schutz wird entzogen. Zerstörung. Der Traum beinhaltete die Zerstörung des Tempels."

„Aber was war mit George Washington?", wunderte sie sich. „Warum tauchte er darin auf?"

„Salomo war der König von Israel, Washington der erste Präsident der Vereinigten Staaten. Es ging um die Verbindung zwischen dem alten Israel und Amerika, so wie in all den anderen Geheimnissen."

„Und das Papier?"

„Sie sagten es ja schon. Das Geheimnis, verborgen im Fundament. Eine Botschaft, die Amerika betrifft und darauf wartet, aufgedeckt zu werden."

„Wohin führte Sie all das?"

„Ich hatte keine Ahnung, wohin mich all das führen sollte. Und dann fiel es mir wie Schuppen von den Augen: Washington! Washington hatte das Geheimnis versteckt. Somit war das Geheimnis in der Stadt Washington versteckt. Die Stadt, wo die Nation gegründet wurde. Der Tempel stand in Jerusalem, der Hauptstadt. Das Geheimnis wies wieder auf die Hauptstadt hin. Ich fuhr also zurück nach Washington D.C."

„Wonach suchten Sie diesmal?"

„Nach irgendeiner Verbindung zum Tempel oder zu König Salomo. Aber die Suche ergab nichts. Deshalb schaute ich mir auch alle wichtigen Sakralbauten an. Wieder nichts. Dann suchte ich an jedem Ort, der irgendeine Verbindung zu George Washington hatte. Das Washington Monument, die Statue in der Mitte der Rotunde im Kapitol."

„Und?"

„Wieder nichts. Schließlich suchte ich an anderen Orten. In den Smithsonian-Museen, am Jefferson Memorial, am Obersten Gerichtshof. Überall."

„Und?"

„Wieder nichts."

„Wie lange sind Sie denn in Washington geblieben?"

„Mehrere Wochen. Dann gab ich auf. Ich kehrte entmutigt nach Hause zurück. Der Traum schien voller Schlüssel gewesen zu sein. Doch es hatte mich nicht weitergebracht. Ich fand keine bedeutende Verbindung. Ich kehrte also wieder an den

Der Grund und Boden des Geheimnisses

einzigen Ort mit einer eindeutigen Verbindung zum Siegel zurück."

„Den Battery Park?"

„Ja. Als ich da am Seeufer stand und eine Möwe am Himmel beobachtete, hörte ich die Stimme hinter mir."

„Der Prophet?"

„Der Prophet."

———◆◆◆———

„Sie haben nicht aufgegeben, Nouriel, oder?", erkundigte er sich.

„Warum? Sieht es so aus als ob?", entgegnete ich.

„Das habe ich nicht gesagt."

„Es gibt einen feinen Unterschied", meinte ich, „zwischen aufgeben und absolut nichts haben, womit man weitermachen kann."

„Sie denken also, Sie haben absolut nichts, womit Sie weitermachen können?"

„Eigentlich nicht. Aber das, was ich habe, führt zu nichts."

„Dann erzählen Sie mir, was Sie haben."

„Den Tempel in Jerusalem, die Hauptstadt, eine Bresche, einen Sakralbau, Zerstörung, Washington D.C."

„Nichts weiter?"

„Das ist alles."

„Lassen Sie uns ein Stück spazieren gehen." Zunächst durchquerten wir den Battery Park. Dann streiften wir durch die Straßen von Lower Manhattan.

„Der Tempel in Jerusalem war das Haus der Herrlichkeit Gottes", erklärte der Prophet. „Das Volk hatte sich jedoch seit Jahrhunderten von Ihm abgewandt. Es bestand keine Hoffnung auf Umkehr mehr. Schließlich ließ der Herr im Jahre 586 v. Chr. zu, dass Sein Haus das Gericht zu spüren bekam. Es wurde zerstört."

„Der Tempel und die Bresche, die Zerstörung des Tempels. So weit lag ich richtig."

„Der Tempel bildete den Lebensmittelpunkt der Nation. Deshalb war der Höhepunkt des Gerichts …"

„Die Zerstörung des Tempels."

„Ganz genau."

„Wie es dem Tempel erging, so erging es auch dem Volk."

„Im Guten wie im Schlechten. Unter König Salomo wurde der Bau des Tempels vollendet. Damit war das Königreich selbst komplett."

„Salomo …"

„Als er ihn Gott weihte, wurde auch die Nation Gott geweiht."

„Ich habe es gesehen!", entfuhr es mir vor Aufregung.

„Wie meinen Sie das?"

„Darum ging es in dem Traum. Die Tempelweihe. Ich hatte einen Traum. Er begann damit, dass Salomo die Versammlung einer großen Menschenmenge am Tempel leitete."

„Interessant", meinte der Prophet.

„Erzählen Sie mir bitte, was Salomo am Tag der Tempelweihe genau machte."

„Er versammelte das Volk und dessen Leiter in Jerusalem. Er sprach zu der Versammlung. Die Nation wurde an Gottes treues Handeln erinnert. Dann betete er, und zwar für die zukünftigen Generationen. Salomo sah in die Zukunft der Nation. Er sah ihre zukünftige Abkehr von Gott voraus. Mit allen Konsequenzen."

„Welche Konsequenzen?"

„Gott würde Seine Gnade gegenüber dem Land aufheben", führte der Prophet aus. „Segnungen und göttlicher Schutz würden verloren gehen. Mit einer landesweiten Katastrophe als Folge."

„Dazu kam es dann auch?", fragte ich.

„Ja. Das Gebet Königs Salomos war prophetisch. Er sagte nicht nur voraus, was auf die zukünftigen Generationen zukommen würde. Im Licht dessen, was geschehen würde, betete er auch für sie. Er bat Gott um Barmherzigkeit und Wiederherstellung."

„Die Katastrophe hatte noch nicht einmal stattgefunden. Und er betete schon im Hinblick darauf?"

Der Grund und Boden des Geheimnisses

„Das war der springende Punkt. Es war nicht nur der Tempel, der an jenem Tag geweiht wurde. Die Zukunft der Nation wurde Gott geweiht. Samt den Generationen, die noch geboren werden würden. Der Tempelberg war der Grund und Boden, auf dem alles geschah."

„Wie in meinem Traum! Nach der Weihe wurde der Himmel dunkel. Eine Art Sturm zog auf. Als der Sturm wieder aufhörte, war der Tempel zerstört. Alles lag in Ruinen."

„Genau das ist geschehen. Eine geistliche Dunkelheit hüllte das Land ein. Das Volk wandte sich von Gott ab. Dann, nach vielen Jahren der Gnade, fiel das Urteil. Dieses Gericht war erst vollendet, als es den Tempelberg traf. Den Ort, wo die Zukunft der Nation Gott geweiht worden war. Jenen Ort, an dem ihr Abfall vorhergesagt worden war. Der Herr erlaubte, dass das heiligste Stück Boden der Nation unter das Gericht fiel. Der Tempelberg war das Fundament, auf dem sie geweiht worden war. Nouriel, das ist ein wichtiges Prinzip. Achten Sie darauf. Eine Nation wird gerichtet. Sie war einmal Gott hingegeben und Seinen Zielen geweiht. Nun hatte sie sich jedoch von Seinen Wegen abgekehrt. Das Gericht wird grundsätzlich auch den Grund und Boden der Weihe treffen. Oder, um es auf den Punkt zu bringen.

Der Grund und Boden, auf dem die Nation geweiht wurde, wird auch Grund und Boden ihres Gerichts sein."

„Warum ist das so?", wollte ich wissen.

„Der Tempelberg repräsentiert den Bund des Volkes mit Gott. Deshalb war seine Zerstörung ein unmissverständliches Zeichen. Es hatte den Bund gebrochen. Doch selbst die Zerstörung war von Gnade geprägt. Es war ein Ruf Gottes an die Nation. Sie sollte sich an den Ort ihrer Hingabe und Weihe erinnern. An das Fundament all ihrer Segnungen."

„Dann war die Zerstörung beides", stellte ich fest. „Zeichen des Gerichts und prophetische Botschaft. Eine Aufforderung, zu ihrer Grundlage zurückzukehren."

„Ganz genau."

Der Vorbote

Ich nahm das Siegel heraus und sah es mir noch einmal an.
„Was hat das alles mit Amerika zu tun?", fragte ich.
„Am Tag nach dem 11. September", antwortete er, „zitierte der Sprecher der Mehrheitsfraktion im Senat die Worte der uralten Prophetie am *Ende* seiner Rede. Aber am *Anfang* dieser Ansprache nannte er eine Zahl. Er sagte:

Mit Schmerz, Trauer, Zorn und Entschlossenheit stehe ich vor diesem Senat – ein Symbol für 212 Jahre der Stärke unserer Demokratie.[1]

Merken Sie sich diese Zahl, Nouriel."
„Zweihundertzwölf."
„Sie verknüpfte 9/11 mit der Gründung der amerikanischen Regierung und der Errichtung des amerikanischen Nationalstaats. Rechnen Sie nach."
„2001 minus 212: 1789."
„Stimmt. 1789."
„Aber ich dachte, Amerika wäre 1776 gegründet worden."
„Im Jahr 1776 erklärte Amerika seine Unabhängigkeit. Erst einige Jahre später wurde diese Unabhängigkeit Realität. Dann dauerte es ein paar weitere Jahre, bis die Nation eine Verfassung als Grundlage bekam. Amerika, so wie wir es kennen – mit Präsidenten, Senat und Abgeordnetenhaus –, existiert erst seit 1789. Genauer gesagt seit dem 30. April 1789. Erst an diesem Tag wurde Amerika zu einer Nation mit einer vollständigen Konstitution."
„Was geschah am 30. April?"
„Das war der Tag, an dem die Verfassung Realität wurde. Die nationale Regierung wurde entsprechend eingesetzt. Es war der Tag, an dem der erste Präsident Amerikas vereidigt wurde."
„George Washington!"
„Genau."
„Er tauchte auch in meinem Traum auf", sagte ich. „Bei der Tempelweihe. Erst war es König Salomo, und dann war es Washington."

Der Grund und Boden des Geheimnisses

„Warum war das so, Nouriel?"
„Warum Washington in meinem Traum auftauchte?"
„Ja."
„Sagen Sie es mir."
„Es war nicht *mein* Traum."
„Ich weiß nicht", überlegte ich. „Ein Zeichen, dass es eine Verbindung zu Amerika gibt."
„Was tat er in Ihrem Traum?"
„Er leitete die Menschen im Gebet an. Genau wie Salomo. Dann streckte er seine Hand aus, als ob er etwas fassen wollte."
„So?" Der Prophet streckte seine rechte Hand aus, die Handfläche nach unten.
„Ja, genau so. Woher wissen Sie ..."
„Er wollte nichts fassen. Seine Handfläche war ja nach unten gekehrt."
„Was tat er dann?", fragte ich.
„Er legte seine Hand auf eine Bibel, um zu schwören", erklärte der Prophet. „Er leistete den Präsidenteneid. Es war die Vereidigung am 30. April 1789, der Beginn Amerikas als Nation mit einer Verfassung. Es war die Gründung der Vereinigten Staaten von Amerika. 212 Jahre vor den Anschlägen des 11. September."
„Die Vereidigung von George Washington auf dem Tempelberg?"
„In Ihrem Traum waren die zwei Ereignisse miteinander verbunden. Israels Weihe und Amerikas Vereidigung. Beides verschwamm zu einem Ganzen."
„Warum?"
„Es war *Ihr* Traum. Sagen Sie es mir."
„Weil es einen Zusammenhang zwischen beiden Tagen gibt?"
„Aber was für einen?", forschte der Prophet nach. „Was haben sie gemeinsam?"
„Die Tempelweihe war auch eine Vereidigung", überlegte ich. „Und die Vereidigung der amerikanischen Regierung war wohl auch eine Art Weihe. Bei beiden handelte es sich um einen Tag der Eröffnung und einen Tag der Vollendung. Beide

besiegelten eine Struktur – die zugrundeliegende Struktur der jeweiligen Nation. Und an beiden Tagen versammelte sich das ganze Volk."

„Wo kam es zusammen?"
„In der Hauptstadt?"
„Und wer stand der jeweiligen Versammlung vor?"
„Der Leiter des Volkes. Der König, der Präsident."
„Sagte König Salomo in Ihrem Traum etwas?"
„Ja."
„Was sagte er?"
„Ich weiß es nicht."
„König Salomo begann seine Ansprache, indem er Gottes Treue rühmte. Er würdigte Seine helfende Hand in der Geschichte des Volkes. Der erste Präsident der Nation tat es ihm am amerikanischen Vereidigungstag gleich. In der allerersten Präsidentenrede sagte er Folgendes:

Das Volk der Vereinigten Staaten sollte mehr als jedes andere diese unsichtbare Hand, die die Geschicke der Menschen leitet, anerkennen und anbeten. Jeder Schritt auf seinem Weg zu einer unabhängigen Nation scheint von der Vorsehung gekennzeichnet zu sein.[2]

In den Tagen der Weihe sprach König Salomo zum Volk. Er betete und flehte den Allmächtigen an, die Zukunft der Nation zu segnen. Nun hören Sie diese Worte aus der ersten Rede Washingtons als Präsident:

Es wäre überaus ungebührlich, in diesem ersten offiziellen Akt meine flehenden Bitten an jenes allmächtige Wesen auszulassen, das über das Universum regiert, das dem Rat der Nationen vorsteht und dessen vorausschauende Hilfe jede menschliche Schwäche ausgleichen kann. Ich flehe dieses allmächtige Wesen an, Freiheit und Glück diesem Volk der Vereinigten Staaten zu gewähren. Möge ihm durch Seinen Segen eine Regierung geschenkt werden, die genau für diese grundlegenden Absichten einsteht.[3]"

Der Grund und Boden des Geheimnisses

„In meinem Traum betete Salomo. Dann war plötzlich Washington an seiner Stelle. Er betete weiter. Beide Führungspersönlichkeiten, beide Ereignisse waren ineinander verwoben. Jetzt verstehe ich das."

„Nicht nur Salomo betete für die Zukunft der Nation", sagte er. „Auch alle Leiter und die vielen Menschen, die auf dem Tempelberg versammelt waren. Alle. Und so war es auch bei der Vereidigung Amerikas: Der Tag war zum Tag des Gebets und der Heiligung ausgerufen worden. Vorher verkündete man folgende Worte:

Am Morgen des Tages, an welchem unser erhabener Präsident mit seinem Amt betraut wird, werden die Glocken um neun Uhr läuten. Jeder möge dann zum Haus Gottes gehen und die neue Regierung und alle ihre wichtigen Beschlüsse feierlich dem heiligen Schutz und Segen des Allerhöchsten anbefehlen. Mit Bedacht wurde diese frühe Stunde für diesen besonderen Akt der Weihe festgelegt und ausschließlich zum Gebet bestimmt.[4]

Am Morgen des 30. Aprils 1789 läuteten also in der Hauptstadt eine halbe Stunde lang die Glocken. Sie riefen die Menschen dazu auf, *zum Haus Gottes zu gehen, um die neue Regierung dem heiligen Schutz und Segen des Allerhöchsten anzubefehlen.* Der erste Präsident und die erste nationale Regierung versammelten sich später an diesem Tag zum Gebet. Sie befahlen die Zukunft Gottes Händen an. Man hatte eigens einen Ort für diesen Zweck ausgesucht. Der neue Präsident beendete seine erste Amtsrede. Dann leitete er den Senat und das Abgeordnetenhaus zu Fuß in einer Prozession durch die Straßen der Hauptstadt. Er führte sie von der Federal Hall, wo die Vereidigung stattgefunden hatte, zu dem Ort des Gebets."

„Wo befand er sich?", fragte ich.

„In einer kleinen, steinernen Kirche."

„So fand also der erste offizielle Akt der neu gebildeten Regierung in einer Kirche statt."

„Richtig", bestätigte er. „Der erste Präsident der Nation, der Senat und alle Abgeordneten – sie alle waren dort in diesem kleinen, steinernen Gotteshaus. Die Kongressannalen berichten von dieser Versammlung. Sie war Teil der allerersten gemeinsamen Sitzung des Kongresses mit einem Präsidenten im Amt. Die Vereidigung der Vereinigten Staaten, wie wir sie kennen, begann mit einer heiligen Versammlung vor Gott."

„Der erste kollektive Akt der neugebildeten amerikanischen Regierung bestand darin, zum Beten zusammenzukommen."

„Zum Beten, sicherlich auch zum Danken und insbesondere, um die Zukunft *dem heiligen Schutz und Segen des Allerhöchsten* anzubefehlen."

In dem Moment blieben wir an einer Straßenecke stehen. „Es wird Zeit", sagte er. „Es wird Zeit, den letzten Teil des Geheimnisses aufzudecken. Um das zu tun, müssen wir den Grund und Boden identifizieren."

„Den Grund und Boden?"

„Den Grund und Boden, auf welchem Amerika Gott im Gebet geweiht wurde. An jenem ersten Tag."

„Was ich nicht verstehe", meinte ich. „Das geschah doch alles in der Hauptstadt, oder nicht?"

„Doch, das stimmt", entgegnete er.

„Was tun wir dann hier?", fragte ich. „Wir waren doch in Washington D.C., auf dem Capitol Hill. Ja sogar auf der Terrasse, wo die Präsidenten vereidigt werden. Warum haben Sie mir das nicht erzählt, als wir dort standen? Später kehrte ich sogar nach Washington zurück. Ich hielt mich wochenlang in der Hauptstadt auf. Sie ließen sich nie blicken. Aber *jetzt* tauchen Sie auf. Das verstehe ich nicht."

„Sie hatten recht, Nouriel", sagte er. „Das Geheimnis ist tatsächlich mit der Hauptstadt verbunden. Nur gingen Sie von der falschen aus."

„Was meinen Sie mit der *falschen* Hauptstadt?"

„Am Anfang war die Hauptstadt nicht Washington D.C. Am 30. April 1789 existierte die Stadt Washington noch gar nicht."

Der Grund und Boden des Geheimnisses

„Was war denn dann Amerikas ursprüngliche Hauptstadt?"
„Sie stehen mitten drin", erwiderte er.
„New York? New York City?"
„Die erste Hauptstadt der Vereinigten Staaten war New York. All diese Ereignisse haben hier stattgefunden."
„Washington wurde in New York als Präsident vereidigt?"
„Ja", erwiderte er. „Jetzt muss ich Ihnen jemanden zeigen."
„Jemanden?"
Er führte mich um die Ecke und die Straße hinunter. In einiger Entfernung stand eine Statue. „Erkennen Sie ihn?", fragte er.
„Washington?"
„Genau."
Es war die dunkle Bronzestatue von George Washington, die in der Wall Street steht und zur Börse hinblickt. Wir kamen näher und blieben erst kurz vor ihrem Podest stehen. Von dort aus sahen wir zu der dunklen, stoischen Figur hoch.

„Mein Traum!", sagte ich. „Genau so sah er in meinem Traum aus. Er war nicht so groß, aber ich blickte genauso wie jetzt zu ihm auf. Aus demselben Winkel. Und seine rechte Hand war genauso ausgestreckt."

„Und in gleicher Weise nach unten gewandt", ergänzte er, „weil sie auf der Bibel ruhte."

„Ich bin in ganz Washington D.C. herumgeirrt. Ich suchte etwas, was mit ihm zu tun hatte. Eine Statue, ein Denkmal, einen Schlüssel. Doch dieses Standbild hier ist mir nie in den Sinn gekommen."

„Warum hätte es denn auch?", erwiderte er. „Sie sind New Yorker. Nur weil Ihnen etwas gerade vor Augen steht, müssen Sie es nicht unbedingt sehen. Hier ist der Ort, an dem alles begann. Hier ist der Ort, an dem die Vereinigten Staaten von Amerika, so wie wir sie kennen, in Existenz kamen."

„In New York."
„In New York – und hier."
„Hier?"
„Hier", erwiderte er, „*Genau* hier. Auf dem Podest ist eine Inschrift. Lesen Sie sie doch bitte laut vor, Nouriel."

Der Vorbote

Ich tat es:

„*An dieser Stelle in der Federal Hall leistete George Washington als erster Präsident der Vereinigten Staaten von Amerika seinen Amtseid.*[5]

An dieser Stelle! Ich habe diese Statue so oft gesehen. Ich machte mir nie Gedanken darüber, warum sie hier steht."
„Hier ist der Ort, an dem alles geschah. Am 30. April 1789 quollen die Straßen von Menschen über. Washington legte seine Hand auf die Bibel und leistete den Amtseid. Die Menge jubelte. Kanonen wurden gezündet. Glocken läuteten in der ganzen Stadt. Dann zog er sich in die Federal Hall zurück, wo er er die erste Rede als Präsident vor dem Kongress hielt. Danach leitete er die erste Nationalregierung zu Fuß zu dem kleinen, steinernen Gotteshaus. Dort vertrauten sie Gott die Zukunft der Nation an."
„Wo fand das genau statt?", erkundigte ich mich.
„Das ist der Schlüssel", entgegnete er.
„Der Schlüssel zu dem Geheimnis?"
„Ja."
„Es geht um den Grund und Boden, auf dem die Nation Gott geweiht wurde."
„Stimmt", bestätigte er.
„Es muss also irgendwo in New York sein."
„Davon ist auszugehen."
„Hier befindet sich die Stelle der Vereidigung. Danach liefen sie zu Fuß in einer kleinen Prozession an den bestimmten Ort. Es kann also nicht weit von hier sein."
„Da liegen Sie richtig", erwiderte er.
Und genau an dieser Stelle hörte ich auf, den Gedankengang fortzusetzen.

---◆◆◆---

„Warum?", fragte Ana. „Warum haben Sie gerade da aufgehört?"

Der Grund und Boden des Geheimnisses

„Weil ich nicht sicher wusste, ob ich bereit war. Bereit, es zu sehen oder die Antwort zu verstehen."

„Aber Sie hatten doch die ganze Zeit danach gesucht", wunderte sie sich.

„Ja", entgegnete er, „aber vor diesem Moment war sie nie zum Greifen nahe gewesen. Kennen Sie das, Ana? Sie sind einer Sache, nach der Sie suchten, so nahegekommen. Sie wissen, im nächsten Moment werden Sie sie finden. Das Ziel ist in Reichweite gerückt. Doch dann sind Sie sich plötzlich nicht mehr sicher, ob Sie schon bereit dafür sind. Bereit, es zu finden …"

„Ich denke, ich verstehe, was Sie meinen."

„Genauso fühlte es sich an. Ich wusste, es ging jetzt um etwas von zentraler Bedeutung. Etwas sehr Wichtiges. Doch ich wusste nicht, ob ich bereit war, es zu finden."

„Nun, was geschah dann?", fragte sie.

„Der Prophet ließ mir keine Wahl."

„Kommen Sie, Nouriel", sagte er. „Es wird Zeit, den Ort anzusehen, an dem alles geschah. Den Ort, an dem Amerika Gott geweiht wurde. Der Präsident führte sie zu Fuß durch die Straßen der Stadt zu jenem Ort. Folgen wir diesem Weg. Gehen wir."

Wir gingen die Wall Street und eine weitere Straße entlang. Ich konnte mir alles vorstellen. So musste es zwei Jahrhunderte zuvor geschehen sein: Washington, die ersten Senatoren, die ersten Abgeordneten, das erste Kabinett, Amerikas erste Regierung. Alle auf dem Weg zu dieser heiligen Versammlung. Jetzt liefen nur der Prophet und ich diesen Weg noch einmal entlang. Wir waren zwar nicht alleine auf den Straßen. Es gab natürlich jede Menge anderer Menschen. Doch sie teilten unsere Absicht nicht. Ich schwieg die gesamte Zeit über. Er tat es mir gleich. Dann blieb er stehen und wandte sich mir zu.

„Hier ist es. Der Ort, an dem Amerika Gott geweiht wurde."

Ein dunkler schmiedeeiserner Zaun umgab die Stätte.

„Diese kleine Kirche aus Stein?"

Der Vorbote

„Ja", antwortete er.

Das Gebäude sah bemerkenswert aus. Im Hinblick auf das, was es repräsentierte, jedoch gleichzeitig unscheinbar. Die Fassade hatte Säulen, wirkte klassisch. Hinten ragte ein Kirchturm empor. Hoch, schmal und mehr als man von einem alten Kirchengebäude erwarten würde.

„Sie ist nicht besonders auffällig", meinte ich.

„Vor Ihnen befindet sich die St. Paul's Chapel, Nouriel. Sie sieht heute noch ziemlich genauso aus wie am 30. April 1789, jenem Tag, als die erste Regierung der Vereinigten Staaten sie betrat. Hier fand es statt. Der erste Präsident der Nation, der Senat und das Abgeordnetenhaus beugten sich gemeinsam im Gebet. Sie legten die Zukunft der neuen Nation in die Hände Gottes. Hier ist der Ort, an dem die neue Nation dem Allmächtigen übergeben wurde. Dies ist der Grund und Boden, auf dem Amerika Gott geweiht wurde."

Dann schwieg er. Er ließ mir Zeit, das Gehörte zu erfassen. Ich spürte, da gab es noch mehr. Etwas, was er mir bisher nicht erzählt hatte.

„Ursprünglich war die Kirche in die andere Richtung ausgerichtet", erklärte er. „Ihre Vorderseite war die Rückseite. Ihr Haupteingang war auf der anderen Seite. Gehen wir weiter."

Wir überquerten die Straße. Wir gingen auf dem Bürgersteig. Er verlief links neben dem Eisenzaun der Kirche. Innerhalb der Umzäunung lag der alte Kirchhof. Im Gehen spähte ich durch die Stäbe nach innen. Auf die Bäume, das Gras und die uralt wirkenden Grabsteine. Ich war auf der Suche nach etwas, was für das Geheimnis Bedeutung hatte. Wir näherten uns der hinteren Ecke des Grundstücks. Ich starrte immer noch in den Hof.

„In den frühen Tagen", erklärte der Prophet, „ging man hier hindurch, um in die Kirche zu gelangen."

Er ließ mir nicht viel Zeit. Er fuhr direkt fort: „Drehen Sie sich um, Nouriel."

Der Grund und Boden des Geheimnisses

„Lassen Sie mich nur eben …" Ich war komplett fokussiert auf das, was ich innerhalb des Zauns entdeckte. So bemerkte ich das, was es außerhalb zu sehen gab, nicht.

„Sie verpassen es", mahnte er mich. „Es ist direkt hier und Sie verpassen es. Drehen Sie sich um."

Da drehte ich mich um.

„Sehen Sie", meinte er.

Ich war so perplex, dass ich fast das Gleichgewicht verlor.

„Wissen Sie, was Sie ansehen?"

„Das ist doch nicht …"

„Das ist nicht *was*?"

„Das ist doch nicht …"

„Was ist es nicht?"

„Ground Zero."

„Doch, es *ist* Ground Zero."

„Ground Zero! Der letzte Teil des Geheimnisses."

„Der Grund und Boden, auf dem Amerika geweiht wurde", merkte er an.

„Ground Zero", wiederholte ich. Unfähig, irgendetwas anderes zu sagen.

„Die Vereinigten Staaten von Amerika", erläuterte er, „wurden Gott an der Ecke des Grundstücks geweiht, aus dem später Ground Zero wurde. Hier, am Ground Zero, versammelten sie sich an dem Tag, an dem Amerikas Grundlage gelegt wurde. George Washington, John Adams, die Gründerväter Amerikas. Sie kamen alle zum Gebet an diesen Ort. An die Ecke von Ground Zero. Hierher kamen sie, um die Zukunft der Nation in einem weihevollen Akt Gottes *heiligem Schutz* anzuvertrauen. Genau hier sollte der heilige Schutz entzogen werden."

Ich nahm das Siegel aus meiner Manteltasche, um das Bild darauf noch einmal zu untersuchen. Plötzlich wurde mir seine Bedeutung klar. „Der heilige Grund und Boden … Ein zerstörter Schutzwall … Es ist ein uraltes Prinzip: *Der Ort des Weihegebets wird zum Ort der Katastrophe. Der Ort der Weihe wird zum Ort des Gerichts.*"

"Und zwar buchstäblich", sagte der Prophet. "Die riesige weiße Wolke, die durch die Zerstörung entstand, hüllte die kleine Kirche ein. Schutt und Asche der einstürzenden Türme bedeckten ihr Grundstück."

"Auf diesem Grund und Boden verbirgt sich folglich ein nationales Mysterium. Das ist das Geheimnis, von dem Sie sprachen. Darum ging es auch in meinem Traum ... verborgen in dem, worauf Amerika gegründet wurde."

Der Prophet deutete in die Ferne. "Wären wir am Tag der Vereidigung hier gewesen, wäre dort hinten nur Wasser gewesen. Aber zwischen hier und dem Wasser gab es ein Feld, das heute als *Ground Zero* bezeichnet wird. Ein Feld, das der Kirche gehörte. Ground Zero war ursprünglich kircheneigenes Land."

"Zu welcher Kirche gehörte es?", fragte ich.

"Zur St. Paul's Chapel."

"Dann war es eigentlich nur *ein* Grundstück. Derselbe Grund und Boden?"

"Derselbe Grund und Boden." Er nickte. "An dem Tag, als Amerika dort geweiht wurde, war es ein großes Grundstück. Der Ort, an dem Amerika Gott geweiht wurde, liegt demnach nicht *bei* Ground Zero. Der Ort, an dem Amerika Gott geweiht wurde, *ist* Ground Zero."

"Der Grund und Boden des Geheimnisses! Der Grund und Boden des Geheimnisses ist Ground Zero", sagte Ana leise und mit abwesendem Blick. Sie dachte darüber nach, was das Gehörte bedeutete.

"Ana, Sie sagen ja gar nichts mehr."

"Weil ich sprachlos bin", erwiderte sie. "Es ist so ... Ich kann noch nicht einmal sagen, was es ist. Ich kann es nicht in Worte fassen. Ich bin mehr als sprachlos."

"Genauso ging es mir, als er mir all das erzählte."

"Sind Sie vorher niemals am Ground Zero gewesen?", wollte sie wissen.

Der Grund und Boden des Geheimnisses

„Nein. Nicht nachdem ich den Propheten kennengelernt hatte."

„Warum nicht?"

„Ich glaube, ich mied es."

„Warum?"

„Es war mir zu intensiv, denke ich. Zu rauh, zu sehr im Mittelpunkt von allem. Ich mied es."

„Der Prophet offenbarte Ihnen das Geheimnis von Ground Zero. Wie ging es weiter?"

„Er führte mich um die Ecke und an der Seite des dunklen Metallzauns entlang, der einst dem Nordturm gegenüberlag. Durch ein Tor betraten wir den Hinterhof der Kirche. Er führte mich über den grasbedeckten Kirchhof. Überall waren Grabsteine. Schließlich blieb er vor einem Kunstobjekt stehen."

———◆◆◆———

„Wissen Sie, was das ist, Nouriel?", fragte er.

„Ein Baumstumpf?", mutmaßte ich.

„Es ist eine Sykomore."

„Die Sykomore von Ground Zero?"

„Ihre Überreste. Man hat sie hierhergebracht und der Öffentlichkeit zugänglich gemacht. Ohne die geringste Ahnung von ihrer uralten Bedeutung zu haben."

„Man hat Maulbeerbäume abgehauen."

„Der sechste Vorbote."

„Wo war sie am 11. September? Wo ist sie umgefallen?"

Er führte mich zurück zum Tor, das an Ground Zero angrenzte. Dann rechts hinüber zu einer der Ecken des Kirchhofs. Wir fanden uns unter den Zweigen eines Nadelbaums wieder.

„Hier", sagte er. „An dieser Stelle stand die Sykomore. An dieser Stelle fiel sie."

„Sie fiel innerhalb des Kirchhofs der St. Paul's Chapel?"

„Ja."

„Auf demselben Grund und Boden, auf dem Amerika Gott geweiht wurde?"

„Ja, auf demselben Grund und Boden."

„Also erschien der Vorbote auf dem Stück Land, auf dem die Nation Gott geweiht worden war."

„Ja."

„Heißt das, dass *dieser* Baum ..."

„Ja. Was Sie hier sehen, ist der Baum, der an der Stelle der Sykomore gepflanzt wurde."

„Dann ist das hier der Erez-Baum?"

„Ja."

„*Aber wir wollen Zedern an ihre Stelle setzen.*"

„Genau hier fand es statt", sagte der Prophet. „Über diesen Zaun hinweg wurde er in den Boden gesenkt. An die Stelle, wo die Sykomore bis zum 11. September gestanden hatte. Genau hier versammelte man sich, um den Baum zu weihen."

„Man nannte ihn *Baum der Hoffnung*."

„Ja."

„Sieht nicht gerade nach einem Baum der Hoffnung aus."

„Nein."

„Die Sykomore wurde gefällt. Der Erez-Baum wurde gepflanzt. Der sechste und der siebte Vorbote. Beide manifestierten sich hier. Auf dem Grund und Boden, auf dem Amerika Gott geweiht worden war."

„Das uralte Prinzip: *Der Ort der Weihe wird zum Ort des Gerichts.*"

Er verstummte für eine Weile. So hatte ich Zeit, das, was ich sah, aufzunehmen.

„Da war noch etwas in meinem Traum", fiel mir ein. „Etwas, wofür ich noch keine Erklärung habe."

„Nämlich?"

„Ein Blatt Papier, das Washington vom Himmel in die Hand gegeben wurde. Er empfing es und ging hinüber zu einer Ecke des Tempels. Dort steckte er es in einen Riss in der Mauer. Es verschwand darin. Dann, nach der Zerstörung des Tempels,

Der Grund und Boden des Geheimnisses

tauchte das Papier wieder auf. Und plötzlich war es nicht mehr Washington, sondern *Sie*."

„*Ich?*"

„*Sie* waren es, der das Papier in der Hand hielt. Sie gaben es mir."

„Und was stand darauf?"

„Ich weiß es nicht", erwiderte ich. „Ich wachte auf."

„Schlechter Zeitpunkt", sagte der Prophet.

„Das hat er gesagt?", fragte sie. „Hat er wirklich ‚*schlechter Zeitpunkt*' gesagt?"

„Ja."

„Das habe *ich* doch gesagt, als Sie mir von Ihrem Traum erzählten."

„Ja, aber er sagte es früher als Sie."

„Hat er Ihnen die Bedeutung des Papiers erklärt?"

„Er meinte, es sei eine Botschaft gewesen. Die Tatsache, dass sie vom Himmel herunterkam, zeigt, dass es eine Botschaft von Gott war. Eine prophetische Botschaft."

„Was bedeutet es", fragte sie, „dass sie in die Mauer gesteckt wurde?"

„Es bedeutet, dass die Botschaft im Fundament Amerikas verborgen wurde. Das geschah an jenem *Tag*, an dem die Nation gegründet wurde."

„Am 30. April 1789. Wer hat sie verborgen?"

„Washington – wie in meinem Traum."

„Im Fundament, auf dem die Vereinigten Staaten aufgebaut sind, liegt eine prophetische Botschaft verborgen. Und George Washington hat sie darin deponiert?", vergewisserte sie sich.

„Genau so ist es", bestätigte er.

„Die Botschaft wurde ja am Ende Ihres Traums offenbar. Soll die Botschaft also offenbar werden?"

„Ja."

„Wann?", fragte sie.

Der Vorbote

„Im Traum wurde sie nach einer Katastrophe offenbar. Die Zerstörung traf den Grund und Boden der Weihe. Da wurde sie enthüllt.

„Der 11. September war die Katastrophe. Sie traf jenen Grund und Boden, auf dem die Nation geweiht wurde."

„Richtig."

„Der 11. September ist somit mit einer prophetischen Botschaft verbunden. Und diese liegt im Fundament Amerikas verborgen?"

„Der Anschlag traf den Ort, an dem Amerika Gott geweiht worden war. Er wies zurück auf den Tag der Weihe, den 30. April 1789. Der 30. April 1789 war jedoch ebenfalls ein Tag der Prophetie. Der neu gebildeten Nation wurde eine prophetische Botschaft auf den Weg gegeben."

„Was für eine prophetische Botschaft?", erkundigte sie sich.

„In meinem Traum hatte Washington die Botschaft versteckt. Das Papier wurde mir jedoch von dem Propheten überreicht. Der Prophet war dann auch derjenige, der mir den Inhalt jener Botschaft offenbarte. Doch zuvor ging es noch um eine andere Begebenheit. Eine, die am 11. September stattfand."

◆◆◆

„Amerika als Nation", sagte der Prophet, „wurde auf diesem Boden Gott geweiht. Gegründet wurde sie hingegen in der Federal Hall. Beide Stätten wurden am 30. April 1789 miteinander verbunden. Und ebenso am 11. September 2001."

„Wie das?", wollte ich wissen.

„Als die Türme einstürzten, reichten die Wellen der Erschütterung von Ground Zero bis zur Federal Hall. Die Auswirkung war stark. Risse bildeten sich im Fundament."

„Risse im Fundament? Im Fundament des Fundaments der Nation?"

„9/11 schien damit auf jenen ersten Gründungstag zurückzuverweisen. Auf das, was in der St. Paul's Chapel und in der Federal Hall geschehen war. Was war die Federal Hall?"

Der Grund und Boden des Geheimnisses

„Der Ort der Vereidigung Washingtons. Der Ort, am dem die Nation gegründet wurde."

„Wo war die Botschaft in Ihrem Traum verborgen?"

„Im Fundament."

„Genau so war es: In der Federal Hall wurde das prophetische Wort gesprochen."

„Von Washington?", fragte ich.

„Ja, in den ersten Worten, die je ein Präsident zu dieser Nation sprach. In der allerersten Präsidentenrede."

„Genau wie bei König Salomo! Er gab eine prophetische Botschaft über die Zukunft seiner Nation weiter. An jenem Tag, als sie Gott geweiht wurde."

„Ebenso auch Washington. Diesmal richtete sich die Botschaft an Amerika. An alle zukünftigen Generationen. Sie war für den Tag der Katastrophe bestimmt. Sie wartete darauf, offenbart zu werden. Seine Botschaft umfasste nur wenige Sätze. Und doch waren diese Sätze die wichtigsten, die jemals der Nation gesagt wurden."

„Wie lautete die Botschaft?"

„Sie lautet:

Keine Nation kann das gnädige Lächeln des Himmels erwarten, wenn sie die ewigen Regeln von Recht und Ordnung, die der Himmel selbst eingesetzt hat, außer Acht lässt.[6]

Das gnädige Lächeln des Himmels. Was bedeutet das, Nouriel?"

„Des Himmels ...", wiederholte ich. „Das könnte sich auf Gott beziehen."

„Ja. Und das *gnädige Lächeln des Himmels?*"

„... bedeutet wohl Gottes Segen und Sein Wohlwollen."

„Richtig. Und *die ewigen Regeln von Recht und Ordnung, die der Himmel selbst eingesetzt hat?*"

„Da geht es wohl um Gottes unwandelbare moralische Standards. Das, was richtig oder falsch ist."

„Gut, Nouriel. Setzen Sie es zusammen. Was wird hier gesagt?"

„Wenn Amerika Gottes ewige Standards hält und Seinen Wegen folgt, dann wird es mit Seinem Wohlwollen gesegnet sein. Mit Seinem Schutz und Wohlstand. Das Lächeln des Himmels, Sein Segen, kann aber auch zurückgezogen werden. Nämlich wenn Amerika sich von Gottes Wegen abkehren würde. Wenn es Seine ewigen Standards missachten würde. Dann finden Schutz und Wohlstand ein Ende. George Washington spricht eine Warnung aus: An dem Tag, an dem Amerika sich von Gott abwendet, wird Er beginnen, Seine Segnungen zurückzunehmen."

„Richtig", sagte der Prophet. „Diese Worte waren sehr prophetisch. Amerika war mehr als jede andere Nation mit Gottes Wohlwollen gesegnet. Doch der Tag kam, an dem die Nation jenen Weg einschlug, vor dem sie ausdrücklich gewarnt worden war."

„Sie missachtete *die ewigen Regeln von Recht und Ordnung, die der Himmel selbst eingesetzt hat.*"

„Ja", stimmte der Prophet zu. „Man verwarf diese ewigen Regeln. Die Warnung bewahrheitete sich: Das *Lächeln des Himmels* begann zu schwinden. Die Segnungen Gottes wurden zurückgezogen."

„Der 11. September ... Amerikas Schutz wurde entzogen. Die Wirtschaft brach zusammen. Der Wohlstand nahm ab."

„Die Segnungen wurden entzogen. Es traf genau jene Orte, die Bezug zum Tag der Vereidigung, dem Tag der Warnung, hatten. St. Paul's am Ground Zero – der Grund und Boden, auf dem die Nation Gott geweiht worden war. Und die New Yorker Börse an der Federal Hall. Der Zusammenbruch traf jenen Ort, an dem Amerikas Grundlage gelegt worden war. Den Grund und Boden, auf dem die Warnung ausgesprochen worden war."

„Die Statue von Washington", fiel mir auf, „befindet sich genau vor der New Yorker Börse. Sie ist ein Denkmal, ein Zeuge des Tages, an dem die Warnung gegeben wurde. Vor der New Yorker Börse, dem Symbol des amerikanischen Wohlstands. Sie stand dort auch am Tag des Börsencrashs!"

Der Grund und Boden des Geheimnisses

„Als stummer Zeuge. Das *Lächeln des Himmels* schwand."

Wir verließen den Hof und blieben am Tor stehen.

„Sehen Sie sich um, Nouriel", forderte mich der Prophet auf. Er deutete auf Ground Zero. „Als die Katastrophe eintraf, wurden all diese Gebäude rund um Ground Zero komplett oder zumindest stark zerstört. Alle Gebäude bis auf eines! Ein einziges Gebäude blieb von der Katastrophe praktisch verschont. Man sprach vom *Wunder des 11. September.*"

„Welches Gebäude?"

„Die Steinkirche, in der Amerika Gott geweiht worden war – St. Paul's Chapel. Ein weiterer stummer Zeuge, der die Nation auf ihr Fundament hinwies."

„Wie kam es", wunderte ich mich, „dass die Kirche verschont blieb?"

„Es gibt nur einen Grund", meinte er. „Einen Baum."

„Nicht etwa …"

„Die Sykomore. Doch. Die Sykomore von Ground Zero."

„Der Vorbote."

„Man geht davon aus, dass die Sykomore die Kapelle abgeschirmt hat. Sie hat sie vor der Macht der Implosion geschützt. Auch vor den umherfliegenden Trümmern der einstürzenden Türme."

„Der Vorbote bewahrte demnach die Kirche vor der Zerstörung?"

„Verwundert Sie das?"

„Ich weiß nicht."

„Der Zweck der Vorboten ist nicht, Amerika zum Gericht zu verdammen. Sie sollen es retten, warnen, wachrütteln. Sie sollen die Zerstörung abwenden. Der sechste Vorbote rettete die Kirche. Selbst eine Katastrophe kann demnach ein Ruf zur Erlösung sein."

Wir liefen wieder außen um den Kirchhof herum, am schmiedeeisernen Zaun entlang.

„In den Tagen nach 9/11 geschah etwas Merkwürdiges. Menschen aus der ganzen Stadt und aus dem ganzen Land zog es hierher. Zuerst die Helfer, die die Kirche für Notoperationen nutzten. Später kamen dann die anderen. Die Trauernden, die Verletzten, die Neugierigen. Die, die eine Antwort suchten. Die Kirche und ihr Grundstück wurden zum geistlichen Mittelpunkt der Katastrophe. Manche überquerten den Hof auf der Suche nach Trost. Andere betraten die Kirche. Dieser eiserne Zaun war über und über bedeckt mit Bildern, Botschaften und Glaubensobjekten. Eigentlich wusste keiner dieser Menschen, was sie anzog. Es hatte nichts mit dem zu tun, was in den Kirchenmauern stattfand. Auch nichts mit den Leuten, die dort ihre Funktion ausübten. Es hatte mit dem Ort selbst zu tun. An dem Ort war etwas. So kamen die Menschen hierher und beteten. Sie wussten nicht, dass sie auf demselben Grund und Boden beteten, auf dem auch die ersten Leiter der Nation gebetet hatten. An jenem Tag der prophetischen Warnung, die jetzt eingetroffen war."

„Ground Zero, die Federal Hall, die Kirche, die Vorboten ... Es ist so, als ob ..., als ob hinter allem das Wort *Umkehr* stünde!"

„Nicht *als ob*, Nouriel. Es *ist* das Wort hinter allem. Es ist das Wort der Propheten. In jedem Geheimnis, in jedem Vorboten ist eine Stimme zu hören. Eine rufende Stimme. Sie ruft die Nation zurück zu Gott: *Kehrt um!*"

Kapitel 20

Zukünftiges

את

Er führte mich über die Straße direkt zu Ground Zero. Das Areal war rundum abgesperrt, aber an einigen Stellen konnte man hineinsehen.

„Alles hier, Nouriel", erklärte der Prophet, „war mit Trümmern und heruntergefallenen Steinen bedeckt."

„*Ziegelsteine sind gefallen.*"

„Sehen Sie das da?"

„Das Gebäude?", fragte ich.

„Ja."

„Ist das der Tower?"

„Der Beginn des Towers", erwiderte er. „*Wir werden mit Quadern wiederaufbauen.*"

„Wo war der Quaderstein?"

„Da drüben", sagte er. „Dort hat man ihn heruntergelassen. Dort haben sie sich versammelt und ihre Schwüre geleistet."

„Wie geht es nun weiter?", wollte ich wissen. „Wenn die ersten Schritte so präzise dem alten Muster folgten, was ist mit dem letzten Schritt?"

„Als Israel weiter von Gott abfiel, setzte sich die Entwicklung zwangsmäßig fort. Genauso wird es Amerika ergehen."

„Das Gericht setzte sich fort."

„Die Warnungen und das Gericht setzten sich fort."

„Liegt das jetzt vor uns", fragte ich, „Warnungen und Gericht?"

„Und Zeiten der Gnade und Erleichterung."

„Wie in den Jahren nach dem 11. September."

„Ja. Und genau wie damals setzt sich die Entwicklung fort. Sichtbar oder unsichtbar, an der Oberfläche oder darunter. Die Stimme Gottes ruft weiter."

„Was ist, wenn die Nation nicht hört?", erkundigte ich mich.

„Dann drohen Katastrophen. In den Kommentaren zu Jesaja 9 steht Folgendes:

Was Gott plant, indem er uns straft, zielt darauf ab, dass wir uns zu ihm kehren und ihn suchen. Wenn dies nicht durch geringere Urteile erreicht wird, ist mit größeren zu rechnen ...[1]"

„Katastrophen", murmelte ich. „In welcher Form?"

„Sie könnten in Form von einer Wirtschaftskrise oder einer militärischen Niederlage kommen. Oder in Form von Chaos, Spaltungen oder einem Zusammenbruch der Infrastruktur. Das Unheil könnte menschengemacht oder als Naturkatastrophe daherkommen. Es könnte den Niedergang bedeuten. Oder gar den Untergang. Und wenn es sich um eine Nation handelt, die so sehr von Gott gesegnet war, dann werden ihr alle diese Segnungen entzogen."

„Wohlstand, Schutz, Frieden."

„Ja. Im Fall einer Nation, die unter den anderen Nationen eine herausragende Stellung einnimmt, setzt die Katastrophe dieser herausragenden Stellung ein Ende. Das Reich bricht zusammen. Die Krone wird ihr genommen."

„War der 11. September dann nur ein Vorschatten?", wollte ich wissen.

„Ja, und auch ein symbolischer Tag. Das World Trade Center hatte ja Symbolwert. Wofür stand es?"

„Für Amerikas finanzielle Stärke. Für Amerikas weltweit herausragende ökonomische Stellung."

„Was bedeutet dann der Zusammenbruch des WTC?"

„Er kündigt den Fall der finanziellen und wirtschaftlichen Macht Amerikas an."

„Richtig", bestätigte der Prophet, „den Fall des amerikanischen Imperiums, das Ende des amerikanischen Zeitalters.

Zukünftiges

Damit war der 11. September Warnung und Vorbote zugleich. Das Muster geht noch weiter, genau wie der Schwur in Jesaja 9,9 seine Frucht trägt. Der darauf folgende Vers zeugt davon."
„Jesaja 9,10."
„Erinnern Sie sich, was dort geschrieben steht?"
„Helfen Sie mir auf die Sprünge."
„Der Vers lautet:

Doch der HERR wird die Gegner, nämlich Rezin, über es erhöhen und seine Feinde aufstacheln.[2]

Das ist der Beginn der Zerstörung. Weiter heißt es:

Sie sollen Israel mit vollem Maul fressen.
Bei alledem hat sich sein Zorn nicht abgewandt;
seine Hand bleibt ausgestreckt ...
Das Land ist wie ausgebrannt ...
Was wollt ihr tun am Tag der Rechenschaft
und wenn der Sturm hereinbricht, der von ferne kommt?
Zu wem wollt ihr um Hilfe fliehen?[3]

Also, was bedeutet das?", wollte der Prophet von mir wissen.
„Hier wird die Zerstörung der Nation vorhergesagt", antwortete ich. „An Jesaja 9,9 schließt sich nahtlos die Vorhersage der Zerstörung an."
„Andersrum gesagt, rufen die Worte des Schwurs in Jesaja 9,9 tatsächlich die Zerstörung hervor."
„Wie bitte?"
„Der Schwur verleiht ihrer trotzigen Haltung Ausdruck. Aufgrund eben dieser stolzen Gesinnung machte die Nation schließlich und letztendlich einen fatalen Fehler: Sie erhoben sich gegen das Reich der Assyrer. Die Assyrer antworteten auf diese Herausforderung mit einer erneuten Invasion. Diesmal war es aber keine Warnung mehr."
„Sondern nur noch Zerstörung?"
„Richtig. Die Belagerung dauerte drei Jahre lang. Dann, im Jahr 722 v. Chr., brach die Verteidigung zusammen. Das Königreich Israel verschwand von der Bildfläche."

„Der erste Angriff – mit seinen fallenden Ziegelsteinen und abgehauenen Maulbeerbäumen – war demnach nur der Vorbote eines noch größeren Gerichts."

„Er war Warnung und Vorbote zugleich."

„Musste das, was kommen musste, wirklich eintreffen?", bohrte ich nach.

„Ihre Frage ist ein Widerspruch in sich", antwortete er.

„War es unwiderruflich? Ist es nicht möglich, dass Gott trotz allem gnädig gewesen wäre?"

„Trotz allem gnädig? Nouriel, verstehen Sie Ihn immer noch nicht? Es ist Gottes Wille, dass kein Mensch verloren geht. Gericht entspricht nicht Seinem Wunsch. Aber es ist eine Notwendigkeit. Das Gute muss das Böse beenden, andernfalls wäre es nicht mehr gut. Dennoch ist Gottes Barmherzigkeit immer noch größer als Gericht. Vom Herzen her möchte Er immer Rettung bringen. Und darin liegt die Hoffnung."

„Die Hoffnung für Amerika?", fragte ich.

„Sodom war eine Stadt der Korruption und Gewalt, voller Unmoral und Verderbtheit. Nichtsdestotrotz gab es noch Hoffnung. Gott hätte die gesamte Stadt verschont, wenn sich darin nur zehn Gerechte gefunden hätten."

„Aber Sodom wurde zerstört."

„Weil es dort nicht einmal zehn Gerechte gab", entgegnete er. „Nehmen wir das Königreich Juda, ein Königreich, das Gott gekannt hatte. Es war jedoch sehr tief gefallen. Überall im Land standen Altäre für fremde Götter. Das Blut von Kindern floss darauf. Das Gericht über Juda war bereits angeordnet. Doch dann kam ein Gerechter namens Josia auf den Thron. König Josia versuchte, den geistlichen Niedergang umzukehren. Er verbot die heidnischen Praktiken, zerstörte die Götzenbilder, zerschmetterte die Altäre und bemühte sich, die Nation wieder zu Gott zurückzuführen."

„Dann fand das Gericht also *nicht* statt?", fragte ich.

„Doch", erwiderte er, „es fand statt."

„Aber ich dachte ..."

Zukünftiges

„Es fand statt, weil die Nation ihren Kurs niemals wirklich änderte. Nach Josias Tod ging es geistlich wieder bergab. Aber solange Josia lebte, war das Gericht ausgesetzt."

„Gericht kann folglich verzögert werden."

„Ja, selbst wegen eines einzigen Menschen. Dann war da noch Ninive, die große assyrische Stadt."

„Im Reich der Assyrer?"

„Im erbarmungslosen, stolzen, brutalen Reich der Assyrer. Das Urteil über Ninive war ebenfalls gefällt. Gott rief den Propheten Jona. Er sollte nach Ninive zu gehen und die kommende Zerstörung verkündigen. Jona tat jedoch alles, um diesem Auftrag zu entkommen."

„Weil er der Stadt nicht Gericht ankündigen wollte?"

„Nein", meinte der Prophet. „Weil er nicht wollte, dass sie gerettet werden würde. Er wusste, dass Gottes Wille nicht Gericht, sondern Errettung war. Er kannte Seine Barmherzigkeit."

„Schließlich ging er doch dorthin."

„Mit etwas Überredung."

„Und dann?"

„Die Menschen von Ninive nahmen die prophetische Warnung an. Die Mächtigen riefen alle Bewohner der Stadt zur Buße auf. Alle sollten beten und Gott um Erbarmen bitten."

„Wie ging es aus?"

„Gott erhörte ihre Gebete. Das Gericht wurde abgewendet."

„Aber es war doch schon beschlossen und verkündet", wunderte ich mich. „Wie konnte es dann ausgesetzt werden?"

„Finden Sie das wirklich beunruhigend, Nouriel? Dass Tausende Menschenleben gerettet wurden und deshalb ein angekündigtes Gericht ausgesetzt wurde? Sie sehen, es ist der Mensch, der Gericht möchte, nicht Gott. Gottes Herz möchte immer Heil und Errettung. Seine Liebe ist viel größer als Seine Gerichte."

„Wie lange", fragte ich, „dauerte es von Jesaja 9,9, bis das Gericht über die Nation eintraf? Wie viel Zeit lag zwischen der ersten assyrischen Invasion und der Zerstörung Israels?"

"Etwa zehn Jahre", antwortete er.

"Was war eigentlich mit dem Südreich Juda? Folgte es demselben Muster: Ein erster Angriff, ein Vorbote und dann die Zerstörung?"

"Ja, so erging es ihm. Erst kam die erste Invasion im Jahr 605 v. Chr., in ihrem Fall durch die Babylonier. Später kehrte dieselbe Armee zurück, um das Land, die Stadt und den Tempel zu zerstören."

"Wann war das?", wollte ich wissen.

"586 v. Chr."

"Vom ersten feindlichen Einfall bis zur Zerstörung vergingen etwa zwanzig Jahre."

"Ja. Eine Formel gibt es allerdings nicht", erwiderte er. "Jeder Fall ist einzigartig."

"Aber man kann ein Muster erkennen."

"Ein Muster, ja, aber jeder Fall ist anders."

"Israel ist also gewarnt, kehrt aber nicht um und wird zerstört. Sodom hätte um zehn Gerechter willen gerettet werden können. Doch es gab nicht einmal zehn und die Stadt wurde zerstört. Das Gericht über Juda ist beschlossene Sache, wird aber für eine gewisse Zeit zurückgehalten wegen eines gerechten Königs. Und Ninive hört das Urteil aus dem Mund eines Propheten, der noch nicht einmal wollte, dass die Stadt Buße tut. Sie tut es dennoch und das Gericht wird abgewendet."

"Ganz richtig."

"Nun, welcher dieser Fälle entspricht Amerika?"

"Amerika ist ein eigener Fall", sagte er. "Solange wir noch Luft zum Atmen haben und solange Gott barmherzig ist, gibt es Hoffnung. Die Hoffnung der Nation ist jedoch abhängig ..."

"Von?"

"Von ihrer Antwort auf Gottes Rufen."

"Ruft Gott Amerika immer noch?"

"Ja."

"Wie lautet die Botschaft?"

"Die Botschaft kennen Sie."

Zukünftiges

„Das gnädige Lächeln des Himmels über einer Nation schwindet, wenn diese die Wege Gottes kontinuierlich missachtet. Falls sich Amerika von Gott abwendet, werden Seine Segnungen entzogen und durch Gericht ersetzt werden."

„Nicht *falls*", sagte der Prophet.

„Nicht *falls?*", fragte ich.

„Nicht ‚*falls sich Amerika von Gott abwendet*'", sagte er. „Es hat sich ja schon von ihm entfernt. Wie lautet demnach die Botschaft?"

„Kehrt um?"

„Ja", sagte der Prophet. „Die Botschaft ist Umkehr."

„Wie kann eine Nation zu Gott umkehren?"

„Sie lasen nie die Botschaft auf dem Papier?"

„In meinem Traum?"

„In Ihrem Traum, ja."

„Nein, ich wachte auf. Es war eine Botschaft Washingtons. Sie beinhaltete die Warnung an die Nation, wenn sie die ewigen Gesetze des Himmels missachten würde."

„Genau", erwiderte er. „Das ist ein Teil der Botschaft. In Ihrem Traum kam jedoch nicht nur Washington vor. Es bestand eine Verbindung zwischen Washington und König Salomo."

„Nun?"

„Die Botschaft ist eine zweifache. Sie enthält noch einen anderen Teil. Ein anderes prophetisches Wort, diesmal von König Salomo."

„Von König Salomo – an Amerika?"

„An eine Nation, die sich von Gott abgewandt hat. An die Nation, der *das Lächeln des Himmels* entzogen wurde."

„Dieses Wort erging während der Tempelweihe?", erkundigte ich mich.

„Als die Weihe zu Ende war", antwortete er. „Gott erschien Salomo in der Nacht. Er gab ihm ein Wort als Antwort auf seine Gebete auf dem Tempelberg."

„Die Gebete, die er betreffs der Zukunft der Nation gesprochen hatte. Für den Tag, an dem sie von Gott abfallen würde und für die daraus resultierende Katastrophe."

„Richtig. Und jetzt gab Gott Salomo die Antwort auf sein Gebet. Die Antwort erging an eine Nation, auf die der Schatten des Gerichts bereits gefallen war. *Jetzt ergeht diese Botschaft an Amerika.*"

Daraufhin reichte mir der Prophet eine Bibel, eine kleine, schwarze Bibel, schmal genug für die Hosentasche.

„Schlagen Sie 2. Chronik auf. Kapitel 7, Vers 14", forderte er mich auf. „Lesen Sie bitte."

Ich öffnete die Bibel und las die Worte laut vor:

„Wenn mein Volk, über dem mein Name ausgerufen ist, sich demütigt und wenn sie beten und mein Angesicht suchen und von ihren bösen Wegen umkehren, dann werde ich vom Himmel her hören und ihre Sünden vergeben und ihr Land heilen.[4]"

„Das ist das Wort, Nouriel. Das ist das Wort, das für Amerika bestimmt ist."

„Wenn mein Volk", zitierte ich. „Wer ist ‚*mein Volk*'?"

„Als es Salomo gegeben wurde, bezog sich ‚*mein Volk*' auf die Nation als Ganzes. Und insbesondere auf diejenigen, die wirklich Volk Gottes genannt werden konnten, weil sie Seinen Wegen folgten."

„Was bedeutet es, wenn es heute auf Amerika angewendet wird?"

„Es ist der Ruf Gottes an eine Nation, die einst Seinen Absichten geweiht worden war, jetzt aber von Seinem Willen abgefallen ist. Es ist der Ruf Gottes zur Umkehr."

„Ein Ruf an die, die Seinen Wegen folgen. An die Gläubigen?"

„Genau."

„Warum sollten Gläubige umkehren müssen?", wunderte ich mich.

„Der Ruf zur Buße gilt Gerechten und Ungerechten gleichermaßen. Denen, die Gott gehorchen, und denen, die es nicht tun. Die Gerechten sind berufen Licht zu sein. Wären sie es gewesen, wäre die Nation niemals so weit abgefallen."

„Meinen Sie Israel oder Amerika?"

Zukünftiges

„Beide."
„Sich demütigt ... Eine ganze Nation soll sich demütigen?"
„So wie Ninive es tat und gerettet wurde."
„Und betet und mein Angesicht sucht."
„Die Vereinigten Staaten waren auf Gebet gegründet worden. Die Abschaffung des Gebets im öffentlichen Leben ist deshalb ein zentraler Punkt ihres Abfalls von Gott. Eine Nation, die sich vom Gebet abkehrt, wird schließlich in eine Lage kommen, wo sie es dringend nötig hat. Die Katastrophe warf Amerika wieder zurück auf die Grundlage seiner Weihung. Die Nation wurde gerufen, im Gebet zu Gott zurückzukehren."

„Ist das in gewisser Weise nicht geschehen? Nach den Anschlägen vom 11. September waren die Gotteshäuser im ganzen Land voller Menschen."

„Im Angesicht der Katastrophe kurzzeitig Trost suchen ... Das hat nichts mit Gebet zu tun. Auch nicht mit der nötigen Veränderung, um das Gericht über einer Nation abzuwenden. Und ‚Gott segne Amerika' zu sagen, hat ebenso wenig damit zu tun, Sein Angesicht zu suchen."

„Wie sucht man Sein Angesicht?", wollte ich wissen.

„Mit Ernsthaftigkeit. Man muss sich von allem anderen abwenden, von jeder anderen Beschäftigung."

„Und von ihren bösen Wegen abwenden."

„Ja", sagte der Prophet, „das ist der springende Punkt – Buße. Bei all dem ‚Gott segne Amerika'-Gerede nach 9/11 fehlte es in erster Linie an Buße. Ohne Buße ist alles andere nichtig. Amerika muss sich dem Ausmaß seines moralischen und geistlichen Niedergangs stellen. Dem Verfall seiner Kultur, seinen vielen Götzen, seiner immer tiefer reichenden Unmoral."

„Den Götzen?"

„Fleischlichkeit, Unreinheit, Gier, Materialismus, Eitelkeit, Selbstbesessenheit. Die Altäre sind bedeckt mit dem Blut von Unschuldigen. Ohne Kursänderung wird es kein anderes Ende geben. Nur durch Buße ist das Gericht abzuwenden. Nur durch eine wirkliche Abwendung von der Finsternis und Hinwendung zum Licht."

„Aber was ist mit jenen, die mit Seinem Namen genannt sind", fragte ich, „den Gläubigen? Müssen sie auch Buße tun?"

„Sie müssen die *Ersten* sein, die Buße tun."

„Worüber?"

„Über ihre Gleichgültigkeit, ihre Bequemlichkeit. Über ihre Kompromisse mit der Finsternis. Ihre Versäumnisse. Götzendienst. Über ihre geheimen Sünden. Darüber, dass sie das Leben zurückhalten und ihre Berufung nicht erfüllen."

„Ihre Berufung?"

„Das Licht der Welt zu sein."

„Und wenn es *doch* zur Umkehr kommt?", fragte ich.

„Dann wird Gott vom Himmel her hören und ihre Sünden vergeben und ihr Land heilen."

„Ist das mit Sicherheit so?"

„Mit Sicherheit. Seine Liebe ist sicher. Sein Erbarmen ist sicher. Er steht mit offenen Armen da. Seine Barmherzigkeit hat kein Ende. Jede Sünde und mag sie noch so groß sein, vermag Seine alles übersteigende Liebe nicht auszulöschen."

„Wie wird es also für Amerika enden", überlegte ich. „Mit Gericht oder Errettung?"

„Die Frage nach dem Ende ...", meinte er.

„Was wird das Ende sein?", bohrte ich nach. „Gericht oder Errettung?"

„Oder Errettung aus Gericht geboren", erwiderte er. „Was hält die Zukunft bereit? Was erwartet Amerika? Drei Wörter, Nouriel. Es hängt alles von drei Wörtern ab: *Wenn mein Volk ...!*"

„Die Zukunft einer Nation ruht auf drei Wörtern."

„Sogar nur auf einem", sagte der Prophet.

„Die Zukunft der Nation ruht auf einem einzigen Wort?"

„*Wenn.*"

„Unsere Zeit ist fast um", bemerkte er.

„Die Zeit unserer Begegnung?"

Zukünftiges

„Unsere gemeinsame Zeit, die Zeit des Mitteilens. Wir sind am Ende der Frage angelangt."
„Der Frage?"
„Der Frage nach dem Ende."
„Was bleibt dann noch?", erkundigte ich mich.
„Das, was danach kommt."
„Nach dem Ende?"
„Nach dem Ende."
„Wie kann etwas nach dem Ende kommen?", wunderte ich mich. „Wenn das möglich wäre, wäre das Ende ja nicht das Ende."
„Vielleicht ist es das auch nicht."
„Aber dann ..."
„Kommen Sie."

Kapitel 21

Die Ewigkeit

את

„Von Ground Zero aus führte er mich zum Fluss. Es war nur ein kurzer Fußweg."
„Sie befanden sich also auf der Westseite", bemerkte Ana, „am Hudson. Genau dort, wo Sie ihn zum ersten Mal gesehen hatten."
„Ja, genau, am Hudson", bestätigte er. „Nur, dass unsere erste Begegnung viel weiter flussaufwärts stattgefunden hatte."
„Jetzt waren Sie am unteren Westufer. Wollte er Ihnen dort irgendetwas Wichtiges zeigen?"
„Nein. Ich denke, er wollte mich einfach von allem anderen wegbringen, von jeder Ablenkung. Inzwischen war es später Nachmittag geworden. Im Wasser spiegelte sich das goldfarbene Licht. Angesichts der Umgebung schien seine Frage unpassend."

„Was werden Sie am Tag des Gerichts tun?", fragte er.
„Sie verstehen es wirklich, einen schönen Moment kaputtzumachen", erwiderte ich. „Was ich tun werde?"
„*Was wollt ihr tun am Tag der Rechenschaft und wenn der Sturm hereinbricht?*' Die Worte stammen aus der Prophetie. Jesaja 9,9 führt direkt darauf zu. Das ist die Frage, die der Herr dem Volk Israel vor der endgültigen Katastrophe stellte."
„Eine schwierige Frage. Die Situation muss beängstigend gewesen sein, hätte man damals gelebt, – angesichts dessen, was noch kommen sollte."

Die Ewigkeit

„Und wenn Sie jemand gewesen wären, der damals gelebt hätte, Nouriel? Der in den Schuhen der Israeliten gesteckt hätte? Was, wenn tatsächlich *Sie* derjenige gewesen wären, der die Stimme der Propheten gehört und die Vorboten verstanden hätte? Der gewusst hätte, dass das Gericht kommt? Und alle um Sie herum wären dieser Entwicklung gegenüber blind. Alle hätten ihr Leben einfach weiter gelebt und hätten keine Ahnung davon gehabt, was auf sie zukommen sollte: Was hätten Sie dann getan?"

„Ich hätte gewollt, dass die Leute davon erfahren und dass sie gerettet worden wären. Ich hätte es ihnen gesagt."

„Aber wer hätte auf Sie gehört? Wer hätte Ihre Warnung ernstgenommen? Und wie wäre es um Ihre eigene Situation bestellt gewesen? Eine Nation bewegt sich auf das Gericht zu. Sie sind Teil dieser Nation. Wie retten Sie sich selbst? Was tun *Sie* am Tag des Gerichts? Wohin gehen Sie, um Sicherheit zu finden?"

„Raus aus dem Land, schätze ich."

„Gericht ist keine Frage der Geografie. Es ist egal, wo Sie sind. Kein Ort ist weit genug weg. Keine Zufluchtsstätte bietet ausreichend Sicherheit."

„Nun, was hätte ich getan?"

„Der Grund, warum ich das frage, ist der folgende: Sie *leben* in solch einer Zeit und an solch einem Ort. Sie *haben* die Stimme der Propheten gehört und Sie *verstehen* die Vorboten. Sie wissen, was sie bedeuten. Es ist keine hypothetische Frage. Sie lautet noch nicht einmal: Was *würden* Sie tun? Was *werden* Sie tun? Sondern: Was werden Sie, Nouriel, am Tage des Gerichts tun?"

„Am Tag des Gerichts über einer Nation?"

„Am Tag *Ihres* Gerichts", verbesserte der Prophet. „Was, wenn Sie damals dazugehört hätten, und Sie wären gestorben, bevor die Nation gerichtet worden wäre. Was dann?"

„Was dann?"

„Wären Sie damit dem Gericht entkommen?"

„Ja", erwiderte ich.

„Nein, das wären Sie nicht. Bei Gericht geht es letztlich nicht um Nationen, sondern um Menschen. Wie geschrieben steht: ‚Gewiss ist es den Menschen bestimmt einmal zu sterben, danach aber das Gericht.'[1] Nach dem Ende kommt der Tag des Gerichts. Alle anderen Gerichte sind nur ein Vorschatten davon. Niemand ist ausgenommen. Jeder muss vor Gott stehen."

„Warum?"

„Warum Gericht?"

„Ja."

„Es muss sein. Solange es das Böse gibt, muss es Gericht geben. Jede Sünde, alles Unrecht, alles Böse muss enden. Sonst gäbe es keine Hoffnung."

„Ohne Gericht gäbe es keine Hoffnung?", hakte ich nach.

„Ohne Gericht nähme das Böse im Universum – und im Herzen der Menschen – kein Ende. Es gäbe keinen Himmel."

„Warum sollte es keinen Himmel geben?"

Er wandte sich ab und sah in das Licht der untergehenden Sonne, bevor er weitersprach. „Weil der Himmel dann voller Absperrungen und Gefängnisse wäre, voller Hass, Gewalt, Angst und Zerstörung. Der Himmel wäre nicht länger der Himmel. Nein, er wäre eher die Hölle. Aber es gibt einen Himmel, und es gibt eine Zeit und einen Ort, wo kein Kummer mehr sein wird, kein Hass, kein Geschrei, keine Tränen und kein Schmerz. Es muss ein Gericht geben. Das Böse muss enden – und dahinter liegt der Himmel."

„Mit anderen Worten, wenn das Böse in den Himmel käme, wäre der Himmel nicht länger der Himmel, weil er Böses in sich hätte."

„Ja", antwortete er. „Nouriel, wer ist böse?"

„Wer tötet, wer verführt, wer stiehlt, wer andere verletzt oder missbraucht."

„Ist das alles?", fragte er.

„Ich bin mir sicher, dass es noch andere Kategorien gibt."

„Und wie sieht es mit Ihnen aus, Nouriel? Fallen Sie in eine dieser Kategorien?"

„Nein."

Die Ewigkeit

„Nein", erwiderte er. „Nein, das tun Sie nicht. Aber vergessen Sie nicht: ‚*Jeder Weg eines Menschen ist recht in seinen Augen.*‘² Das steht im Buch der Sprüche. Es ist die menschliche Natur. Hüten Sie sich also vor dem Bild, das Sie selbst von sich haben. Nehmen Sie sich vor dem ‚guten Nazi‘ in Acht."

„*Dem guten Nazi?* Was soll das denn heißen?"

„Aus reinem Hass und reiner Bosheit schickten die Nazis Millionen in den Tod. Können Sie sich ein Volk vorstellen, das noch böser ist? Dennoch: Denken Sie, die meisten Nazis hielten sich selbst für böse?"

„Nein."

„Und warum nicht?", fragte er. „Weil sie sich verglichen und sich an den Standards maßen, die sie selbst erfanden. Jeder war in seinen eigenen Augen ein guter Nazi, ein moralischer Nazi, ein vernünftiger, ein religiöser Nazi. Zumindest ein Nazi, der nicht schlimmer war als alle anderen. Sie sahen sich mit ihren eigenen Augen und wurden dabei blind. Aber ihr Gericht kam in Form von Zerstörung, und ihre Sünden wurden vor der ganzen Welt offengelegt."

„Aber zwischen den Nazis und den meisten Leuten besteht ein himmelweiter Unterschied."

„Das Prinzip ist dasselbe. Niemand kann sich selbst richten, indem er sich an seinen eigenen Standards und seiner eigener Gerechtigkeit misst. Man kann sich immer nur im Licht von Gottes Gerechtigkeit messen."

„Und wie bestehen wir im Licht Seiner Gerechtigkeit?"

„Welche moralische Distanz ist größer: Der Abstand, der uns von dem schlimmsten Nazi trennt, oder der, der uns von Gott trennt?"

„Ich nehme an, der, der uns von Gott trennt."

„Das ist richtig, denn im ersten Fall ist der Abstand endlich. Aber die zweite Distanz ist unendlich. Was wir also in uns selbst als allergeringste Sünde ansehen, ist in den Augen dessen, der die absolute Güte ist, noch scheußlicher, als die Verbrechen der Nazis uns erscheinen. Im Licht des absoluten Guten gilt unser Begehren als Ehebruch und unser Hass als Mord."

„Aber wie können wir dann je bestehen?", rief ich aus. „Wer kann überhaupt in den Himmel kommen?"

„Niemand kann bestehen. Niemand kann es in den Himmel schaffen. Wie weit von der unendlichen Gerechtigkeit Gottes würde Sie bereits eine einzige Sünde entfernen?"

„In – unendliche Ferne?"

„Richtig. Wie weit sind wir also vom Himmel entfernt?"

„Unendlich weit."

„Und wie groß ist das Gericht?"

„Unendlich groß."

„Wie lang würden wir brauchen, um den Abgrund zu überbrücken? Um mit Gott versöhnt zu werden, um in den Himmel zu kommen?"

„Unendlich lange."

„Ewig", sagte der Prophet.

„Mit anderen Worten: Wir können niemals dorthin kommen, nicht wahr?"

„Unendlich getrennt zu sein von Gott und dem Himmel ... Was ist das?", fragte er.

„Ist das die Hölle?"

„Hölle, – die unendliche Trennung von Gott und von allem, was gut ist. Das totale, unendliche, ewige Verurteiltsein."

„Sterben wir nicht einfach nur?"

„Die Seele ist ewig", erklärte er. „So oder so werden Sie weiter existieren, auch nach tausenden Zeitaltern noch. Die Frage ist, *wo*. Man kann sich nicht vorstellen, welche Freude und Herrlichkeit ein Leben mit Gott im Himmel bedeutet. Und genauso wenig die Finsternis und den Horror eines Daseins in Seiner Abwesenheit, ewig ohne Ihn zu sein, in der Hölle."

„Das heißt, wir stecken in einer viel gravierenderen Lage als eine Nation, die gerade gerichtet wird."

„Die Aussicht, ohne Gott in die Ewigkeit zu gehen, auf der falschen Seite eines unendlichen Gerichts zu stehen, ist weitaus gravierender als das Gericht über irgendeiner Nation, – unendlich viel gravierender. Nationen existieren eine Zeit lang. Die

Die Ewigkeit

Seele ist ewig. Also, Nouriel, ich frage Sie noch einmal: Was werden Sie am Tag des Gerichts tun?"

„Sagen Sie es mir."

„Wenn Sie einen unendlich großen Abgrund und ein unendlich großes Problem haben, was brauchen Sie dann?"

„Eine unendlich große Antwort?"

„Das bedeutet, dass die Antwort nicht von Ihnen selbst oder von dieser Welt kommen kann. Sie kann nur von dem Unendlichen kommen, vom Himmel, von Gott. Das heißt, dass alles ausgeschlossen ist, was auf menschlichen Bemühungen basiert, jede Art von Antwort, jegliche Ideologie, jegliches System."

„Was die meisten Antworten ausschließt", sagte ich.

„Was *alle* Antworten ausschließt", verbesserte er, „alle Antworten, die darauf basieren, dass der Mensch versucht, zu Gott zu kommen, dass der Mensch dem Himmel seine Hand reicht. Die Antwort kann nur auf umgekehrtem Weg erfolgen: Vom Unendlichen zum Endlichen, vom Himmel zur Erde, – von Gott zum Menschen."

„Eine Hand, die vom Himmel herabreicht?"

„Genau. Und was könnte als Einziges die Antwort auf unendliche Verurteilung sein?"

„Endlose Gnade?"

„Ja, die endlose Gnade aus unendlicher Liebe. Und was könnte einzig und allein eine unendliche Abwesenheit ausfüllen?"

„Eine unendliche Gegenwart."

„Die unendliche Gegenwart der unendlichen Liebe."

Nachdem er das gesagt hatte, schwieg er eine Weile und wandte sich dann von der Sonne und dem Wasser ab. Er sah mir direkt in die Augen und ergriff noch einmal das Wort.

„Nouriel, wussten Sie, dass ein Teil des World Trade Centers immer noch steht?"

„Nein, das habe ich noch nie gehört."

„Ein Teil des World Trade Centers steht bis zum heutigen Tag in dieser Stadt."

"Wie, auf welche Weise?"

"Als Zeichen", erwiderte er. „Als ein buchstäbliches Zeichen."

„Ich verstehe nicht."

„Am dritten Tag nach der Katastrophe stand ein Bauarbeiter in den Ruinen eines der zerstörten Gebäude. Als er aufblickte, sah er es."

„Das Zeichen?"

„Das Zeichen – unverwechselbar, blendend, geschmiedet nicht von Menschenhand, sondern von der Kraft der Katastrophe. Ein Kreuz, ein perfekt gebildetes Kreuz, sechs Meter hoch, aus den gusseisernen Balken der zusammengestürzten Türme geformt. Es stand mitten in der Landschaft der Verwüstung, wie aus den Ruinen auferstanden. Der Mann musste weinen, als er es sah. In den folgenden Tagen und Wochen wurde es als das *Ground Zero-Kreuz* bekannt. Es galt als ein Zeichen des Glaubens und der Hoffnung inmitten der Katastrophe. Es war ein Zeichen, das die Nation erneut zur Umkehr aufrief. Aber nicht nur die Nation: Es war und ist ein Zeichen, das jeden Einzelnen zur Umkehr aufruft."

„Ist das die Antwort, von der Sie sprachen?"

„Die Antwort auf Gericht. Denn was alleine kann die Antwort auf eine unendliche Verurteilung sein und einen unendlichen Abgrund überbrücken?"

„Eine unendliche Liebe", wiederholte ich seine Worte. „Die unendliche Gegenwart einer unendlichen Liebe."

„Des Unendlichen", ergänzte er.

„Sie meinen Gott."

„Gott."

„Aber Sie haben nicht ein einziges Mal Religion erwähnt."

„Weil es nicht um Religion geht. Es geht um Liebe. Das ist die Bedeutung des Zeichens, die Überwindung der unendlichen Verurteilung durch die unendliche Liebe."

„Die Liebe Gottes."

„Die Liebe Gottes. Denn Gott ist Liebe. Was ist das Wesen der Liebe?"

„Ist es Geben?", überlegte ich.

Die Ewigkeit

„Ja, richtig. Selbstloses Geben, die Stelle des Anderen einnehmen, selbst wenn das bedeutet, sich selbst zu opfern. Wenn Gott also Liebe ist, was wäre dann die ultimative Manifestation von Liebe?"

„Ich weiß es nicht."

„Dass Er sich selbst geben würde. Gott gäbe sich hin, um das Urteil der Menschen, die unter Gericht stehen, zu tragen, wenn Er sie dadurch retten könnte. Liebe versetzt sich an die Stelle des Anderen. Die ultimative Manifestation der Liebe wäre dann ..."

„Dass Gott unsere Stellung einnehmen würde."

„In unserem Leben, in unserem Tod, in unserer Verurteilung. Ein Opfer."

„Wie bei Jesus."

„Es war ein unendlich großes Opfer", bestätigte der Prophet, „dass er die unendliche Verurteilung auf sich nahm. Und so annullierte er sämtliche Sünden, sodass alle, die daran teilhaben, Freisetzung, Vergebung und Errettung erfahren. Eine unendliche Erlösung, in der Gericht und Tod überwunden werden und ein neues Leben geschenkt wird. Ein Neuanfang, eine Neugeburt. Die Liebe Gottes ist größer als Gericht. Denken Sie daran: Jede Sünde und mag sie noch so groß sein, vermag Seine alles übersteigende Liebe nicht auszulöschen. Keine Sünde ist so tief, dass Seine Liebe nicht tiefer wäre. Kein Leben ist so ohne Hoffnung, keine Seele so weit entfernt, keine Finsternis so dunkel, dass Seine Liebe nicht noch größer wäre."

„Das klingt alles so ... Ich bin nicht in einer religiösen Familie geboren. Ich wurde nicht so erzogen. Ich bin nicht religiös."

„Es hat nichts mit religiös sein zu tun", warf er ein. „Im Himmel gibt es keine Religion, nur Liebe. Es geht um das Herz, Nouriel. Und überhaupt, in diese Dinge hätten Sie gar nicht hineingeboren werden können, nur *wieder*geboren. Und das kann nicht geschehen ohne Ihre eigene Entscheidung."

„Wiedergeboren zu werden?"

„Ja. Kennen Sie Seinen wirklichen Namen?"

„Den Namen von Jesus?"

„Ja."

„Ich dachte, Jesus *wäre* Sein wirklicher Name."

„Sein wirklicher Name ist *Jeschua*. Das ist Hebräisch. Er war Jude, ebenso wie Seine Jünger, und in der Botschaft, die sie verkündeten, ging es nur um den jüdischen Messias, die Erfüllung der hebräischen Schriften, die Hoffnung Israels. *Jeschua* ist das hebräische Wort für *Gott ist Erlösung* oder *Gott ist Befreiung, Schutz, Rettung, Freiheit, Zuflucht* und *Sicherheit*. Am Tage des Gerichts gibt es keine Sicherheit, keine Rettung, außer in Ihm, der Rettung *ist*."

„Wie wird man gerettet?"

„*‚Wenn jemand nicht von Neuem geboren wird, kann er das Reich Gottes nicht sehen.'*[3] Das sind *Seine* Worte."

„Und wie wird man wiedergeboren?"

„Durch Empfangen. Durch Loslassen. Das alte Leben beenden und ein neues beginnen. Durch eine Entscheidung! Dadurch, dass man das eigene Herz öffnet, um das zu empfangen, was alles übersteigt. Die Gegenwart Gottes, Seine Barmherzigkeit, Vergebung, Reinigung, die unendliche Liebe Gottes."

„*Empfangen* ... Was genau empfängt man?"

„Die Gabe, umsonst gegeben und umsonst empfangen. Und dennoch eine so große Gabe, dass sie mehr als das Leben selbst wert ist. Eine so gewaltige Gabe, dass sie alles andere verändert."

„Was ist die Gabe?"

„Wenn Gott Liebe ist und Liebe ein Geschenk, eine Gabe, dann sind der Geber und die Gabe eins."

„Dann ist die Gabe Gott?"

„Am Anfang der Errettung steht, dass Gott Sein Leben *gibt*. Ihre Vollendung findet sie darin, dass wir Sein Leben *empfangen*. Denken Sie an Braut und Bräutigam."

„Braut und Bräutigam?"

„Der Bräutigam gibt alles, was er hat, für die Braut, sein ganzes Leben. Die Braut muss es gleichtun. Er ruft sie. Wenn sie *Ja* sagt, gehört alles, was Er hat, ihr, und alles, was sie

Die Ewigkeit

hat, Ihm. Ihre Lasten werden Seine Lasten. Ihre Sünden werden Seine Sünden. Er gehört ihr und sie wird Sein. Sie lässt ihr altes Leben hinter sich, um ein neues an der Seite ihres Geliebten zu beginnen. Wo immer Er hingeht, wird sie Ihm folgen und wo sie auch wohnt, Er lässt sie nie zurück. Er liebt sie mit all Seinem Sein, so wie sie Ihn auch liebt. Der Eine lebt für den Anderen, und der Andere für den Einen. Die zwei werden eins."

„Der Bräutigam ist also ..."

„Gott."

„Und die Braut ist ..."

„Wer Ihn empfängt."

„Hört sich wunderschön an", gestand ich.

„Es *ist* wunderschön! Das Schönste, was man in diesem Erdenleben jemals finden, kennen oder haben kann."

„Es ist eine Liebesgeschichte."

„Eigentlich hat es genau das schon immer sein sollen: Eine Liebesgeschichte."

„Eine Ehe."

„Ja, eine ewige Ehe, für die wir alle geboren wurden. Niemand sollte aus ihr ausgeschlossen sein, damit niemand allein in die Ewigkeit geht."

„Und sie beginnt ..."

„Sie beginnt mit dem Empfangen, mit dem Öffnen des eigenen Herzens, mit der Abkehr von der Finsternis und der Hinwendung zum Licht. Sie beginnt, indem man sich selbst gibt, indem man sein Leben loslässt. Sie beginnt mit einem Liebesschwur, einem Gebet, einer Entscheidung, einem totalen und bedingungslosen Ja."

„Wo findet das statt?"

„Irgendwo, allein oder mit anderen zusammen, wo immer man ist. Es ist egal, wo es geschieht, weil es im Herzen stattfindet."

„Und jederzeit?"

„Nein, Nouriel", antwortete er. „Nicht jederzeit. Es findet nur an *einem* Zeitpunkt statt."

„Welchem Zeitpunkt?"

„*Jetzt*", sagte der Prophet. „Jetzt ist der einzige Zeitpunkt, an dem es geschehen kann. Wie geschrieben steht: ‚Heute ist der Tag der Rettung.'[4] Niemals morgen, immer nur jetzt."

„Aber wenn wir uns morgen unterhalten würden, dann könnte es doch immer noch geschehen."

„Ja, aber nur, wenn ‚dann' zu ‚jetzt' geworden ist und ‚morgen' zu ‚heute'. Nur sind Sie dann vielleicht nicht da."

„Warum sollte ich nicht da sein?"

„Was meinen Sie, Nouriel: Wie weit sind Sie von der Ewigkeit entfernt?"

„Woher um alles in der Welt sollte ich das wissen?"

„Doch, das können Sie wissen", beharrte er.

„Nun, wie lautet die Antwort darauf?", wunderte ich mich. „Wie weit bin ich von der Ewigkeit entfernt?"

„Einen Herzschlag", antwortete er, „einen Herzschlag. Das ist es. Das ist alles. Sie sind nur einen Herzschlag von der Ewigkeit entfernt. Alles, was Sie haben – Ihr Leben, Ihr Atem, dieser Augenblick – alles ist geliehen. Alles ist ein Geschenk. Und all das kann jeden Moment vorbei sein, mit einem Herzschlag. Ein einziger Herzschlag, und es bleibt keine Zeit mehr. Ein Herzschlag, und die Chance, errettet zu werden, ist vorüber. Ein Herzschlag, und man hat keine Wahl mehr, alles ist versiegelt für das ewige Leben oder den ewigen Tod."

„Aber wenn ich mich nicht entscheiden würde?"

„Dann hätten Sie sich schon entschieden. Wenn Sie nicht die Entscheidung treffen, errettet zu werden, dann haben Sie entschieden, nicht errettet zu werden. Ihr Leben und Ihre Ewigkeit, – alles ruht in einem Herzschlag. *Und was werden Sie am Tag des Gerichts tun?* Vergessen Sie die Frage nicht, Nouriel, denn am Ende wird dies die einzige Frage sein. Vergessen Sie die Frage nicht, denn keiner weiß, wann dieser Tag kommen wird. Das Einzige, was Sie sicher wissen können, ist, *dass* er kommen wird. Und der einzige Zeitpunkt, um den Sie sicher wissen können, ist jetzt. Jetzt ist alles, was Sie haben. Und jetzt ist die Zeit der Errettung."

Die Ewigkeit

„Diese Entscheidung ist zu gewaltig, um sie einfach so zu treffen."

„Sie ist zu gewaltig, um sie *nicht* zu treffen."

„Ich müsste sehen, um zu glauben."

„Nein, Nouriel, Sie müssen *glauben*, um zu sehen und zu finden, wonach Sie suchen."

„Und was ist es, wonach ich suche?"

„Die Bedeutung, der Sinn Ihres Lebens, der Grund, warum Sie geboren wurden. Das ist der einzige Weg, wie Sie es je finden können. Nur in Ihm, der Ihnen das Leben gab, können Sie den Sinn des Lebens finden."

„Ich brauche Zeit."

„Die haben Sie, Nouriel. Bis zum letzten Herzschlag."

———◆◆◆———

Er ließ mir ein paar Minuten, um das Gehörte zu verarbeiten. Ich starrte zum fernen Wasser.

„Das Siegel", bat er. „Darf ich es wiederhaben?"

Ich gab es ihm zurück.

„Und hiermit", sagte der Prophet, „ist es zu Ende. Die Zeit, in der die Geheimnisse enthüllt werden, ist abgeschlossen."

„Dann haben Sie mir also nichts weiter zu geben?", erkundigte ich mich.

Er machte eine Pause und sah mich an wie ein Händler, der nach etwas gefragt wird, was er nicht mehr auf Lager hat. Aber dann änderte sich sein Gesichtsausdruck. „Ach, da fällt mir ein", sagte er: „Doch."

„Es gibt noch ein Siegel?"

„Ja, eben fällt es mir ein." Er langte in seine Manteltasche, nahm es heraus und reichte es mir.

———◆◆◆———

„Was war es?", wollte sie wissen.

„Es war das erste Siegel, das allererste."

Der Vorbote

„Augenblick mal! Ich dachte, er hätte Ihnen gerade das erste Siegel gegeben, das Siegel des ersten Vorboten, und Sie hätten es ihm zurückgegeben."

„Nein. Es gab ein anderes. Es gab ein anderes vor jenem Siegel. Das Siegel, das ich *ihm* ganz zu Anfang gegeben hatte."

„Das, das mit der Post gekommen war?", fragte sie.

„Ja, das, mit dem alles anfing. Ich hatte es nicht mehr gesehen seit dem Tag, an dem ich es vor Jahren, als alles anfing, weggegeben hatte."

——————◆◆◆——————

„Es ist nur rechtens, dass es wieder an seinen Besitzer zurückgeht", meinte er. „Es ist *Ihr* Siegel, Ihr Unterpfand. Erinnern Sie sich? Ich gab Ihnen mein Wort, dass Sie es zurückbekommen würden."

„Sie sagten, ich würde es zurückbekommen, wenn wir mit den Vorboten fertig wären."

„Dann sind wir also fertig."

„Und mehr gibt es nicht?"

„Mehr?"

„Keine Geheimnisse mehr, keine Offenbarungen?"

„Sie wissen alles, was Sie wissen müssen."

„Dann ..."

„Dann", sagte er, „dann war es das."

„Dann ..."

„Dann ist es jetzt an der Zeit, dass wir uns trennen."

„Das war's also?"

„Auf Wiedersehen, Nouriel."

Aber diesmal ging er nicht. Er blieb am Wasser stehen, als ob er wartete, dass ich den ersten Schritt machen würde. Also entfernte ich mich langsam von ihm. Es fiel mir schwer, diese Endgültigkeit zu akzeptieren. Doch nur zehn Sekunden später hörte ich erneut seine Stimme.

„Oh", sagte er, „es gibt doch noch etwas."

Die Ewigkeit

Ich blieb wie erstarrt stehen und fragte, ohne mich umzudrehen: „Was?"

„Sie haben meine Frage nie beantwortet."

„*Ich* habe *Ihre* Frage nie beantwortet? Welche Frage denn?'"

„*Warum haben Sie das Siegel bekommen?* Das fragte ich Sie ganz zu Anfang, aber Sie haben mir nie eine Antwort darauf gegeben."

„Und warum müssen Sie das wissen?"

„Muss ich nicht."

„Warum fragen Sie dann?"

„Weil *Sie* es wissen müssen."

„Ich?"

„Ja. Sie sind es, der die Antwort auf diese Frage wissen sollte."

„Und warum frage ich dann nicht danach?"

„Gute Frage."

„Eine gute Frage, warum ich nicht frage?"

„Ja", sagte er. „Es ist ein Geheimnis."

„Ein Geheimnis für *Sie*?"

„Ja."

„Jetzt ist es umgekehrt."

„Warum wurde Ihnen das Siegel gegeben?"

„Ist das ein weiteres Geheimnis?", fragte ich. „Ist das das letzte Geheimnis?"

„Beantworten Sie die Frage, Nouriel, und Sie werden es wissen."

Kapitel 22

Das letzte Siegel

א ת

„Ja, und was passierte dann?", fragte sie.

„Erst einmal nichts. Nichts, was erklärt hätte, warum ich das Siegel bekommen hatte. Ich hatte noch etwas anderes zu klären. Und das erschien mir dringender."

„Dringender?"

„Die Sache mit der Ewigkeit. Sie verfolgte meine Gedanken. Alles andere stand oder fiel damit. Ich musste es hinbekommen, das zu klären, sonst wäre alles andere auch egal, mein Leben, alles. Alles wäre eines Tage zu Ende und dann – Ewigkeit. Mit der Ewigkeit endet alles. Sie alleine ist unendlich. Nur sie bleibt, wenn alles andere nicht mehr da ist. Deshalb war die Frage nach der Ewigkeit die einzige, die wirklich zählte. Diese eine Sache musste ich richtig hinbekommen. Ich musste mein Leben mit Gott in Ordnung bringen."

„Und, haben Sie das gemacht?"

„Ja."

„Aber wie?"

„Indem ich seine Worte befolgte."

„Wie wirkte sich das aus?"

„Alles begann sich zu ändern, weniger meine Umgebung oder meine Umstände, als vielmehr mein Inneres. Es war eine Befreiung, eine Vervollständigung. Zum ersten Mal im Leben hatte ich wirklich Frieden."

„Und danach?"

„Danach versuchte ich alles zu verstehen, was bis dahin geschehen war, – meine Begegnungen mit dem Propheten, alles, was mir gezeigt worden war, all die Offenbarungen der

Das letzte Siegel

Geheimnisse. Ich hatte keine Ahnung, was ich damit anfangen sollte. Und warum ich? Ich versuchte mein Leben normal weiterzuleben, so wie vor dem Propheten, vor den Vorboten, bevor ich diesen Umschlag bekommen hatte. Ich versuchte es, aber es war unmöglich. Mein Job war es, Artikel zu schreiben, die meine Leser unterhalten oder bestenfalls provozieren sollten. Aber im Licht der Offenbarungen schien mir jetzt alles, was ich tat, hoffnungslos seicht und trivial zu sein, bedeutungslos. Und dann war da noch die Last."

„Die Last?"

„Die Last meines Wissens."

„Fanden Sie die Zukunft belastend?"

„Nicht in Bezug auf mich selbst", gab er zur Antwort. „Um mich hatte ich keine Angst, aber um die anderen. Der Schleier war weggezogen, sodass ich sehen konnte und gewarnt war. Aber was war mit allen anderen? Sie hatten keine Ahnung. Sie wussten überhaupt nicht, was geschah oder wohin alles führte."

„So etwas müssen die Propheten durchgemacht haben", überlegte sie.

„Ich schaffte es nicht, dem zu entfliehen. Und doch konnte ich ja nichts daran ändern. Eine Last ohne Richtung. Ich nahm das Siegel heraus."

„Das letzte Siegel."

„Und das erste. Ich wollte es noch einmal ganz genau ansehen."

„Hatten Sie das vorher noch nie gemacht?", erkundigte sie sich.

„Nicht ernsthaft. Auf keinen Fall so gründlich wie die anderen. Als ich es zum ersten Mal bekam, wusste ich nicht, ob es überhaupt eine Bedeutung hatte. Und als er es mir am Ende wieder aushändigte, gab es scheinbar keinen Grund für eine genauere Betrachtung. Die Geheimnisse waren offenbar, außer dem einen: Warum sie ausgerechnet mir als Erstes anvertraut wurden. Dieses Siegel war nicht wie die anderen. Es hatte kein Bild, nur eine altertümlich wirkende Inschrift. Seine Funktion war wohl, so nahm ich an, Anfang und Ende der Suche zu markieren. Nun, wo alles vorüber war, rechnete ich nicht mehr mit großartigen Entdeckungen."

„Und, täuschten Sie sich?"

„Die Inschrift auf dem Siegel war in einer Sprache, die ich nie zuvor gesehen hatte. Ich erinnerte mich jedoch daran, was der Prophet am Tag unserer ersten Begegnung auf der Bank gesagt hatte. Er hatte damals das Siegel genommen, um es zu untersuchen. Er sagte, es sei Hebräisch, eine bestimmte Art Hebräisch, – Paläohebräisch, eine ältere Version."

„Kannten Sie irgendjemanden, der Paläohebräisch lesen konnte?"

„Nein. Aber ich kannte jemanden, der Hebräisch in biblischen und rabbinischen Schriften studierte. Ich schlug das paläohebräische Alphabet nach und transkribierte jeden der Buchstaben in sein Äquivalent im modernen Hebräisch. Dann machte ich einen Ausflug nach Brooklyn. Dort wohnte mein Bekannter, ein orthodoxer Jude, der einen kleinen Buchladen betrieb. Im Hinterzimmer hatte er ein Arbeitszimmer, das eher einer Bibliothek glich, mit einer Sammlung allerhand mystischer hebräischer Schriften. Das war seine Leidenschaft: Mystische hebräische Literatur entschlüsseln. Ich dachte mir, er wäre der Richtige. Als ich ihm den Zweck meines Kommens erklärte, schloss er den Laden ab und führte mich ins Hinterzimmer. Wir nahmen an einem leeren Holztisch Platz, umgeben von Bücherregalen. Er setzte sich die Lesebrille auf die Nase und begann meine Transkription zu untersuchen. Ein paar Momente war es still, dann begann er sie zu dechiffrieren:

‚Baruch', sagte er. ‚Das bedeutet *gesegnet*. Mit diesem Wort beginnen die meisten hebräischen Gebete.

Jahu oder *Jah*. Das ist der heilige Name Gottes, so heilig, dass ich ihn nicht aussprechen sollte. Nun habe ich es getan. Also: *Von Gott gesegnet*.

Ben. Das bedeutet *Sohn*. *Der Sohn ist von Gott gesegnet*.

Neri bedeutet *Licht*, und noch einmal *Jahu*, der Name Gottes. Also: *Das Licht Gottes*.

Ha Sofer: Der, der verkündet, oder *Der Verkündiger.*'

Das letzte Siegel

‚Was bedeutet das?', fragte ich.

‚Da steht: *Gesegnet von Gott ist der Sohn des Lichtes Gottes, der Verkündiger.*'

‚Und was soll das heißen?', wunderte ich mich.

‚Woher soll ich das wissen?', gab er zurück. ‚Du hast mir das gegeben.'

‚Aber was denkst du, was es bedeutet?'

‚Es klingt wie ein Segen für einen gerechten Mann, ein Kind des Lichts.'

‚Und der Verkündiger … Wovon der Verkündiger?'

‚Wie soll ich wissen, von was er der Verkündiger ist?'

‚Ist dir in deinen Studien jemals so etwas untergekommen?'

‚Ich bin schon vielen hebräischen Segenssprüchen begegnet, aber ich erinnere mich an keinen, der genau so, wie dieser hier, lautete. Hast du ihn von einer Inschrift kopiert?'

‚Ja.'

‚Vielleicht von einem Amulett oder so?'

‚So ähnlich.'

‚Eine Inschrift mit einem hebräischen Segensspruch ist nicht ungewöhnlich. Es ist ein Segen. Also hast du einen Segen.'

‚Aber was bedeutet das?'

‚Das bedeutet, dass du ein gesegneter Mann bist.'

Das war alles, was er mir sagen konnte."

„Was hielten Sie davon?", fragte Ana.

„Ich wusste nicht, was ich davon halten sollte. Diese Übersetzung gab mir keinen Anhaltspunkt, um weiterkommen zu können. Es schien mit nichts irgendetwas zu tun zu haben."

„Jetzt wussten Sie zumindest, wie die Worte auf dem Siegel lauteten."

„Ja. Jetzt wusste ich, wie sie lauteten, aber ich hatte keine Ahnung, was sie bedeuteten."

„Was machten Sie dann?"

„Ich ging am Hudson spazieren. Der Tag war wolkenreich und windig. Es war später Nachmittag. Nach etwa der Hälfte der Strecke entschloss ich mich, eine Pause einzulegen. Nicht weit entfernt gab es eine leere Parkbank. Es war dieselbe

Bank, auf der der Prophet gesessen hatte, als wir uns zum ersten Mal begegnet waren. Nur war mir das in diesem Moment nicht bewusst. Ich setzte mich, holte das Siegel hervor und sah es mir an. Ich dachte über das Fehlen von Anweisungen und über meine immer noch vorhandene Last nach. Minutenlang war ich in Gedanken versunken, bis ich hinter mir eine Stimme hörte.

‚Es sieht nach Sturm aus.'"

„Dieselben Worte", fiel ihr auf. „Dieselben Worte, die der Prophet ganz am Anfang zu Ihnen gesagt hatte."

„Dieselben Worte und dieselbe Stimme."

◆◆◆

„Sieht so aus", antwortete ich, ohne den Blick zu heben und ohne mich umzudrehen, um zu sehen, wer mit mir sprach.

„Was haben Sie da in der Hand?", erkundigte er sich. „Irgendein archäologisches Artefakt?"

„Eines von mehreren", antwortete ich. „Jedes birgt ein Geheimnis."

„Und dieses? Von welchem Geheimnis spricht dieses?", fragte er.

„Ich weiß es nicht. Es spricht sehr wohl, aber es sagt nichts, – nichts, was irgendeine Bedeutung hätte."

„Sie haben es demnach noch nicht herausgefunden?"

„Ich weiß, was da steht, aber ich weiß nicht, was es bedeutet."

In dem Moment kam der Prophet um die Bank herum. „Immer noch nicht?", wollte er wissen.

„Immer noch nicht", antwortete ich.

Er setzte sich. „Es begann alles mit diesem Siegel", sagte er, „und genau hier."

„Aber ich weiß immer noch nicht, was es bedeutet, oder was ich mit all dem tun soll."

„Aber Sie meinten, Sie wüssten, was da steht."

„Ja."

„Sagen Sie es mir."

Das letzte Siegel

„*Gesegnet von Gott ist der Sohn des Lichtes Gottes*, der Verkündiger."

„Wer hat Ihnen das gesagt?"

„Ein Freund, ein Spezialist für mystische hebräische Schriften."

„Haben Sie je in einen Spiegel gesehen", fragte er, „und nicht gemerkt, dass der Mann, der Sie anstarrt, Ihr eigenes Spiegelbild ist?"

„Ich weiß nicht. Vielleicht. Warum?"

„Weil Sie es gerade jetzt tun."

„Was meinen Sie damit?"

„Man kann auch allzu mystisch werden und dabei das Offensichtliche verpassen."

„Das heißt, es bedeutet etwas anderes?"

„Wenn Sie es Stück für Stück nehmen, ohne Kontext, dann kann es so verstanden werden. Aber das ist nicht seine Bedeutung."

„Was dann?"

„Was Ihr Freund als *Gesegnet von Gott* übersetzte, ist das hebräische *Baruchjahu* aus dem Hebräischen *baruch* – *gesegnet*, und *Jahu* – *der Herr*."

„Das ist fast dasselbe."

„Aber es ist kein Segensspruch. Es ist nicht einmal ein Satz."

„Was dann?", fragte ich.

„Es ist ein Name."

„Ein Name?"

„Der Name einer Person, einer Person namens *Baruch*."

„Baruch."

„Und was Ihr Freund als *Sohn* übersetzte, ist das hebräische Wort *ben*, welches in diesem Fall zum Namen gehört: ‚*Baruch, Sohn des ...*'"

„*Ben – Sohn des ...* Das hätte ich wissen sollen."

„Und was er als *Gottes Licht* übersetzte, ist das hebräische *Nerijahu* oder *Nerija – das Licht Gottes*, ja, aber auch das ist ein Name: *Nerija*. Nerija war Baruchs Vater. *Baruch ben Nerija*."

„Baruch, Sohn des Nerija. Also, wer *war* er?"

„Denken Sie an die Siegel, Nouriel. Welchen Zweck erfüllten sie?"

„Sie versiegelten oder beglaubigten eine wichtige Botschaft."

„Und wer verwendete sie?", fragte er.

„Könige, Führungspersönlichkeiten, Regierungsbeamte."

„Und außerdem?"

„Ich weiß nicht."

„Schreiber. Schreiber verwendeten sie, weil sie diejenigen waren, die die Botschaften schrieben. Nach dem Namen steht ein Titel: *Ha Sofer*."

„*Der, der verkündet.*"

„Ja, das kann es auch bedeuten: *Einer der verkündet, der erzählt, der offenbart*. Aber was es auf dem Siegel bedeutet, ist: *Der Schreiber*."

„Dann war Baruch also ein Schreiber?"

„Ja."

„Und warum ist das von Bedeutung?", fragte ich.

„Weil Baruch in der Bibel genannt wird, und weil er nicht nur ein Schreiber war."

„Was war er noch?"

„Er war der Schreiber eines bestimmten Propheten."

„Welches Propheten?"

„Des Propheten Jeremia. Baruch war es, der Jeremias Prophezeiungen aufschrieb. Jeremia prophezeite, und Baruch schrieb die Prophetien nieder. Wie geschrieben ist:

Da rief Jeremia den Baruch, den Sohn Nerijas, und Baruch schrieb, wie Jeremia es ihm vorsagte, alle Worte des Herrn, die er zu ihm geredet hatte, auf eine Buchrolle.[1]

„Dann ist das hier das Siegel des Baruchs", sagte ich. „Das Siegel, das er verwendete, um seine Schriften zu beglaubigen."

„Eines seiner Siegel", bestätigte der Prophet.

„Ich verstehe es immer noch nicht."

„Immer noch nicht?"

„Nein."

„Dann beantworten Sie die Frage, die ich Ihnen gestellt habe."

Das letzte Siegel

„Warum *ich* das Siegel bekommen habe?"
„Ja."
„Weil ein Siegel mit einer Botschaft zu tun hat?"
„Aber warum gerade *Sie*?", wiederholte er. „Warum wurde das Siegel *Ihnen* gegeben?"
„Ich habe keine Ahnung."
„Was war Baruch?"
„Ein Schreiber."
„Und was ist ein Schreiber?"
„Jemand, der schreibt."
„Ein Schriftsteller. Ein Schreiber ist ein Schriftsteller. Und was sind Sie, Nouriel?"
„Ein Schriftsteller."
„Ein Schriftsteller."
„Was sagen Sie da? Ich wurde erwählt, weil ich Schriftsteller bin?"
„Nein", widersprach er. „Sie wurden nicht erwählt, weil Sie Schriftsteller sind. Sie sind Schriftsteller, weil Sie erwählt wurden."
„Was soll das bedeuten?"
„Das war überhaupt erst der Grund, weshalb Sie Schriftsteller wurden. Es geschah alles zu diesem Zweck, alles für diese Zeit."
„Das stimmt nicht. Der Grund, weshalb ich Schriftsteller wurde, war, dass ich …"
„Nein, Nouriel. *Der Allmächtige hat Seine eigenen Absichten.* Warum meinen Sie, kam jede Offenbarung in Form eines Siegels zu Ihnen? Es ist *Ihret*wegen. Wegen *Ihrer* Berufung. Sie sind der *Sofer*, der Schreiber, der verkündet, der aufdeckt. Wissen Sie, was dieses Wort noch bedeutet?"
„Nein."
„Der, der aufzeichnet."
„So wie: Der, der auf eine Schriftrolle aufzeichnet?"
„Oder, im gegenwärtigen Fall: Der, der mit einem Aufnahmegerät aufzeichnet."
„Das ist doch zu …"

„Die Rabbis sagen, Baruch entstammte einem priesterlichen Geschlecht, ebenso wie Jeremia."

„Und?"

„Wie heißen Sie mit Nachnamen?"

„Kaplan."

„Kaplan ist, wenn ich mich nicht irre, ein priesterlicher Name, nicht wahr?"

„Ja, das stimmt."

„Er bezeichnet jemanden aus einem priesterlichen Geschlecht. Sie wurden also auch aus priesterlichem Geschlecht geboren, und zwar für diesen Moment."

„Das muss Sie ja umgehauen haben", mutmaßte Ana. „Das muss Sie umgehauen haben, als er Ihnen all das sagte."

„Ja, das war tatsächlich so. Aber das war noch nicht alles."

„Wie lautet Ihr Vorname?", fragte er.

„Sie kennen doch meinen Namen", erwiderte ich. „Warum fragen Sie?"

„Wie heißen Sie?", beharrte er.

„Nouriel."

„Nein. Das ist Ihr Zweitname. Das ist der Name, den Sie verwenden, seitdem Sie anfingen zu schreiben. Aber was ist Ihr erster Name?"

„Barry."

„So haben Ihre Freunde Sie genannt. So wollten Sie genannt werden, weil Ihnen Ihr richtiger Name nicht gefiel. Barry ist nicht Ihr richtiger Name. Welchen Namen gab man Ihnen bei der Geburt?"

Ich zögerte zu antworten, aber es ließ sich nicht vermeiden. Leise kam es mir von den Lippen, fast geflüstert.

„Baruch."

Das letzte Siegel

Er schwieg.
„Mein Name", sagte ich, immer noch leise, aber lauter als zuvor, „ist Baruch."

―――――◆◆◆―――――

„Baruch!", rief sie aus. „Er wusste es die ganze Zeit! Es ist, als wären Sie dafür auserwählt, - von Geburt an!"

―――――◆◆◆―――――

„Ihr Name", sagte er, „ist *Baruch Nouriel*. Der Name von Jeremias Schreiber war *Baruch ben Nerija* – wobei *Nerija* für *Licht Gottes* oder *Flamme Gottes* steht. Wissen Sie, was Nouriel bedeutet?"
„Nein."
„Nouriel heißt *Flamme Gottes*. Eigentlich ist es derselbe Name."
„Was sagen Sie da?", fragte ich, und jetzt zitterte meine Stimme.
„*Sie*, Nouriel, Sie sind das letzte Geheimnis. Sie sind das Geheimnis, wenn Sie in den Spiegel schauen und sich selbst nicht erkennen."
„Sagen Sie, dass ich er bin?"
„Nein, Sie sind nicht er. Sie sind Sie. Aber Sie teilen seine Berufung."
„Nämlich?"
„Ein *Sofer* zu sein", antwortete er. „Sie sind der *Sofer*. Der, der berufen ist aufzuzeichnen, zu verkünden, bekanntzumachen. Sie sind berufen, eine Aufzeichnung dessen anzufertigen, was Sie gesehen und gehört haben, das prophetische Wort aufzuschreiben, die Geheimnisse zu offenbaren, damit sie gehört werden können. Damit die Nation sie hören kann und damit die, die hören, gerettet werden können."
„Mein Traum! Am Ende vertrauten Sie mir das Papier an, – mit der Botschaft. Sie gaben es mir. Geschieht das gerade jetzt?"

„So ist es."

„Ich bin also Ihr Baruch", sagte ich, „und Sie sind mein Jeremia?"

„So könnte man es sagen", bejahte er.

„Und ich soll alles aufschreiben?"

„Ja, und noch mehr:

Und Jeremia befahl dem Baruch und sprach: Ich bin verhindert, so dass ich nicht in das Haus des Herrn gehen kann; darum geh du hinein und lies aus der Rolle vor, was du aufgeschrieben hast, wie ich es dir vorsagte, die Worte des Herrn, vor den Ohren des Volkes, im Haus des Herrn am Fastentag; auch vor den Ohren aller Juden, die aus ihren Städten kommen, sollst du sie lesen![2]

Jeremia war eingeschränkt. Er konnte seine Prophetie nicht öffentlich verkünden, nicht persönlich überbringen. So sandte er Baruch an seiner statt, damit die Prophetie dem Volk öffentlich verkündet werden würde. Baruch war also nicht nur Jeremias Schreiber, sondern trat ab und an auch als sein Stellvertreter, seine Stimme auf."

„Warum sagen Sie mir das?"

„Weil ich ebenfalls eingeschränkt bin. Deshalb müssen Sie gehen und die Botschaft bekanntmachen. Die Menschen müssen die Warnung und die Hoffnung hören. Nehmen Sie, was Sie nach meinem Diktat aufgeschrieben haben. Machen Sie es publik. Sie sind der *Sofer*, der, der verkündigen muss."

„Er hat Sie berufen", sagte sie. „Der Prophet hat Sie berufen."

„Ja."

„Und das ist der Grund, weshalb Sie zu mir kamen?"

„Ja."

„Weil die Botschaft niedergeschrieben und auf diese Weise bekanntgemacht werden muss."

„Richtig."

Das letzte Siegel

„In Form eines Buchs."

„Ja."

„Ein Buch. Ja, das wäre dann Ihre Schriftrolle. Die Botschaft muss ein Buch werden, ein Buch, das das Geheimnis hinter allem offenbart. Das Geheimnis hinter den Nachrichten, der Wirtschaft, dem Zusammenbruch, der Weltgeschichte, der Zukunft. Ein uraltes Geheimnis, an dem die Zukunft einer Nation hängt. Das ist etwas Großes, Nouriel. Das ist mehr als nur groß. Es muss herauskommen! Die Leute müssen es hören. Haben Sie eine Vorstellung, wie Sie das Schreiben angehen wollen?"

„Nein. Ich habe noch nie etwas in dieser Art geschrieben. Deshalb kam ich zu Ihnen."

„Es ist so groß ... und tiefgehend ... und entscheidend. Sie müssen es so anstellen, dass es gehört wird, – so, dass die Botschaft so viele wie möglich erreicht, so, dass man es begreifen kann. Nun, Sie sind der Autor, aber ich weiß, was *ich* tun würde."

„Was würden Sie tun?", erkundigte er sich.

„Ich würde die Botschaft in Form einer Erzählung weitergeben."

„Wie meinen Sie das?"

„Eine Geschichte", erwiderte sie. „Die Botschaft aufschreiben, aber in Form einer Geschichte. Sie durch eine Erzählung kommunizieren. Lassen Sie sie jemanden erzählen. Schreiben Sie einen Roman."

„Aber es ist eine prophetische Botschaft."

„Die Bibel setzt doch auch Geschichten ein, Bilder und Parabeln, um Botschaften der göttlichen Wahrheit zu kommunizieren, nicht wahr? Es geht darum, so vielen Menschen wie möglich die Botschaft zu bringen. Die Geschichte wäre das Vehikel, das Gefäß, durch welches die Botschaft, die Geheimnisse, die Offenbarungen, das prophetische Wort, vermittelt werden würden."

„Aber wenn sie die Form einer Erzählung hat, wird man vielleicht nicht erkennen, dass die Offenbarungen real sind."

„Doch, das wird man."

„Und wer sollte es erzählen?", überlegte er.

„Sie", erwiderte sie. „Sie sollten es genauso aufschreiben, wie Sie es mir erzählt haben. Sie sollten eine Figur schaffen, die einer anderen Figur alles berichtet, genauso wie Sie es mir erzählt haben. Verändern Sie die Details. Verändern Sie die Namen. Machen Sie aus jedem eine Romanfigur."

„Aber was ist mit der eigentlichen Botschaft, – dem prophetischen Wort, den Geheimnissen? Wie kann all das kommuniziert werden?"

„Decken Sie es in derselben Weise auf, wie es Ihnen – durch den Propheten – aufgedeckt wurde. Kleiden Sie es in die Form von Gesprächen. So wie es anfangs war, Gespräche zwischen der einen und der anderen Romanfigur. Sie haben alles aufgezeichnet. Alles ist vorhanden. Verwenden Sie, was Sie schon haben. Übertragen Sie die Aufzeichnungen. Lassen Sie den Propheten für sich selbst sprechen, durch seine eigenen Worte an Sie. Und die Botschaft wird durchkommen."

„Ich weiß nicht", meinte er. „Ich werde darüber nachdenken müssen."

„Ich würde nicht zu lange warten", erwiderte sie.

„Nein."

„Warum fragen Sie nicht den Propheten?"

„Ich habe ihn nie mehr gesehen."

„Nie?"

„Ja."

„Bevor Sie sich trennten, gab er Ihnen da irgendwelche letzten Worte, Ratschläge, Anleitungen?"

„Ich schätze, so könnte man es wohl nennen."

„Und was war das?"

„Ganz am Ende jener letzten Begegnung führte er mich hinüber zum Wasser. Der Wind wehte nun in heftigen Böen. Kein Zweifel, ein Sturm war im Anzug."

———— ◆◆◆ ————

Das letzte Siegel

„Also, Nouriel", fragte er, „denken Sie, Sie sind bereit?"
„Bereit?"
„Ihren Auftrag zu erfüllen."
„Ich weiß nicht. Ich habe noch immer keine Ahnung, was ich tun soll."
„Sie werden geleitet werden, genau wie Sie zu mir geführt wurden."
„Aber es ist noch nicht einmal meine Botschaft. Es ist *Ihre* Botschaft. Ich wäre einfach nur ein Botschafter, ein Mittelsmann. Wenn man mich irgendetwas dazu fragte, wüsste ich nichts zu antworten."
„Nein", antwortete er, „es ist nicht meine Botschaft. Ich bin nichts anderes als ein Bote, so wie Sie einer sein werden."
„Und wenn ich Hilfe brauche, – wären Sie dann da?", wollte ich wissen. „Wie könnte ich Sie erreichen?"
„Ich glaube, das wissen Sie inzwischen", erwiderte er. „Sie brauchen mich nicht zu erreichen. Die Zeit der Mitteilungen ist abgeschlossen."
„Ich werde Sie nicht wiedersehen?"
„Wenn Er es nicht doch für nötig halten sollte ... Nein, Sie werden mich nicht wiedersehen."
Die Worte trafen mich heftiger, als ich es erwartet hätte.
„Wissen Sie", meinte ich, „ich glaube, ich werde unsere Treffen vermissen – und all die Unsicherheit."
„Die Unsicherheit?"
„Nicht zu wissen, wann oder wo oder wie Sie als Nächstes auftauchen werden, und wie es einfach so geschehen könnte, dass ich gleichzeitig da bin."
„Es werden immer noch einfach so Dinge geschehen", sagte er, „wenn Sie Seiner Leitung folgen."
„Dennoch fühle ich mich nicht geeignet, nicht annähernd geeignet für eine solche Sache."
„Wie, denken Sie, fühlte sich Mose, als er berufen wurde, oder ein Jeremia, eine Maria oder ein Petrus? Denken Sie, irgendeiner von ihnen fühlte sich annähernd geeignet? Es ging nicht um sie. Und es geht nicht um Sie. Es geht alleine um

Ihn. Sie müssen nichts weiter tun, als dahinzugehen, wohin Er Sie sendet." Dann griff er in seinen Mantel und holte ein kleines Horn heraus, ein kleines Widderhorn. „Schließen Sie die Augen, Nouriel", bat er mich und hielt das Horn über meinen Kopf.

Ich machte die Augen zu. Kurz darauf fühlte ich, wie etwas Dickflüssiges auf meiner Stirn herunterlief.

„War das Öl?", vermutete sie.
„Ja, ich glaube Olivenöl."
„Ein Horn mit Öl."
„Das Öl der Salbung. Als ich spürte, wie es über meine Wangen herabfloss, begann der Prophet zu beten."

„Du", sagte er, „der Du über allem Gesprochenen und Benannten bist …

Deinen Händen befehle ich Deinen Diener an. In seiner Schwachheit sei Du ihm Stärke. In seinem Nichtwissen sei Du ihm Gewissheit. Lass ihn in den Spuren laufen, die Du schon vorbereitet hast. Gieß den Geist Deiner Salbung auf ihn, damit er ausführen kann, was Du ihm aufträgst. Leite ihn. Schütze ihn. Bereite seine Hände zum Kampf. Segne und bewahre ihn. Lass das Licht Deines Angesichts über ihn leuchten. Breite die Gegenwart Deiner Herrlichkeit über seinem Leben aus und beschirme ihn unter Deiner Gnade, im Namen des Gesalbten, der die Herrlichkeit Israels ist und das Licht der Welt."

Ich öffnete die Augen. Das Horn war verschwunden. Er sah mich an. Ich meinte den Ausdruck tiefen Mitgefühls zu erkennen, gemischt mit, wie ich vermutete, Traurigkeit über unseren Abschied. Er sprach: „Gott sei mit dir, Baruch Nouriel."

Das letzte Siegel

„Und Gott sei mit dir", erwiderte ich.

Damit ging er. Diesmal blieb ich, wo ich war.

„Ich weiß immer noch nicht, wie Sie heißen", rief ich ihm hinterher.

„Das liegt daran, dass ich es Ihnen nie gesagt habe", gab er zurück. Dann blieb er stehen und wandte sich um. „Sie machen sich immer noch Sorgen", meinte er freundlich.

„Die Botschaft", sagte ich. „Es ist nicht gerade die Art von Botschaft, die Beliebtheitswettbewerbe gewinnt, nicht wahr?"

„Das kann man wohl so sagen, ja."

„Die Leute werden alles ihnen Mögliche tun, um die Botschaft anzugreifen und in Verruf zu bringen."

„Natürlich werden sie das", bestätigte er. „Sonst müssten sie sie ja akzeptieren."

„Aber nicht nur die Botschaft."

„Nein, auch den Botschafter."

„Sie werden alles ihnen Mögliche tun, um den zu attackieren und in Verruf zu bringen, der die Botschaft verkündet."

„Ja", sagte der Prophet. „Man wird sich dem Botschafter entgegenstellen. Er wird in Verruf gebracht und gehasst werden, verspottet und verleumdet. So muss es sein. Genauso erging es Jeremia und Baruch."

„Warum wurde ausgerechnet ich erwählt? Warum erhielt ich diesen Segen?", fragte ich.

„Warum erhält irgendwer von uns einen Segen?"

Nun kam er noch einmal zu mir. Es sollte das letzte Mal sein.

„Hätten wir in alter Zeit gelebt", führte er aus, „und wären wir zu einer Stadt wie dieser gekommen, wäre sie von Steinmauern umgeben gewesen. Massive, hohe Steinmauern dienten der Verteidigung und Sicherheit, dem Schutz gegen Angriffe und Katastrophen. Entlang der gesamten Mauer, in ihren Wachtürmen und über ihren Toren standen Männer, die Wache hielten, – die Wächter. Ihre Aufgabe war es, die Stadt zu beschützen, aufmerksam zu sein, wach zu bleiben, wenn die anderen schliefen. Sie hielten Ausschau, bemerkten das erste Anzeichen einer Gefahr von Ferne, erkannten eine drohende

Invasion. Und wenn ein Wächter solch ein Zeichen erkannte, griff er das Widderhorn, das er an seiner Seite trug, seine Posaune. Er führte es zum Mund und blies mit aller Kraft hinein. Wie, meinen Sie, klang der Alarm des Wächters in den Ohren der Menschen in der Stadt?"

„Schrill, störend, unheilvoll."

„Genau. So musste es ja sein. Sonst hätten die Schlafenden weiter geschlafen und die, die wach waren, hätten nicht von der Gefahr gewusst, bis es zu spät gewesen wäre. Nur ein so störender Klang konnte sie retten."

Er schwieg einen Moment und fuhr dann fort: „Nun, Nouriel, eine Frage: Sollte der Wächter nicht ins Horn stoßen, weil die Leute sich dadurch gestört fühlen und weil sie lieber etwas Angenehmeres hören? Oder sollte er sich weigern, das Warnsignal zu geben, weil sich die Leute gegen ihn stellen und ihn verspotten, ihn vielleicht sogar hassen werden?"

„Nein", erwiderte ich.

„Wenn der Wächter die Zeichen einer Katastrophe in der Ferne auftauchen sieht und nicht das Horn bläst, um sein Volk zu warnen, was wäre er dann?"

„Er wäre schuldig."

„Wessen wäre er schuldig?"

„Ihrer Zerstörung."

„Ganz richtig. Er hätte die Möglichkeit gehabt, sie zu retten, tat es aber nicht. Ihre einzige Hoffnung auf Rettung lag in seiner Hand."

„Ihm bleibt also keine Wahl", folgerte ich. „Er muss das Warnsignal geben."

„Und wer sind Sie, Nouriel?"

„Wer *bin* ich?"

„Wer sind Sie?"

„Ich weiß nicht."

„Sie sind ein Wächter auf der Mauer."

„Ein Wächter auf der Mauer …"

„Ein Wächter auf der Mauer, der die Zeichen erkannt hat. Und die Stadt schläft. Die Leute haben keine Ahnung, was auf

Das letzte Siegel

sie zukommt. Ihnen ist das Signal, das sie aufweckt, anvertraut worden, das Signal für ihre Erlösung."

Wieder schwieg der Prophet. Die Windböen wurden immer heftiger. Sie waren Vorboten eines heranziehenden Sturms. Er sah mir tief in die Augen und sprach zum letzten Mal meinen Auftrag aus:

*„So nimm also deine Posaune, Nouriel,
Führe sie zum Mund und blase,
Lass den Ton des Wächters in der Stadt erklingen,
Lass den Ruf der Erlösung im ganzen Land hören,
Lass das Wort ausgehen und seinen Weg finden,
Und lass die, die Ohren haben zu hören ...
Lass sie es hören
Und gerettet werden."*

Anmerkungen

Kapitel 5 – Der zweite Vorbote: Die Terroristen
1   Jesaja 10,5-7 (Die Bibel nach der Übersetzung von Martin Luther, Deutsche Bibelgesellschaft, 1984).
2   Jesaja 10,12b.16 (Luther 1984).

Kapitel 6 – Der Schlüssel
1   Jesaja 9,9 (Eigene Übersetzung des Autors Jonathan Cahn in direkter Anlehnung an den hebräischen Originaltext).

Kapitel 7 – Der dritte Vorbote: Die gefallenen Ziegelsteine
1   Watts, John D.W.: *Word Biblical Commentary*, Bd. 24 (Nashville, TN: Thomas Nelson 1985), Eintrag "Isaiah 9:7-10:4", S. 143.
2   Cooper, D.L.: The Book of Immanuel: Chapters 7-12. In: *Commentary on Isaiah, Biblical Research Monthly*, Dez. 1943, http://biblicalresearch.info/page128.html (Zugriff am 17. Juni 2011).

Kapitel 8 – Der vierte Vorbote: Der Turm
1   Giuliani, Mayor Rudy: Zitat vom 11. September 2011 aus "A Plan to Save the World Trade Center", TwinTowersAlliance.com, http://www.twintowersalliance.com/petition/save-the-wtc/ (17.06.2011).
2   Schumer, Charles: Pressemeldung vom 14.09.2001.
3   Lower Manhattan Development Corporation, "Mayor Bloomberg and Governor Pataki Announce Plans to Commemorate Fifth Anniversary of the September 11th Attack", Pressemeldung vom 08.08.2006, http://www.renewnyc.com/displaynews.aspx?newsid=43aefabe-5e5b-409a-98c6-0777598873b4 (17.06.2011).
4   Sweetnes-Light.com, "Senator Hillary Rodham Clinton's Statement on the Floor of the United States Senate in Response to the World Trade Center and Pentagon Attacks", 12.09.2001, http://sweetness-light.com/archive/hillary-clintons-response-to-the-911-attacks (17.06.2011).
5   *New York Times*, Mayor's Speech: "Rebuild, Renew and Remain the Capital of the Free World", 02.01.2002, http://www.nytimes.com/2002/01/02/nyregion/mayoral-transition-mayor-s-speech-rebuild-renew-remain-capital-free-world.html (17.06.2011).

Anmerkungen

6 Aus der Rede des Präsidenten George W. Bush vor einer Kongresssitzung am 20.09.2001.
7 Dieses Zitat ist der Aufschrift auf dem aktuellen Schild am Ground Zero entnommen.
8 *The Interpreter's Bible*, Bd. 5. (New York: Abingdon Press, 1956), S. 235.
9 Spence, H.D.M und Exell, Joseph S., Hrsg: *The Pulpit Commentary*, Bd. 10, Isaiah (Peabody, MA: Hendrickson Publishers 1985), S. 178.
10 Aus den Notizen des Autors zu einer Predigt (Expository Sermon 9): "Judgement and Grace", Isaiah 9,9-10,34, zugänglich unter http://www.cliftonhillpres.pcvic.org.au/espository_sermon_9_isaiah.
11 TheModernTribune.com, Kerry: "We Must Build a New World Trade Center – and Build American Resolve for a New War on Terrorism", Rede vor dem US-Senat, 12.09.2001, zitiert nach *The Modern Tribune Online*, http://www.themoderntribune.com/john_kerry_speech_after_9_11_-_rebuild_america_and_the_world_trade_center.htm (17.06.2011).
12 Thornburgh, Nathan: The Mess at Ground Zero, *Time*, 01.07.2008. http://www.time.com/time/nation/article/0,8599,1819433,00.html (17.06.2011).
13 *The Interpreter's Bible*, S. 235.
14 Warren, Marcus: Ground Zero Is Reborn on the Fourth of July, *Telegraph*, 05.07.2004, http://telegraph.co.uk/news/worldnews/northamerica/usa/1466250/Ground-Zero-is-Reborn-on-the-Fourth-of-July.html (17.06.2011).
15 Pfeiffer, Charles F. & Harrison, Everett F., Hrsg: *The Wycliffe Bible Commentary* (Chicago: Moody Press, 1962), S. 620.
16 Giulani: Zitiert aus "A Plan to Save the World Trade Center".
17 Cooper: The Book of Immanuel: Chapters 7-12.
18 MSNBC.com, "Trump Calls Freedom Tower 'Disgusting' and a 'Pile of Junk'", Transkript aus *Hardball With Chris Matthews*, 13.05.2005, http://www.msnbc.com/id/7832944/ns/msnbc_tv-hardball_with_chris_matthews/t/trump-calls-freedom-tower-disgusting-pile-junk (17.06.2011).
19 BibleStudyTools.com, "Isaiah 9", *Matthew Henry Commentary on the Whole Bible*, http://www.biblestudytools.com/commentaries/matthew-henry-complete/isaiah/9.html?p=4 (17.06.2011).
20 MSNBC.com, "Trump Calls Freedom Tower 'Disgusting' and a 'Pile of Junk'".
21 Ritsman, Donald F.: Isaiah 9:8-10:4, Exploring the Passage, http://biblestudycourses.org/isaiah-bible-study-courses-section-1/isaiah-9-8-10-4-exploring-the-passage/ (17.06.2011).
22 Sartwell, Crispen: World Trade Center as Symbol, http://www.crispinsartwell.com/wtc2.htm (17.06.2011).
23 Brenton, Sir Lancelot C.L.: *The Septuagint Version: Greek and English* (Grand Rapids, MI: Zondervan Publishing House 1983), S. 844.

Kapitel 9 – Der fünfte Vorbote: Der Gazit-Stein
1. StoneWorld.com, "New York Granite Is Donated for Freedom Tower", 04.08.2004, http://www.stoneworld.com/articles/new-york-granite-is-donated-for-freedom-tower (17.06.2011).
2. Hafenbehörde von New York und New Jersey, "1,776-Foot Freedom Tower Will Be World's Tallest Building, Reclaim New York's Skyline", Pressemeldung vom 04.07.2004, http://www.panynj.gov/press-room/press-item.cfm?headLine_id=489 (17.06.2011).
3. Ritsman: Isaiah 9:8-10:4, Exploring the Passage.
4. Hafenbehörde von New York und New Jersey, "1,776-Foot Freedom Tower Will Be World's Tallest Building, Reclaim New York's Skyline".
5. Spence & Exell, Hrsg.: *The Pulpit Commentary*, Bd. 10, S. 178.
6. Ebd.
7. "Remarks: Governor George E. Pataki, Laying of the Cornerstone for Freedom Tower, July 4, 2004", http://www.renewnyc.com/content/speeches/Gov_speech_Freedom_Tower.pdf (21.06.2011).
8. Spence & Exell, Hrsg.: *The Pulpit Commentary*, Bd. 10, S. 178.
9. Ebd.

Kapitel 11 – Der siebte Vorbote: Der Erez-Baum
1. Spence & Exell, Hrsg.: *The Pulpit Commentary*, Bd. 10, S. 178.
2. *The Revell Bible Dictionary* (Grand Rapids, MI: Fleming H. Revell, 1990), S. 198.
4. Reverend Dr. Daniel Matthews, Pfarrer, anlässlich der Weihe des Baums der Hoffnung an der St. Paul's Chapel.
5. Ebd.
6. Henry, Matthew: *Matthew Henry's Commentary on the Whole Bible*, Bd. 4, *Isaiah to Malachi* (Grand Rapids, MI: Fleming H. Revell, n.d.), S. 61.

Kapitel 12 – Der achte Vorbote: Die öffentliche Ansprache
1. Jesaja 9,7-9 (Die Bibel nach der Übersetzung von Franz Eugen Schlachter, Christliche Literaturverbreitung, 2000).
2. Barker, Kenneth L. & Kohlenberger III, John, beratende Hrsg.: *The NIV Bible Commentary*, Bd. 1, Old Testament (Grand Rapids, MI: Zondervan Publishing House, 1994), S. 1060.
3. Avalon Project der Yale Law School: "Second Inaugural Address of Abraham Lincoln, Saturday, March 4, 1865", http://avalon.law.yale.edu/19th_century/lincoln2.asp (21.06.2011).
4. Woolley, John T. & Peters, Gerhard: *The American Presidency Project* (online), John Edwards: "Remarks to the Congressional Black Caucus Prayer Breakfast", 11.09.2004. http://www.presidency.ucsb.edu/ws/index.php? pid=84922#axzzlM02bgo9D (22.06.2011).
5. Ebd.
6. Ebd.
7. Ebd.
8. Ebd.

Anmerkungen

Kapitel 13 – Der neunte Vorbote: Die Prophezeiung
1. Library of Congress: Bill Summary and Status, 107th Congress (2001-2002), S.J.RES.22, http://thomas.loc.gov/cgi-bin/bdquery/z?d107:s.j.res.00022: (22.06.2011).
2. Washington File: "Senate Majority Leader Daschle Expresses Sorrow, Resolve", 12.09.2001, http://wfile.ait.org.tw/wf-archive/2001/010913/epf407.htm (22.06.2011).
3. Ebd.
4. Ebd.
5. Ebd.
6. Ebd.
7. 5. Mose 19,15 (Luther 1984).

Kapitel 14 – Eine zweite Warnung
1. Spence & Exell, Hrsg.: *The Pulpit Commentary*, Bd. 10, S. 183.
2. Smith, Gary V.: *The New American Commentary* (Nashville, TN: Broadman & Holman, 2007), Eintrag "Isaiah 1:39", S. 247-248.
3. Keil und Delitzsch, *Commentary on the Old Testament*, Bd. 7, Isaiah (Grand Rapids, MI: Wm. B. Eerdmans, 1983), S. 258.

Kapitel 15 – Der Jesaja 9,9-Effekt
1. StoneWorld.com, "New York Granite is Donated for Freedom Tower".
2. PBS.org, "New York Stock Exchange Reopens to Sharp Losses", 17.09.2001, http://www.pbs.org/newshour/updates/september01/stock_exchange_9-17b.html (22.06.2011).
3. Makinen, Gail: "The Economic Effects of 9/11: A Retrospective Assessment", Bericht für den Kongress, erhalten durch CRS Web, 27.09.2002, http://www.fas.org/irp/crs/RL31617.pdf (22.06.2011).
4. DesignFluids.com, "9/11: 'The Root' of the Financial Crisis", 28.10.2008, http://www.designfluids.com/news/911-the-root-of-the-financial-crisis-18845940 (22.06.2011).
5. CNBC.com, "House of Cards: Origins of the Financial Crisis 'Then and Now'", slideshow, http://www.cnbc.com/id/28993790/Origins_of_the_Financial_Crisis_Then_and_Now_Slideshow (22. Juni 2011).

Kapitel 16 – Die Entwurzelung
1. Hesekiel 13,14 (Luther 1984).
2. Jeremia 45,4 (Luther 1984).
3. Jeremia 45,4 (Luther 1984).

Kapitel 17 – Das Geheimnis der Schmitta
1. 3. Mose 25,2-4 (Schlachter 2000).
2. 3. Mose 25,5 (Schlachter 2000).
3. 2. Mose 23,10-11 (Schlachter 2000).
4. 5. Mose 15,1-2 (Schlachter 2000).

Der Vorbote

5   3. Mose 26,33-35 (Schlachter 2000).
6   Newsweek.com, "Did Lehman's Fall Matter?", 18.05.2009, http://www.newsweek.com/2009/05/17/did-lehman-s-fall-matter.html (23.06.2011).
7   Alexandra Twin, "Stocks Crushed", CNNMoney.com, 29.09.2008, http://money.cnn.com/2008/09/29/markets/markets_newyork/index.htm (23.06.2011).
8   Ebd.

Kapitel 18 – Der dritte Zeuge

1   5. Mose 19,15 (Schlachter 2000).
2   2. Korinther 13,1 (Schlachter 2000).
3   WhiteHouse.gov, "Remarks of President Barack Obama – as Prepared for Delivery, Address to Joint Session of Congress, Tuesday, February 24, 2009", http://www.whitehouse.gov/the_press_office/Remarks-of-President-Barack-Obama-Address-to-Joint-Session-of-Congress/ (Zugriff am 23.06.2011).
4   Ebd.
5   Entsprechendes Experiment muss mit dem englischen Originalwortlaut "We will rebuild" durchgeführt werden.
6   WhiteHouse.gov, "Remarks of President Barack Obama – as Prepared for Delivery, Address to Joint Session of Congress, Tuesday, February 24, 2009".
7   Jesaja 9,8 (Schlachter 2000).
8   WhiteHouse.gov, "Remarks of President Barack Obama – as Prepared for Delivery, Address to Joint Session of Congress, Tuesday, February 24, 2009".
9   Washington File, "Senate Majority Leader Daschle Expresses Sorrow, Resolve".
10 Smith, *The New American Commentary*, S. 246, Eintrag "Isaiah 1:39".
11 WhiteHouse.gov, "Remarks of President Barack Obama – as Prepared for Delivery, Address to Joint Session of Congress, Tuesday, February 24, 2009".
12 Ebd.
13 Ebd.
14 *Teed Commentaries*, "Isaiah Chapter 10: God's Judgment on Assyria", http://teed.biblecommenter.com/Isaiah/10.htm (23. Juni 2011)
15 WhiteHouse.gov, "Remarks of President Barack Obama – as Prepared for Delivery, Address to Joint Session of Congress, Tuesday, February 24, 2009".
16 *Teed Commentaries*, "Isaiah Chapter 10: God's Judgment on Assyria".
17 WhiteHouse.gov, "Remarks of President Barack Obama – as Prepared for Delivery, Address to Joint Session of Congress, Tuesday, February 24, 2009".

Anmerkungen

Kapitel 19 – Der Grund und Boden des Geheimnisses
1. Washington File, "Senate Majority Leader Daschle Expresses Sorrow, Resolve".
2. Avalon Project der Yale Law School, "First Inaugural Address of George Washington, The City of New York, Thursday, April 30, 1789", http://avalon.law.yale.edu/18th_century/wash1.asp (23. Juni 2011).
3. Ebd.
4. *New York Daily Advisor*, 23. April 1789, zitiert in David Barton, "The Constitutional Convention", *David Barton's Wallbuilders* (Blog), 22. Juli 2010. http://davidbartonwallbuilders.typepad.com/blog/2010/07/the-constitutional-convention-by-david-barton.html (23. Juni 2011).
5. Historical Marker Database, "On This Site in Federal Hall", http://www.hmdb.org/Marker.asp?Marker=13734 (23. Juni 2011).
6. Avalon Project der Yale Law School, "First Inaugural Address of George Washington, The City of New York, Thursday, April 30, 1789".

Kapitel 20 – Zukünftiges
1. Henry, *Matthew Henry's Commentary on the Whole Bible*, Bd. 4, *Isaiah to Malachi*, S. 61.
2. Jesaja 9,10 (Luther 1984).
3. Jesaja 9,11.18; 10,3 (Schlachter 2000).
4. 2. Chronik 7,14 (Schlachter 2000; geringfügig umgestellt).

Kapitel 21 – Die Ewigkeit
1. Hebräer 9,27 (Schlachter 2000; geringfügig umgestellt).
2. Sprüche 21,2a (Schlachter 2000).
3. Johannes 3,3 (Schlachter 2000).
4. 2. Korinther 6,2 (Schlachter 2000).

Kapitel 22 – Das letzte Siegel
1. Jeremia 36,4 (Schlachter 2000).
2. Jeremia 36,5–6 (Schlachter 2000).

Über den Autor

Jonathan Cahn ist bekannt dafür, dass er die tiefen Geheimnisse der Heiligen Schrift aufschlüsselt und mit prophetischer Tragweite lehrt. Er leitet die Organisation *Hope of the World*, die sich international mit Lehre, Evangelisation und Hilfsprojekten befasst. Ferner leitet er das Jerusalem Center/Beth Israel, wo Juden und Nichtjuden aus unterschiedlichsten Hintergründen zusammenkommen. Die Gemeinde liegt in Wayne, New Jersey, nahe New York. Jonathan Cahn spricht weltweit und tritt auch im Fernsehen und Radio auf. Er ist messianischer Jude, ein jüdischer Nachfolger Jeschuas (Jesus).

Wenn Sie mehr über die Themen erfahren möchten, die in *Der Vorbote* angesprochen werden, schreiben Sie bitte an:

> Hope of the World
> Box 1111
> Lodi, NJ 07644
> USA

Hier erfahren Sie auch mehr über Errettung, Gottes Wirken weltweit und die Endzeit. Sie sind herzlich eingeladen, die Website des Autors zu besuchen und seinen Dienst kennenzulernen: www.hopeoftheworld.org oder www.jonathancahn.com.